了解孩子是教育孩子的前提

图书在版编目(CIP)数据

了解孩子/李敏编著.—天津：天津科学技术出版社，2008.6
ISBN 978-7-5308-4508-0

Ⅰ.了... Ⅱ.李... Ⅲ.家庭教育 Ⅳ.G78

中国版本图书馆CIP数据核字（2008）第052552号

责任编辑：刘丽燕
责任印制：王 莹

天津科学技术出版社出版
出版人：胡振泰
天津市西康路35号 邮编 300051
电话 (022) 23332398 23332393
网址 www.tjkjcbs.com.cn
新华书店经销
北京市密东印刷有限公司印刷

开本 710×1000 1/16 印张 16 字数 213 000
2008年7月第1版第1次印刷
定价：29.00元

前 言

今天的孩子实在是难教育,任性、厌学、上网、早恋、心理素质差等,都让为人父母者大伤脑筋。这是一个父母们普遍关注的话题,也是一个公认的难题。

那么,教育孩子到底难在什么地方呢?有的父母说是自身知识积累不够,有的父母说是自己教育方法不正确,这些当然都有其道理,但最重要的原因恐怕是父母们对今天的孩子还缺乏足够的了解。

古人云:"知子莫若父"。也就是说,父母在某种程度上还是最了解自己的孩子的,对自己孩子的一些优点和缺点如数家珍。因为在孩子的成长过程中,父母是关心孩子、照顾孩子时间最多的人,与孩子走得最近,所以应该最了解孩子。

可是,很多时候父母并不能正确和全面地认识孩子,甚至还存在一些认识上的偏差。由于他们不能面面俱到地认识孩子各方面的特点,"察子失真"也成为了现实生活中较常见的现象。

这是为什么呢?原因是父母整天与孩子生活在一起,就会对孩子的一些行为表现见怪不怪、习以为常,甚至熟视无睹、视而不见。还有的父母忙完事业忙家庭,整天被一些琐事所累,很少有充裕的时间去认真观察、了解自己的孩子。因而对孩子的认识很容易片面和偏激化,对孩子们的一些行为也很难理解。

比如,当今孩子最着迷的就是卡通(漫画)。尽管家里有许多优秀的、获奖的青少年图书,可孩子看都不看一眼,却用零花钱买回一堆卡通书。结果一看就不可收拾,忘了吃饭、忘了学习、忘了睡觉。而父母对此则大惑不解:这有什么好看的呢?

……

 了解孩子

这就告诉我们,孩子也是一本难以读懂的"无字书",很多父母在孩子的诸多问题面前常常不知所措,困惑不已。其实,只要做父母的注意观察孩子的一举一动,了解他们的内心世界,就不难明白孩子的一些行为与问题,也就知道该如何去教育自己的孩子了。了解孩子是教育孩子的前提。

我国最早的教育学专著《学记》曾有言:"知其心然后能救其失也。教也者,长善而救其失者也。"如果父母能够做到了解孩子的个性特征,"知其心""尽其材",然后"救其失",那么,父母就学会了洞察孩子的内心世界,学会了全面把握孩子的优点和缺点,学会了有针对性地"长善"和"救其失",就能最终使孩子健康快乐地长大成人。所以,了解孩子的父母能成就孩子的一生。

在与孩子共同生活的过程中,父母如果能够做到全面了解孩子的各种状态,认真体会孩子的各种心态,仔细考虑孩子的各种要求,并且能够总结孩子的过去,把握孩子的现在,规划孩子的未来,就有助于父母更好地与孩子沟通,成就孩子。

而现在的家庭教育面临的难题是:复杂的孩子,简单的教育。说孩子复杂,是因为今天的孩子接受了大量、多样、复杂的信息,导致思想、心理的多样性和复杂化,甚至造成了对成人界限认识的模糊;说教育简单,是因为今天的教育依旧在奉行旧的体制,父母因为无法和日新月异的新世界、新人类达到一种契合而表现出简单的尴尬,甚至连自己也陷入深度的困惑之中。

如果说曾经是孩子不了解父母,父母很神秘,而今则反了过来,是父母不了解孩子,孩子很神秘。

21世纪已经匆匆来到我们的面前。作为新世纪的一代孩子,既有众多的机遇,也有不少的麻烦。因此,为了孩子能有一个伟大而光明的前途,为了家庭能够保持长久的幸福,作为父母,就要全面了解孩子,进而在了解孩子的基础上去教育孩子,这样才能真正给孩子一个成功的未来!

目 录

第一章
教育孩子的前提是了解孩子
——做了解孩子的父母

　　当今中国，压在家长心头上最沉重的话题是教育孩子，因为一个孩子失败不起，失败了就意味着全军覆没。中国家长太爱孩子了，但他们也太不会爱孩子了。爱孩子是一种本能，甚至连鸡妈妈都能做到，关键是会爱，就如同农民种庄稼一样，光爱不行，不了解庄稼就没有好收成。家长教育孩子仅有爱是不够的，只有了解孩子，才能教育好孩子，孩子才会有美好的未来。

一、孩子渴望平等 ……………………………………… 2
二、孩子渴望倾听 ……………………………………… 4
三、孩子渴望尊重 ……………………………………… 6
四、孩子渴望赏识 ……………………………………… 9
五、孩子渴望保护 ……………………………………… 11

第二章
性格影响命运，命运改变人生
——了解孩子的性格

性格是一个人最大的宝藏，它将影响一个人的交际关系、婚姻选择、生活状态、职业选择以及创业的成败等，从而影响着其一生的命运。"性格影响命运"是对性格与人生成败二者关系的最好诠释。所以，了解孩子的性格并培养孩子良好的性格以适应竞争激烈的社会，就显得尤为重要。

一、逆反是成长的宣言 16
  父母把孩子推向自己的对立面 17
  学校教育的不公正待遇 18
  青少年自我意识的高涨 19
  大众传媒及同辈群体的影响 20

二、谁来为任性"埋单" 22
  父母对孩子有过妥协 23
  家庭教育宽严失衡 24
  模仿别人或某种心理需求的表现 25

三、孤独就在不远处 27
  家庭环境对孩子的影响 28
  青春期自我意识增强 29
  同伴交往的缺乏 30
  社会风气及孩子的高傲 31

四、摸清虚荣的底牌 33
  面子观念的驱动 34
  不良社会风气的影响 35
  家庭对孩子的溺爱 36

目 录

五、自私是还不清的债务 37
家庭的宠爱 38
家长的让步 39
缺少良好的道德品质教育 40
不良影响及孩子天生的利己倾向 41

六、往后一步是自卑 43
父母的贬抑性评价 44
自卑的根源在于比较 45
家境差也会导致孩子的自卑 46
生理及性格上的缺陷 48

七、自负的膨胀与起源 49
家庭教育上的偏差 50
片面的自我认识 51
孩子高估了自己的家庭 52

八、当孩子定格在依赖 53
家长的包办 54
父母的过度保护 55
孩子缺乏安全感与自信心 56
好逸恶劳或引起父母注意 57

第三章

行为铸造习惯，习惯成就未来
——剖析孩子的行为

有什么样的思想，就有什么样的行为；有什么样的行为，就有什么样的习惯；有什么样的习惯，就有什么样的未来。生活中，许多人在行为

上存在着问题,有的人吸烟喝酒,有的人说谎行窃,有的人打架斗殴,有的人离家出走……正是这些行为将他们同好习惯远远隔离开,也正是这些行为让他们错失美好的未来。因此,身为孩子的父母,我们要时刻注意孩子的行为举止,培养孩子良好的行为习惯,让孩子走向美好的明天,拥有辉煌灿烂的未来。

一、说谎背后的秘密 ………………………………… 60
说谎可以免遭惩罚 ………………………………… 61
说谎源于对大人的模仿 …………………………… 62
说谎只是为了虚荣 ………………………………… 63
说谎背后的难言之隐 ……………………………… 64

二、偷窃的穷途末路 ………………………………… 66
孩子爱贪小便宜 …………………………………… 66
寻求冒险和刺激 …………………………………… 68
父母教育的缺失 …………………………………… 69
心理和家庭条件的影响 …………………………… 70

三、追星追到了什么 ………………………………… 72
把追星当成一种时尚 ……………………………… 73
家长鼓励孩子去追星 ……………………………… 74
为排解压力寻找出口 ……………………………… 75
追星背后的茫然与不成熟 ………………………… 76

四、花季暴力何时休 ………………………………… 78
家庭道德教育的缺失 ……………………………… 79
学校管理与教育制度的缺陷 ……………………… 80
社会文化的负面影响 ……………………………… 81
中学生心理特征的影响 …………………………… 82

五、孩子吸烟的痛与忧 ……………………………… 84
在好奇心的驱使下吸烟 …………………………… 85

模仿别人扮成熟 …………………………………… 86
想通过吸烟结交朋友 ……………………………… 87
一抽解千愁 ………………………………………… 88
对烟的错误认识 …………………………………… 89
六、孩子喝酒不容轻视 ………………………… 91
心理因素的直接作用 ……………………………… 92
社会舆论与传媒的消极影响 ……………………… 93
家庭环境的影响 …………………………………… 94
学校教育的失误 …………………………………… 95
七、离家出走是孩子的无奈 …………………… 97
外界的诱惑 ………………………………………… 98
家庭教育的偏差 …………………………………… 99
离家出走只为逃避压力 …………………………… 100
青春的叛逆 ………………………………………… 102
八、当孩子管不住自己时 ……………………… 103
父母对孩子娇生惯养 ……………………………… 104
外部世界诱惑太多 ………………………………… 105
管人没管心 ………………………………………… 106
孩子患有多动症 …………………………………… 108

第四章

学习有如登山，登山重在坚持
——纵观孩子的学习

随着时代的发展和社会的激烈竞争，很多家长因忙于工作而无暇顾及孩子的学习；也有些家长认为教育是学校的事，而对孩子的学习采取不

了解孩子

闻不问的态度,忽视了对孩子学习心理的了解和正确的引导,从而使一些孩子面临学习的困境。此时,往往父母只能干着急,却束手无策。因此,父母只有在孩子出现学习方面的问题时,了解其心理原因,才能更好地对孩子的学习进行引导。

一、打开孩子厌学的"心门" ……………… 112
- 学习兴趣的严重缺乏 ………………… 113
- 父母的期望值过高 …………………… 114
- 学校教育中师德素质太差 …………… 115
- 社会低俗文化的影响 ………………… 116
- 不良家庭环境影响和学习方法不正确 … 117

二、偏科孩子的幕后隐情 ………………… 119
- 心态问题 ……………………………… 120
- 教师及学校方面的问题 ……………… 121
- 父母问题 ……………………………… 123
- 智力差异及社会问题 ………………… 124

三、水深火热的考试焦虑 ………………… 126
- 心理压力过重 ………………………… 127
- 心理的失败定势 ……………………… 128
- 心理素质不良 ………………………… 129
- 社会现状的影响及知识掌握不牢固 … 130

四、谁,制造了这些"后进生" …………… 132
- 不健康家教环境的不良影响 ………… 132
- 因受歧视而产生对抗情绪 …………… 134
- 生性懒惰,不爱学习 ………………… 135
- 意志薄弱,自暴自弃 ………………… 136

五、复读生福兮,祸兮? ………………… 137
- 因一次失败就灰心丧气 ……………… 138

承受较大的心理压力 140
淡漠的人际关系 141
复读生陷入心理困境的其他原因 142
六、优等生也会不优秀 144
虚荣心理 145
自负心理 146
忌妒敌视心理 147
挫败心理 149

第五章
成长总要付出，付出就是代价
——关注孩子的成长

回眸人生，我们在成长中都体会很多，辛酸、苦辣、快乐、感动，诸味皆有。成长的过程是奋斗的过程，付出的过程，是逐步走向成功的过程。成长是需要代价的，必然会付出很多，但是也将收获更多的成功。因此，孩子的成长需要父母去关注、去了解，了解孩子在成长中容易出现的困惑和问题，从而有针对性地引导孩子健康地成长。

一、眼睁睁地看着孩子疏远 152
心理断乳期的影响 153
另类打扮不被赞成 154
父母的唠叨 155
个人隐私被侵犯 156
两代人的不同与差异 158
二、自慰是成长的开始 159
青春期性生理发育成熟 160
性观念和性行为的开放 162

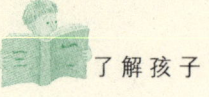

　　因好奇心而导致的自慰 ·················· 163
　　孩子自慰的其他原因 ··················· 164
　三、早恋是一颗痛苦的种子 ················ 165
　　中学生独有的生理和心理特征 ·············· 166
　　孩子缺乏家庭的关爱 ··················· 167
　　不良社会文化的影响 ··················· 169
　　爱慕虚荣及精神空虚 ··················· 170
　四、"恋师情结"的真实告白 ··············· 172
　　教师的地位与年轻化 ··················· 173
　　师生间的亲密关系 ····················· 174
　　青少年自身心理原因 ··················· 175
　五、"禁果"就那么好吃吗 ················ 177
　　性发育的提前 ························· 178
　　性教育的缺失 ························· 179
　　社会观念的开放 ······················· 180
　　性猎奇心理 ··························· 181
　　孩子偷尝"禁果"的其他原因 ·············· 183

第六章

意志决定成功，成功始于坚强
——认知孩子的意志

　　一位哲人说过："伟大人物的最明显标志就是坚强的意志，不管环境如何变幻，他都毫不畏惧，并最终克服种种困难，达到期望的目的。"可见，成功是需要坚强的意志的。意志薄弱的人永远不会成功，只有具备坚强意志的人才会离成功更近一步。因此，我们应该了解孩子的意志缺陷，

帮助孩子分析出现问题的原因,有意磨炼孩子的意志,才能使孩子更加勇敢、坚强地面对未来和挑战。

一、在"自杀"的天空下 ……186
个人心理因素 ……187
家庭的影响 ……188
学校的影响 ……189
社会及情感因素 ……190

二、孩子与胆怯结缘 ……192
家庭教育不当 ……192
教育者的消极评价 ……194
过分自卑 ……195
先天原因及心理阴影 ……196

三、懒惰不是天生的 ……198
父母的包办 ……199
父母教育的失误 ……200
孩子缺乏责任感 ……201

四、生命中不能承受的压力 ……203
父母的过高期望 ……204
不堪学习压力重负 ……205
高考压力不是幌子 ……207
孩子角色压力大 ……208

五、恐慌背后的社交恐惧 ……210
曾经失败的社交经历 ……211
不恰当的家庭教育 ……212
孩子过度自卑 ……213
孩子恐惧社交的其他原因 ……215

了解孩子

第七章
网瘾实乃陷阱，陷阱埋葬青春
——解读孩子的网瘾

网络的发展为孩子学习、交流及娱乐提供了方便、快捷的平台。但由于孩子正处在心理和生理的发育高峰期，他们敏感而脆弱，往往用幻想代替现实，而网络的虚拟性正迎合了他们的这种需要，所以大部分孩子随着上网时间和上网次数的增加，越来越沉迷于网络。这对其生理、心理及学业等方面会造成巨大的损耗。因此，父母有必要重视孩子的网瘾问题，了解孩子上网成瘾的心理原因，从而更好地帮助孩子克服网瘾。

一、网络游戏猛于虎 …… 218
  网络游戏强大的诱惑 …… 219
  父母教育的偏差 …… 220
  为了摆脱现实中的苦闷与空虚 …… 222
  学校教育和网络管理不善 …… 223
二、网恋是悬崖上的爱 …… 225
  青春期对爱情的渴望 …… 226
  父母忽视了与孩子的沟通 …… 227
  学业压力过大 …… 228
  好奇心理及对异性友情的需求 …… 229
三、网聊的"魅力"让人嗟叹 …… 231
  在网聊中寻求精神慰藉 …… 232
  通过网聊倾诉内心感受 …… 233
  孩子自制力差，抵御不住诱惑 …… 234
  孩子迷恋网聊的其他原因 …… 236

第一章

教育孩子的前提是了解孩子
——做了解孩子的父母

当今中国，压在家长心头上最沉重的话题是教育孩子，因为一个孩子失败不起，失败了就意味着全军覆没。中国家长太爱孩子了，但他们也太不会爱孩子了。爱孩子是一种本能，甚至连鸡妈妈都能做到，关键是会爱，就如同农民种庄稼一样，光爱不行，不了解庄稼就没有好收成。家长教育孩子仅有爱是不够的，只有了解孩子，才能教育好孩子，孩子才会有美好的未来。

 了解孩子

一、孩子渴望平等

> 成熟的父母,应当是善于了解孩子,善于与孩子沟通的父母。当孩子做出大人不能理解的事情时,父母应该平心静气地"蹲"下来,站在孩子的位置和角度,了解孩子的真实想法与感受。

有这样一个故事。

在过新年的时候,有一位母亲带着5岁的女儿去逛商店。她以为女儿一定会喜欢商店里的摆设、玻璃窗、漂亮的衣服,还有洋娃娃和特色玩具。

可是不知道为什么,小女孩一到商店就开始用小手拉着妈妈的大手,不停地哭泣。

"不许再哭了,什么事让你这样委屈,要知道售货员阿姨是不喜欢爱哭的孩子的。"母亲非常不满地说。

"哦!可能是孩子的鞋带没有系好。"于是,她蹲下来,开始为女儿系鞋带。就在这时,她无意中向上看了一眼。

这是第一次,她看到了一个5岁孩子眼中的世界。没有玩具、没有食品、没有礼物、没有装饰华丽的橱窗,有的只是大人们的一双双奔走不停的脚和手里提着的大包小包在乱推乱撞,时不时地磕碰孩子的小脸和弱小的身体……

她立刻把孩子带回了家,并发誓再也不把自己认为感兴趣的事强加在孩子身上了。

读完这个故事,我们是否也从中领悟到一些深层次的东西呢?原来孩子的世界与成人的世界是如此的截然不同。做父母的,不能用成人的眼光去看

孩子的世界,也不要总是站着,居高临下地对孩子讲话。当你蹲下身来,和孩子保持同一高度,从孩子的角度来观察这个世界时,你就会获得新的发现,从而对孩子有新的了解。

作为父母,要想被孩子接受,就要选择合适的位置,倾听孩子的心声,了解他们的内心世界,不要动不动就居高临下地审视孩子,或是没头没脑地训斥孩子一番。否则孩子就会在心里产生反感,一听到爸爸妈妈在那里"滔滔不绝",心里就会烦,甚至根本不把父母的教育当回事。

有个"久经沙场"的小男孩,总结出了"对付"母亲训斥的经验:每次母亲让他站着聆听训话时,他就找来两团棉花塞进耳朵里,面对着墙,脑子里面开始了神游,一会游到课堂上,一会游到网络游戏里,有时想到了开心的事甚至会不由得笑出声来。而母亲的话,他一句都没听进去!

我们不得不说,这种教育的效果几乎等于零。因为母亲就没有把孩子的位置摆正,没有做到与孩子有效地沟通交流,当然不知道孩子是如何想的,更达不到思想与情感上的共鸣。

每一个成长中的孩子,即使是刚刚学步的孩子,也都有一种渴求,就是思想与情感上的平等交流。当我们用希望了解、希望倾听的态度与孩子们谈话时,我们就是在向孩子们表示我们对他们能力和独立性的尊重。尽管父母认为孩子所做的许多事情不尽如人意,也不能表现出不屑一顾的样子,更不应该对孩子过多地挑剔指责。

还有一个故事。

一个过路人看到一个小孩蹲在路边全神贯注地看蚂蚁,感到十分好奇,就问孩子:"你在干吗呀?"孩子说:"在听蚂蚁说话呢。"过路人更加奇怪了:"蚂蚁怎么会说话呀?"孩子不以为然地说:"你又没蹲下来听,怎么知道蚂蚁不会说话?"

在孩子的眼里,蹲下来是一件何等简单的事情啊!因此,要想做合格的父母,就要善于了解孩子,善于和孩子进行交流与沟通,也就是说要善于及时发现孩子的想法和做法。一位成功教育孩子的父亲说:"要想和孩子达到理想的情感沟通,就要学会和孩子交朋友,建立一种完全平等的朋友式的亲子关系。"

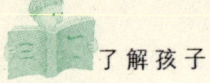 了解孩子

是的,当我们像面对知心朋友一样和孩子交谈,向孩子请教一些问题,与孩子商量决定一件事时,可以想象他一定非常兴奋。因为他感到自己存在的重要,他尝到了平等相处的快乐。把孩子当作平等的伙伴、交心的朋友,可以产生意想不到的效果。

而平时,我们对自己的孩子,总是缺少耐心,缺少倾听。看到孩子做错事时,就习惯于自己的那一套说教,从来不给孩子任何解释的机会。要知道他还只是个孩子,他更需要关注、倾听、理解。因而对待孩子,我们做父母的的确应该蹲下来去倾听、去了解!

二、孩子渴望倾听

> 聪明的父母与其做一个高明的演说者,不如做一个高明的倾听者。而倾听,最根本的方法就是忘掉我们"自己"。若我们太将自己放在心上,就很难去听孩子内心真正的话是什么。

现在,家里的孩子几乎就是"小皇帝""小公主",每位父母都是殚精竭虑、任劳任怨地想给予孩子更多的知识和金钱,想让他们拥有更多。但是很多父母却忽视了一样重要的东西,那就是倾听孩子的心声。

据调查,大多数孩子认为好家长的标准是:尊重儿童,善解人意,耐心倾听孩子的心声。父母为孩子提供了优越的物质条件,而孩子却并不领情;父母苦口婆心,而孩子却对单调的说教反感透顶。究其原因,就是孩子需要父母的尊重,需要父母的倾听和了解。

在调查中,所收集到的孩子的心声主要有:希望得到老师公正的对待,家长不要打探自己的"小秘密",应允许结交同龄玩伴,买自己喜欢看的书,有属于自己的闲暇时间,父母不要吵吵闹闹,全家人和睦相处最开心。透过这些只言片语的内心独白,我们可以看到:孩子们在成长过程中所希望得到的,

也正是社会与家庭应认真反思并努力去做的。倾听可以丰富我们的认知，强化家长的责任；重视倾听，则更有利于家长有针对性地去教育孩子。

下面是一位家长的日记。

和众多家长一样，我为9岁的女儿安排好每天的衣食住行，督促她学习，周末陪她练习书法，拉小提琴，常常是围着女儿转，而几乎失去了自我。但常常事与愿违，女儿一拿起毛笔，她便把墨汁洒得满桌都是；你吵她，她委屈地哭，写的字可想而知。如果没有那次"偷听"，恐怕这样的情形还要继续下去。

一个周六的下午，女儿和同学在她的小屋里一边玩一边说"悄悄话"。"你很划算，周末去补课，学的还是老师教的那些知识，可以比我们学得更好，而且也没有作业。""你学书法才好呢，有特长，同学都很羡慕你呀。""可我不喜欢书法，只要我完成了作业妈妈就要我练书法，快烦死了。所以现在我做作业故意拖延时间，就没有时间练书法了。下次我最好考得差一点，他们就不会再让我写字了"……

于是我与女儿进行了一次"推心置腹"的谈话，之后，如女儿所愿，放弃了书法、小提琴，而学起了她喜欢的电脑、画画。以后的女儿，也不再那么烦人，不需要我们怎么督促，学习反而更起劲儿了。

其实，家庭教育的真正主体应该是孩子，能真正发挥积极作用的、成功的家庭教育不是孩子时时处处按家长的意志来行事，而是多倾听一下孩子的心声，尊重孩子的选择。要知道，对父母采取顺从态度的孩子并非都是好孩子，因为有些孩子总是按照父母的意愿学习、生活，孩子的想法得不到父母的承认，愿望无法实现，而且，在接纳父母想法的过程中，孩子的自我也会慢慢丧失，这对于孩子的成长是极为不利的。

现实面临的问题是，孩子的心声往往无处倾诉。在学校，同学大都是独生子女，不懂得劝导人，所以，孩子唯一可以倾诉的对象就是父母。如果你的孩子没有跟你倾诉过什么，那么你作为家长就有问题。你要多想想，他为什么不跟你说话？家长应该多倾听，要让孩子敢跟你谈。如果什么时候孩子能把一肚子苦水都向你倾诉的时候，那么这个孩子一定会成长为一个很阳光的孩子。

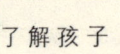 了解孩子

德国教育学家卡尔·威特说："我认为倾听是一种非常好的教育方式。因为倾听对孩子来说，是在表示尊重，表达关心，也促使孩子去认识自己的能力。如果孩子感到，他能自由地对任何事情提出自己的意见，而他的认识又没有受到轻视和奚落，他就变得毫不迟疑、无所顾忌地发表自己的意见，先是在家里，然后是学校，将来就可以在工作上，自信勇敢地正视和处理问题。"

孩子都渴望发展自己的个性，拥有自我。曾经点燃东亚运动会圣火的南洋模范中学学生阎华，从小便生活在充满民主气氛的家庭里。她的父母这样说："在家里，我们喜欢和女儿谈谈，女儿也喜欢和我们交流。学习生活中有什么事，我们都乐意为女儿出主意、想办法；发现女儿有什么不是，从不简单训斥……"。

面对孩子们精神上的种种需求呼声，我们应有更多的反思，应给孩子们的个性发展创造尽可能多的机会和条件。在孩子们的纯真年代，我们不必去划定那么多不合时宜的行为禁区，也不要总是把自己的意愿强加给孩子。倾听孩子，信任孩子，并给他们留下更加广阔的成长空间，这大概也是孩子们的共同心声吧。

每位父母、每位教育工作者都应努力创造健康、和平、民主的氛围，倾听孩子的心声，让孩子在维护自我尊严的环境中自由成长。

三、孩子渴望尊重

> 人类最不能伤害的就是自尊，孩子也一样。要想在家庭中建立和谐的亲子关系，就要从尊重孩子开始，从尊重孩子的隐私开始。只有尊重孩子的父母才能培养出懂得自尊的孩子。

做个好的父母是件很不容易的事。首先就是要学会尊重孩子。要亲身体验孩子的感受，要常常替孩子想想：我的做法对不对？我有没有这样的权利？如果我是孩子，我的感受又是怎样？

第一章 教育孩子的前提是了解孩子

他们毕竟是孩子，更需要成长的空间和善意的理解。他们稚嫩的声音应当被倾听，他们不成熟的想法应当被鼓励。小孩也有自尊心，也需要尊重，不适当的责骂、管教，有时会造成负效应。

当孩子犯了错误需要批评引导时，你要想一想你有没有尊重孩子、给孩子留面子？通常我们都希望得到他人的尊重，却常常忘记了孩子也需要尊重。在孩子犯了错误的时候不择手段地训斥，会极大地伤害孩子的自尊心。不是不能批评孩子，而是应该以尊重为前提，在充分尊重孩子、关爱孩子的基础上，采取恰当的、孩子愿意接受的方法对其实施教育、引导，这样反而会收到意想不到的效果。

不要以为孩子没有尊严，不要以为只有成年人爱面子，当你悄悄地告诉孩子这样做不对、应及时改正，甚至用一个微笑和一个眼神来制止孩子的某些行为时，孩子还是乐于接受和改正的。教育家爱默逊有句名言："教育成功的秘诀在于尊重。"尊重是一粒种子，只要把它撒进教育的土壤，就会不断地生长出更多的信任和爱。

随着年龄的增长，孩子的思想、观点和对事物的认识也会逐渐成熟。他们有独立的思想、鲜明的个性和个人的隐私，这些都是孩子成长过程中的特征。作为家长应该理解他们、尊重他们、信任他们，与他们进行平等的交流。否则，相互之间就容易出现沟通障碍。

现实生活中有些家长不顾孩子的实际情况，硬性要求孩子学习成绩必须达到多少分，这样很容易使孩子产生逆反心理。每个人都有自尊，孩子也一样，一旦过强的自尊心演变成虚荣心时，他们为了维护自尊心，就会产生强烈的逆反心理。有的孩子年少冲动、感情用事，甚至打架斗殴，追随社会上一些不法分子而不考虑后果，这是很危险的。

在日本，为了让孩子能早日独立自主，增强他们的自理观念，家长常常有意识地给孩子一定的钱，让孩子去决定买什么玩具。家人准备外出旅游，也会征求一下孩子的意见。孩子升入初中后，大部分衣服由他们自己上街购买。由于家长放开手脚的信任，使孩子学会了货比三家、精打细算，养成了节俭的习惯。而这正是父母尊重他们的结果。

在美国，大多数的父母认为，孩子从出生起就是一个独立的个体，有自己独立的意愿和个性，无论父母还是老师都没有特权去支配或限制他们的行为。比如，美国人讲究对孩子说话的口气和方法，孩子同大人讲话，大人不但要认真听，而且要蹲下来同孩子对话，使孩子感到你在尊重他，并可避免他有"低一等"的感觉。

美国人反对父母在人前教子，更不允许当着别人面斥责孩子"不争气""笨蛋""没出息"。因为这会深深伤害孩子的自尊心。孩子吃饭时不能硬逼；孩子做错了事不能横加训斥；要孩子换衣服时也不用命令的口吻。家长带孩子外出做客，主人若拿出食物给孩子，美国人最忌讳代替孩子回答"不吃""不要"之类的话，也不会在孩子表示出想吃的时候对孩子呵斥。他们认为，孩子想要什么或是想看什么，本身并没有错，因为孩子有这个需要，任何人都没有理由来指责，只能根据情况适时适当地做出解释和说明，以做引导。

尊重孩子当然还要爱和严相结合。不要给孩子太多的压力，要多交流沟通，及时掌握孩子的动向，及时给予鼓励和理解。答应的事情要一定照办，这样才会赢得孩子的信任和尊重。孩子的成长过程更多的是需要家长给予鼓励、支持、理解和尊重。给孩子营造这样的家庭环境，才能有利于孩子健康成长。而在鼓励与尊重中成长起来的孩子也必然充满希望和自信。

伟大的教育家洛克说过："父母越不宣扬子女的过错，则子女对自己的名誉就越看重，因而会更小心地维护别人对自己的好评。若父母当众宣布他们的过失，他们越觉得自己的名誉已受到打击，维护自己名誉的意识也就越淡薄。"

事实证明，受到父母尊重的孩子大多都很愿意与父母合作，他们待人友善，懂礼貌，同大人说话没有拘束感，自我独立意识很强。

有人甚至预测：未来的社会没有固定的精英模式和成功的标准，你是否有所成就，完全取决于你个人的主观价值判断和所付出的努力。由此可见，作为家长没有必要总是按自己的愿望塑造孩子，要学会尊重孩子，使孩子在被尊重中树立面对未来和挑战的信心。

四、孩子渴望赏识

> 当孩子小时候不知道什么是赏识时,我们给了他们无尽的赏识,而随着孩子年龄的增长,在他们最渴望赏识的时候,却发现赏识离他们越来越远。我们做父母的是不是应该反省,我们是否应该让赏识重新回到每个孩子的身边。

中国伟大的教育家陶行知先生,早在半个世纪之前就深刻指出:教育孩子的全部秘密在于相信孩子和解放孩子。

相信孩子,解放孩子,首先要赏识孩子。没有赏识就没有教育。

可实际上,在我们的现实生活中,能够做到认真、衷心地赏识自己孩子的父母,却寥寥无几。

曾有这样一个故事。一次由老师组织的,父母和孩子都要参加的自由主题班会上,正在讨论"怎样教育淘气的孩子"的问题,一个看上去挺"蔫"、好像并不淘气的男孩却站起来说出了这样的话:"每次我爸给我做思想工作的时候,都要说:你看人家孩子是如何的好,再看看你自己是这样的差;你看人家孩子既聪明又听话,再看看你不但笨还老是让父母不省心……这时我心里就很不服气,我常常在想,你要觉得人家孩子好,你就把人家的孩子拉过来当儿子好了,干吗要我当你的儿子!"

这时再看家长席那一边,小男孩的爸爸眼睛瞪得跟灯泡一样,嘴咧得那么大,气得一句话也说不出来。

等班会结束后,这孩子的爸爸流着泪来找老师:"我是一个普通工人,就这么一个儿子。我把希望全都寄托在他的身上,挣钱还不全是为了他,他凭什么这样说我?我比他还冤呢!"

也许很多父母都曾有过类似的经历或感受,我们深深地爱着自己的孩子,可是我们的孩子却不知道。这是因为我们没有表现出对自己孩子的爱和赏识,我们赏识的永远是别人家的孩子。所以，孩子才会觉得我们并不爱他。

现如今，很多家长在教育孩子这方面，心理都有些错位，不是用赏识的眼光去发现孩子身上的优点，而是用挑剔的眼光在孩子身上寻找毛病。最可怕的是很多父母总喜欢拿自己的孩子与其他孩子比，比的结果往往是我们的孩子处处不如人，更要命的一点是我们常当着孩子的面说"你看谁谁哪哪比你强"。这样做的结果就是严重挫伤了孩子的自尊、自信，那孩子还有什么成功的资本呀。没有了拼劲，再聪明也没有用的。我们当然也要做对比，但不是做横向的而是要纵向对比，只要孩子今天比昨天有进步，那就应该祝贺他、表扬他，这就是父母对自己孩子的赏识。

还有就是在比的时候存在的另一个误区，总喜欢拿自己孩子的弱点与别的孩子的强项做比，比的结果只能是失望。其实每个孩子都有他的优点，或者说特点与专长。只要我们用真心，用赏识的眼光看待他，就可以发现其实自己的孩子也是与众不同的，在他的身上同样有着其他孩子无法比拟的优点。

因此，做父母的最好不要拿自己的孩子与别人家的孩子比。盲目的比较，对孩子没有任何好处，反而更容易使孩子对自己失去自信心。孩子在经过比较后常常会错误地认为，他的"一无是处"都是因为他的伙伴太优秀造成的，于是他就会对伙伴产生一种嫉妒心理，甚至是忌恨心理。这样，他不但不会产生向伙伴学习的欲望，还有可能在他今后的生活中拒绝向任何人学习。

捷克的教育家夸美纽斯被尊称为教育史上的哥白尼，他曾指出："应当像尊敬上帝一样尊敬孩子。"的确，在孩子的成长过程中，在孩子幼小的内心世界里，他们更为渴求的是得到大人的赏识与表扬，只有在赏识与表扬中，他们才会有信心去做好下面的事。要知道好孩子是"夸"出来的，坏孩子是骂出来的。每个生命似乎都是为了得到人们的赏识而来到这个世界上，谁也不是整天为了挨骂而活着。

不光是年纪尚小的孩子，就是我们做父母的，没有不喜欢被领导表扬和赏识的，谁都喜欢和赏识自己的人一起共事，谁也不愿意和整天挑自己毛病、说自己不好的人待在一起。

然而孩子和我们还不一样。我们在一个单位或部门得不到赏识，干得不

顺心,就可以辞职不干,或者重新换一份工作就成了,而孩子则不行,如果他们得不到父母的赏识,就可能真的没地方去了。

所以,父母应该抱着"自己的孩子最好"的观点,时刻记住赏识自己的孩子。就如一位聋童的父亲在改变女儿命运的坎坷中所说的那样:哪怕天下所有人都看不起我们的孩子,做父母的都应该眼含热泪地欣赏他、拥抱他、称颂他、赞美他,为他感到自豪,这才是每个孩子的成才之本。

我们做父母的,没有任何理由说自己的孩子不好。因为孩子成长的道路上充满了竞争与失败,他们多么希望父母能够站在自己这一边,肯定自己的能力和优点,为自己欢呼呐喊、加油助威。那么孩子哪怕跌倒一千次,他们也会第一千零一次站起来,继续争取人生与事业的辉煌。

五、孩子渴望保护

> 远洋的巨轮,迟早要驶回平静的港湾,加油、维修、装货、卸货……以迎接第二次远航。离家的孩子,早晚要回到温馨的家庭,吃饭、休息、添衣、减衣……以迎接新的黎明。

家庭,是个温暖的地方,它不仅是成年人停船靠岸、放松自我、尽情歇息的港湾,而且也是孩子成长和依恋的港湾。这个港湾虽然不是很大,但是却有着父母无尽的关怀与照顾。父母见证了孩子的进步与微笑,也见证了孩子的错误和眼泪。

即使是全天下所有的人都不喜欢我们的孩子,而我们却不能,我们必须喜欢他,爱他,因为他是我们的孩子,是我们爱情的结晶,是我们血脉的延传。

即使是我们的孩子犯下了最不可饶恕的错误,我们都不要对孩子说:"你给我滚出去!"因为,家是一个人最终的归宿,更何况孩子没有独立能力,我们若真的让他走出这个家门,他就再也没有地方可以去,也再不会有另一扇温暖的门会为他而打开,等待他的也许只有冰冷的坟墓。

孩子是需要保护的。而很多时候,我们做父母的却忽略了这一点。

在我们的现实生活中,孩子离家出走的现象并不少见。他们中的大多数是因为受了挫折,心理难以承受,或者成绩考得很不好,或者犯了非常大的过错,以至于不敢见父母。他们痛下决心离家出走的那一刻,似乎已经听到了父母对自己的责骂:"你给我滚出去!"

孩子真的"滚出去"了,可结果却让我们感到揪心。

曾有一则新闻报道:有一个河北省的初中男生,因为期中考试考砸了,又害怕挨父亲的拳头,于是不敢回家,在街头游荡,结果被坏人打着为他找工作的幌子骗到乡下一个"地下血库",和其他被骗去的孩子一样,天天被逼去抽血。

没过多久,几个孩子就已经变得面黄肌瘦,身体虚弱不堪。一个偶然的机会,其中的一个孩子趁人不备时逃了出来,求助于大人,报了警,那些可怜的孩子才得救。出来时,这几个孩子已经奄奄一息,身体虚弱到了极点。那些"滚"出去的孩子,无论在心灵上,还是肉体上都受到了极大的创伤。而这些创伤,却是刻骨铭心的,是孩子一辈子都无法抚平的疤痕。

那么,作为孩子的父母,该如何保护自己的孩子呢?

对女孩来说,父母要教女儿学会自我保护。不管在哪里都不要随便跟陌生人讲话,不要随便给陌生人带路,也不要随便吃喝陌生人的食物和饮料;看好自家的房门钥匙,以防被别人拿去入室盗窃;放学回家太晚如父母不能去接,最好和其他同学结伴而行;一个人待在家里时要记得把门锁好,有陌生人按门铃一定不要开;不要让男人碰自己的身体;如果在路上或公交车上遇到有人图谋不轨,一定要大声呼喊,或者往人多的地方跑;有人对自己无理,若情况不严重可以不去理睬,若严重了就要大声斥责,不必害怕……

对青春期的女孩,父母就要更加关心,要多抽些时间陪陪女儿,与女儿进行沟通和交流,让女儿明白,一个女人最重要的德行操守就是自尊、自重,否则就会被人鄙视和唾弃。

做父母的一定要对女儿多用心，发现女儿心态不好或情绪低落，一定要耐心询问；遇到什么意外情况，一定要镇定自若，泰然处之。世界这样大，什么事都有可能发生，就当是"经一事、长一智"，孩子遇到一件麻烦事，解决了，就是多了一种智慧，多了一种处事的能力。

也许大家都会觉得，男孩子是不需要保护的。其实，这种想法是不正确的。男孩子虽然比女孩高大，比女孩强壮，但他们依然需要有自我保护的能力。

父母要告诫男孩子，从小要自立。男人就是顶天立地的男子汉，也是一家人的顶梁柱。遇到了什么问题，需要出力时，男人要挺身而出，毫不犹豫，而不能畏首畏尾，袖手旁观。但是，出力的时候也要实事求是，自己做不到的事情不要逞强，要动脑子想办法或找大人帮助。这就是所谓的要勇敢也要机智。

父母还要告诉男孩子，做人要安守本分，待人要尊重，尤其要尊重女性。男人的强大与勇敢要体现在保护女孩子上，而不是去欺负女孩子；男人的风度儒雅，要表现在对女性的谦让与友好上，上车、入座要懂得"女士优先"。作为男人，一定要懂得幽默、有礼貌，这样才会给身边的人带来快乐；而一个粗暴、野蛮的男人只会被世人所厌弃、所孤立。

作为父母，我们有义务保护孩子、关心孩子，也有义务教给孩子自我保护的知识和本领。很多时候，孩子需要的不只是能够遮风挡雨、提供吃喝的屋舍，他们更需要一方慰藉心灵、排除烦扰的空间，这个空间就是父母为孩子精心营造的那个安全、温暖的家。

第二章

性格影响命运,命运改变人生
——了解孩子的性格

性格是一个人最大的宝藏,它将影响一个人的交际关系、婚姻选择、生活状态、职业选择以及创业的成败等,从而影响着其一生的命运。"性格影响命运"是对性格与人生成败二者关系的最好诠释。所以,了解孩子的性格并培养孩子良好的性格以适应竞争激烈的社会,就显得尤为重要。

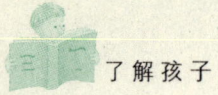 了解孩子

一、逆反是成长的宣言

> 很多孩子上小学还好好的，可一上初中就变了，特别不听话，爱和大人顶嘴；你叫他向东，他偏要向西；出现"不受教""不听话"，常与家长"顶牛""对着干"的现象。其实，这是青春期逆反心理在作怪。

生活中经常听到父母在抱怨：现在的孩子越来越难管了，脾气倔强得很，你说他几句他就烦，你让他这样做他偏要那样做，你说是对的，他偏说成是错的……整天与你唱反调。

俗话说："半大小子，气死老子。"初中孩子正处于青春逆反期，于是会表现出不听话，爱和大人顶嘴，叫他往东他偏往西，叫他打狗他偏赶鸡的强烈逆反表现。其实，出现这种情况很正常。

在孩子的发展过程中，会出现两个逆反期。

第一逆反期是孩子三四岁的时候，第二逆反期是孩子的初中阶段。但两个逆反期有着明显的不同：孩子在第一逆反期，主要是为了争取父母的同意，以获得活动自由，如非要自己穿衣服、自己走路等；孩子在第二逆反期的自主独立要求范围更为广泛，是孩子在生理和心理上发展变化最为剧烈的时期，孩子开始有了独立意识和成人意识，急切盼望能够摆脱父母的安排，并且能够根据自己的意愿独立做事。

所以，当孩子上了初中，父母还像以前一样去接他时，孩子大多会对父母不理不睬，跟同学继续一边走一边说话，觉得父母像跟班一样尾随其后，给他丢人，甚至认为父母在有意跟踪他。其实，孩子的逆反也是事出有因的，而父母所要做的就是了解孩子逆反行为产生的真正原因。

父母把孩子推向自己的对立面

孩子是一个独立的个体,是有独立性格的人。因此,外界的一切,其中也包括父母的想法,都不可能无条件地强加给他。一旦强加给他,就势必招来他的反抗,不管动机是好还是坏,他都一定要反抗的!

父母对待已进入青春发育期的孩子常常是左右为难。既盼着他们能快快地长大成人,又不敢放手让他们去锻炼自己,生怕其因经验不足而摔跤闯祸,所以对孩子的每一个举动都严加管束。这不仅会影响孩子独立意识和自我意识的发展,也会导致孩子产生逆反心理,使亲子关系恶化。

一位母亲痛苦不堪地说:"到底是怎么了,我现在和孩子成了仇人了,不知道该怎么办才好?"

原来,这位母亲有一个儿子,已经15岁了。母亲说儿子小时候非常乖,从不与大人顶嘴,可是儿子长大后,逐渐和母亲没有了共同语言,说不上两句话,母子俩就会吵起来。儿子中考没上重点线,准备复读一年再接着考,关于去哪个复读班的问题,母子俩意见不合,又发生了争吵。儿子喜欢打篮球,每次他要出去和伙伴们玩时,都会遭到母亲的干涉。总之两个人的"战势"愈演愈烈,竟在一次争吵中,儿子一气之下,把母亲精心栽培的花草摔得满地都是。

母亲对儿子说:"家里条件这样好,你生活如此的幸福,怎么还天天和我们对着干?"儿子回应道:"在家里,我没有一点幸福的感觉。其实不是我和你们对着干,是你们和我对着干!你们根本不理解人!"

孩子也是有情感要求的,他们需要父母更多的关爱、更多的理解,可是他们的情感需求父母却未必知道。

有的父母唯恐孩子不听话,遇事就反复唠叨个没完,一会儿要孩子这么做,一会儿又要孩子那么做;有的父母喜欢在孩子犯错时揭孩子的老底,把孩子的"污点"全部亮出来,从头到尾地数落一番,非要把孩子弄得灰溜溜才肯罢休。殊不知,正是这些做法导致了孩子的逆反心理!

有些父母不考虑孩子的实际能力和水平，对孩子提出一些过高的、过严的要求。比如要求孩子考高分，得第一；今天强迫孩子参加这个训练班，明天强迫孩子去上那个补习班。俗话说强扭的瓜不甜，一旦孩子不按照父母的意愿去做，父母就会采取高压政策逼孩子就范。结果，这些强人所难、揠苗助长式的做法给孩子造成了巨大的心理压力，当孩子实在无法承受这些压力时，就会以语言或行动来表示反抗。

有些家长在教育孩子时信奉"不打不成材"，当孩子有了过错时，就开始大发雷霆，又打又骂。个性较温顺的孩子经常会屈服于父母的打骂，并因此而变得胆小、懦弱和自卑；而一些个性较刚强的孩子则会表现出强烈的不满，并经常以反抗的形式来回应父母，最终导致逆反成性。

学校教育的不公正待遇

学校教育也可能引起学生的逆反。就个别教师而言，教师的品行不端、教学水平低下、教育方法不当、教师形象不佳等因素，都能成为引发学生逆反心理的导火索。

孩子有相当一部分时间生活在学校里，学校是以教师和学生为主体的一个小社会。但是，有些教师在教育、教学过程中常常做出对学生不公正的处理。比如偏爱成绩好、听话的学生，而学习不好、调皮捣蛋的学生，稍一犯错，则声色俱厉，非骂即罚。结果是"差生"讨厌这个教师，甚至在心里恨这个教师，在他的课上就是不认真听、故意捣乱，与教师作对。

高扬是一位高中二年级的学生，学习成绩不是很好，常常排在班级的后几名，再加上爱惹是生非，所以很不受老师和同学的喜欢。即使他犯了一点小错误，也会立刻遭到老师的批评，同学的白眼。为此，他的心里非常不满，觉得老师太不公平，好学生犯了再大的错误，老师都可以忽略不计，而对于坏学生，哪怕是微不足道的一点小错误，老师也会揪住不放。于是，他出于一种不服气的心理，在班上经常和老师顶牛，与老师对着干，他向来不理会

老师的批评,老师的命令他也不放在眼里,实在令老师头疼。

前苏联教育家费可夫在《和教师的谈话》中说过:"请你不要忘记,孩子们受到不公平的待遇,特别是这种待遇来自一个亲近的人的时候,他的痛苦心情会在心灵里留下一个长久的痕迹。"

学校是学生成长和社会化的主要环境,可偏偏有那么一些教师在教学过程中,不尊重成绩不好的学生,完全忽视了他们的内心感受与体验。当他们有了过错时,就会疾言厉色、大声训斥;甚至在这些所谓的"差生"受到冤枉时,教师也不道歉。结果导致这部分学生对教师的排斥,进而对学校教育产生逆反心理。

此外,一些教师对全班同学的关注不能做到公平、全面。过分关注学习成绩好的学生,致使成绩不好或成绩中等的那部分学生备受冷落。只要好学生有一点风吹草动、情绪不佳,教师都会给予和颜悦色、和风细雨式的关怀与鼓励。而对于"差生"却无人问津,只有犯错误的时候才会被点姓提名。因此,这些经常被冷落的孩子就会用"课上捣乱""与老师唱反调"等方式来引起老师的关注。

青少年自我意识的高涨

刚念初中的孩子,显著的特点是"变"。生理上在变,孩子开始发育了;心理上也在变,由于成人意识和独立意识的觉醒。他们会认为自己已经是大人,甚至认为父母提醒是啰唆,父母的管教是和他过不去。

孩子进入青春期以后,由于独立意识和成人意识的觉醒,使他们以为自己已经长成大人,理应自己管理自己,决定自己。面对老师的教导,父母的教育,他们有意无意地开始回避、反感甚至背离。教师费尽心思的谆谆教诲、父母苦口婆心的好言相劝,早已被强烈的独立意识和成人感意识驱散了。

有一位母亲说:女儿小时候是个好孩子,她聪明、乖巧,自己的房间总是收拾得整整齐齐的,还被评为三好学生,获得过绘画二等奖、乒乓球亚军……这些都是全家人的骄傲。可是,到了初二下学期,女儿开始发生变化,逐渐喜欢打扮,大人给她买的衣服,无论怎么劝说她都不肯穿,说是太幼稚。有什么事也不愿意听从父母的意见了,只要父母一说话,她就嫌烦,说父母啰唆。做了错事,父母批评两句,她也开始和父母顶嘴了,就是不承认自己错。好好的孩子怎么就变成这样了呢?真是让父母头疼。

从小学到中学对孩子来说是一个飞跃。强烈的成人意识和独立意识,使他们认为自己已不是小孩而是大人了,他们一方面想摆脱父母,自作主张;另一方面又必须依赖于家庭。这个时期的孩子,由于生活经验不足,却又过分看重自己的尊严,强烈要求别人按照大人的标准来看待他们。

如果这时父母还把他们当成什么都不懂的小孩,施以无微不至的"关怀",没完没了的"叮咛",他就会厌烦,就会认为父母太啰唆,甚至认为父母伤害了他的自尊心,于是就会派生出一种反抗的心理,萌发对立的情绪。如果父母在同伴和异性面前管教他们,那么,他们的"逆反心理"会更强烈。

孩子进入青春期之后,其生理和心理上的发展是不平衡甚至是矛盾的。这种矛盾和不平衡主要表现在生理上的成熟和心理上的不成熟。也就是说孩子在心理发展过程中,由于视野的狭窄,对事物的认识具有不坚定性和易动摇性;虽然他们的思维已经具备独立性和批判性,但他们认知事物和看问题时的偏差太大,从而出现认识上的片面、偏激、固执和极端化。对父母的正常教育往往从对立面去思考,把父母的教导、要求、督促等看成是"管""卡""压",是和自己有意作对,进而对父母的要求与管教做出反抗。

大众传媒及同辈群体的影响

社会生活的瞬息万变,使处于成长期的孩子盲目去追逐一些新的生活方式和生活观念,甚至对西方一些腐朽的东西也不加选择地接受、崇拜和效仿。这就与父母的传统思想产生冲突,如果这时父母不及时予以疏导而是横加阻拦,就会使孩子产生逆反心理。

逆反的孩子常常令人难以捉摸，有时他们对社会、学校、家长所做的正面宣传嗤之以鼻；对上榜人物、有为青年无端怀疑，甚至从根本上否定；对不良行为持认同感，大喝其彩；对父母的教诲、老师的教育消极抵制，甚至故意对抗等。所有这些表现看来都有违常理，父母等长辈纵有不是不也是为孩子好，可为什么偏偏要以反常的心态来与父母对抗呢？其中的原因是多方面的。

大众传媒及社会文化的影响。现如今是一个信息化的时代，大众传媒也开始大肆渲染、鼓吹，给青少年带来了一定的负面影响。大众传媒在信息的选取、宣传上力向大众，而忽视了对青少年这一半成人群体的关照，使成人文化中的一些不良的、低俗的东西被青少年吸收，或原本用来告诫人们和青少年的内容，却被青少年负面地接受了；另外，各种传媒强调另类性，如朋克、嬉皮士等，也是青少年的反文化心态和反文化意识形成的重要因素。

同辈群体不良因素的影响。青少年对同辈群体特别依赖，受同辈群体的影响也最突出。这是因为在青少年群体中，他们有着共同的心理感受，有着共同的兴趣爱好和共同的行为倾向，彼此之间容易取得认可，并达到相互转化与感染。于是，同辈群体中的不良价值观和行为倾向就会对置身其中的青少年产生不良影响。比如一些不良的英雄观、出风头、对着干等，很容易使一些正常的青少年被潜移默化，加之青少年自身心理的不稳定和模仿性，很容易形成逆反心理。

强烈的好奇心。越是不让碰的东西，越容易引起人们的好奇心和求知欲。孩子也是一样，尤其是只告诉他不许做，却不加任何解释的情况下，强烈的神秘色彩和好奇心极易驱使孩子去猜疑、揣度、推测，以至冒险去寻根究底或小作尝试。

父母的过分溺爱。有些父母对孩子百依百顺，过分溺爱，甚至在孩子有了过错的时候，仍然不施以管教。这样就给孩子造成误导，认为犯错误没有什么不可以，反正大人不会批评自己。久而久之，孩子就无法接受批评，也不允许大人对其进行批评和指正，当孩子在以后的生活中闯了大祸

 了解孩子

而被家长管教时,孩子由于被宠惯了,自然就会出现不服管,出现与家长对抗的局面。

教育·小·贴士

青春期孩子的可塑性极强,自立自主的欲望又特别强烈,父母对待他们要像对待朋友一样,对孩子要严禁使用命令,那种认为命令孩子服从是天经地义的想法是错误的。父母对孩子的事不要随意发表评论,而要采取一种积极聆听的姿态,培养孩子独立分析问题的能力与自信。父母还要不断加强自身学习,以了解孩子的心理发展过程。这样,才能真正克服孩子的逆反心理,对孩子的身心健康发展才有裨益。

二、谁来为任性"埋单"

> 任性就是孩子对自己的需要、愿望或要求毫不克制、固执、抗拒、不服从父母管教、不按照父母的要求去做等,或者表面上答应,内心不服,父母不在旁边时,就由着自己的性子来。

任性是当今孩子普遍存在的一个问题。家有一个任性的孩子,没有哪个父母不头疼。但父母们在想尽办法"对付"孩子的任性时,也许从来没有认真地思考过一个更为关键的问题,那就是孩子为什么任性?恐怕原因不只在孩子本身,父母也有责任。那么究竟谁该来为任性"埋单"?

意大利著名教育家蒙台梭利说过这样一段话:"对成人而言,儿童的心灵是一个难解之谜。我们应该努力地探寻隐藏在儿童背后的那种可理解的原因。没有某个原因,某个动机,他就不会做任何事情。一个成人若想找到这些谜底,他必须对儿童采取一种新的态度,增强对儿童的责任感。他必须成为一个研究者,而不是一个迟钝麻木的管理者或专制的评判员,现实中成人以管

理者或评判员身份对待儿童的情况实在是太多了。"

蒙台梭利的话为我们提供了一个全新的思路：父母们在为孩子的教育殚精竭虑、费尽心思之时，倒不如暂且放下牢骚和埋怨，静下心来审视孩子，努力读懂孩子的任性，解开他们任性背后的心理之谜。

父母对孩子有过妥协

那些太多太快得到物质满足的孩子，长大成人后难以应对人生的挫折。他们有种扭曲的权利感，阻碍他们在事业上和人际关系中取得成功。而且，家长对孩子的妥协，会使他们将来更易于焦虑和沮丧。

有些孩子任性，都是父母给惯出来的。孩子小的时候，常常有不合理的要求，要这要那，不答应，孩子就会胡搅蛮缠，不依不饶，直搅得父母心烦意乱，最后"举手投降"。就这样父母一次又一次地满足孩子的不合理要求，他们每一次似乎都是迫不得已，而这种不得已其实正是父母向孩子妥协的结果，这种妥协使孩子的任性变本加厉。

有一个孩子，集全家宠爱于一身。一次，妈妈带他去亲戚家玩，亲戚给了他一张贴画，他很喜欢，因为他妈妈从没有给他买过贴画。回到家里，他突然发现捏在手里的贴画不见了。于是他大哭起来，父母起初哄劝，后来干脆不理他，可是他哭起来没完，还在地上打滚。父母无奈，只好沿着回来的路找去。可是差不多已经找到亲戚家的门口了，还是没有找到那张贴画，跟在后面的孩子便又哭得死去活来，妈妈只好硬着头皮问亲戚又要了一张贴画。

后来这个孩子上高中了，在班里喜欢上了一个女孩子，但是被拒绝了。这次，他不再哭闹，也不再赖在地上不起来，而是想到了自杀……在医院的急救室里，父母哭着哀求他："以后的路还很长，你怎么可以轻易自寻短见呢？"他恨恨地说："我就想要她！"

是的，从一张贴画开始，那个孩子就被无休无止的迁就和妥协满足着，直至变得什么都由着自己的性子来。当父母感觉到孩子有太多的无理要求时，

毫无疑问，他们就会拒绝孩子的要求。但是这对孩子来说是没有用的，因为在这之前父母已经满足了孩子那么多的要求，先前的那些要求，父母最初也是拒绝的，到后来随着孩子的胡搅蛮缠，父母还是心软了。

以前父母对孩子提出无理要求的态度成了孩子的经验。所以，一旦孩子的要求得不到满足时，他就会逐渐加大在父母面前哭闹的筹码：冷静的要求父母不答应，那就哭着乞求；乞求不行，那就不吃饭；不吃饭不行，那就不上学；不去上学还不行，那就离家出走或以死相要挟……直到父母答应自己的要求才肯罢休。当然，大多数父母在孩子做到"不吃饭"这一步时，就开始妥协了，于是满足了孩子的要求，同时，对孩子说上一句"下不为例"就算了结。

但是，父母不知道，当孩子下一次提出无理要求时，还有"不去上学"、"离家出走"和"以死相要挟"在等着他们，而这一次的成功大大增强了孩子要挟父母的信心。因此，孩子任性的性格，是父母在不经意中对孩子妥协的结果。父母的这种妥协，正是孩子任性的根源。

家庭教育宽严失衡

每一位父母都爱自己的孩子，而这种爱往往会在不自觉中变成溺爱和放任，这就会使孩子形成任性的性格。因为孩子就是孩子，他们缺乏自我约束的能力，难免会犯这样或那样的错误。因此，为了不让孩子任性，父母要合理管教孩子。

现在的家庭，大多是独生子女家庭，管理孩子，也比以前困难得多，尤其是面对孩子的任性，真的很让大人头疼。孩子不听话，父母的要求和愿望难以实现，父母就会对孩子不满，就容易出现不理智的表现。有的会采用打骂的方式对孩子严加管教，而另一端，爷爷奶奶又万般袒护着孩子，这样，久而久之更助长了孩子的任性行为。

有一个小女孩，在家里特别任性，面对她的无理取闹，父母打也打了，

骂也骂了，可孩子还是任性依旧，实在令父母无计可施。一次，她看见班里的一个同学新买了一条花裙子，很漂亮，于是回到家里就吵着向妈妈要，可是她已经有好几条裙子了，妈妈就好言相劝。女孩并不领情，还是吵着要花裙子，妈妈一怒之下，把女儿的裙子都翻了出来摆在女儿面前，问她究竟哪里不好。女儿说了句"就是不要！"然后把衣服全都推到了地上，这下妈妈火了，一把拉过女孩，命令她把裙子拾起来放好。可是女孩站在那里依旧不动，妈妈实在生气，就动起手来，女孩哭了。这时，旁边的奶奶心疼了，一边说着妈妈的不是，一边把孙女带到了自己的房间里，一场风波就这样不了了之。

衣服，孩子始终是没有拾起来，还得到了长辈的袒护。这样，父母的教育丝毫没有起到作用，反而让孩子的任性更加大胆。因为他们知道父母最怕爷爷奶奶，而爷爷奶奶又最听他们的话，有爷爷奶奶在为他们撑腰，他们同样可以想怎么样就怎么样。

除了爷爷奶奶的袒护，父母的教育方法也很重要。父母对孩子的教育简单粗暴，就会造成孩子的逆反心理，不管父母说得对错与否，一概不听，从而埋下了任性的种子；有些父母强迫孩子服从于自己的意愿，这种违背孩子身心发展规律的做法也是导致孩子任性的原因；还有的父母经常当着外人数落孩子，虽然是为孩子好，却容易伤害孩子的自尊心，从而导致孩子为了面子，就和家长对抗，故意任性犯拧。

此外，当父母发现孩子有了不良行为表现后，急于要求孩子改正，而不考虑教育方法和教育的效果，只是要求孩子"强行改变"，结果孩子一下子难以接受，就越发表现得执拗和任性。

模仿别人或某种心理需求的表现

孔子说："少年若天性，习惯如自然。"孩子的任性，父母要及早教育。因为任性的孩子在生活中常常碰钉子，遭受挫折，受磨难。久而久之，会影响孩子的健康成长，长大后又很难适应社会。

任性与遗传因素有一定关系,但关键还是后天的教育和影响。任性形成的原因有多种,但是父母真正了解的却没有几个,除如上所述外,孩子任性的原因还有以下几种。

同伴交往机会缺乏。随着人们生活水平的提高,社会秩序的不甚良好,很多孩子都被关在了钢筋混凝土筑成的高楼里,他们很少和同伴们一起玩,于是大人们便成了他们的玩伴。在这种不平等的交往情景里,如果大人不注意对孩子进行塑造和培养,孩子就会缺少互助、合作的意识,缺乏自制、谦让的品性。

大人不理解孩子的愿望,强制孩子去做不愿做、不理解的事。比如,一个小男孩,在院子里踢足球,不小心把花盆碰倒,大人一生气把足球抢过去扔在角落里,不许他再玩。孩子不甘心被阻止,又找来篮球玩。大人见了又抢过去丢在一边,命令孩子不许玩,立即和大人出门。孩子此时虽然知道碰倒花盆是不对的,但两次玩耍被粗暴地制止,心里就产生了一种反抗情绪:你不让我玩,那你让我做的事我也偏不做。

模仿别人的结果。在家中或亲戚朋友的孩子中有人任性,孩子曾多次见到任性的表现,而且任性还很有效果。于是孩子就会模仿,也表现出任性。比如,许多亲友一起聚会,其中有一个孩子在大人面前任性,而孩子的家长不但没有批评他,反而迁就他,满足了他提出的要求。这对其他孩子起了一定的反面效用。有的不辨是非的孩子,遇到相似的情形,就会模仿他人的任性。

孩子任性是某种心理需求的表现。孩子对事对物的判断不会像大人那样经过仔细分析后再做出,而是仅凭着自己一时的情绪和兴趣,哪怕这些事物对孩子是不宜、不利甚至有害的。但由于父母总把他们当成小孩子,而忽略他们的情绪和兴趣特点。其实,这种情绪和兴趣,就是孩子很想接触更多新事物的心理需求。

成人随意地哄骗孩子,向孩子"许诺"。比如,"你听话,明天爸爸就带你去游乐园。"成人往往只是哄哄孩子,却不知道孩子是最认真的。因此,当成人不兑现对孩子许下的诺言时,孩子就会失望和委屈,常会用胡搅蛮缠来发泄这种不满的情绪。

教育·小·贴士

大人有大人的世界，孩子有孩子的世界。孩子的思想行为在大人看来经常显得幼稚可笑，但是它们与孩子的身心发展阶段是吻合的。孩子是一个独立的人，父母必须尊重其个性、兴趣、需求及感情表达方式，并在此基础上予以合适的指导和引导。当孩子任性的时候，父母不可专断独行，只是自己发布命令，不让孩子说出他的想法。而是应该在做出判断前，先让孩子表明自己的想法和理由，然后再与孩子探讨解决的办法。只有了解、理解、尊重孩子，父母与孩子的关系才能建立在坚实的基础上，才能使教育孩子收到事半功倍的效果。

三、孤独就在不远处

> 孤独感乃是一种封闭心理的反应，是感到自身和外界隔绝或受到外界排斥所产生出来的孤独苦闷的情感。

"在人生的十几个年头里，我体味着从未有过的孤独。我最好的朋友也许就是我自己，因为任何时候我都可以和自己交流，毕竟我欺骗不了自己。这个世界上唯独我最了解自己，唯独我能安慰自己。"这是一位年仅14岁的男孩写下的日记。这位男孩身材标准，相貌英俊，在班里担任学习委员，连续三年被评为校级三好学生。这一切并未改变他的人生悲剧，他在14岁这一年自杀了。

在数不清的独生子女中，究竟有多少人还在孤独中挣扎？调查显示，大部分独生子女的人际关系还是令人满意的，但是自述"感到孤独"的独生子女也达到了约20%，其中，感到非常孤独的为6%，感到比较孤独的为13.9%。不久前的一项大型调查表明，在中国各大城市的三口之家中，"最让人担忧的问题"里，"孩子孤独、有压力"仅次于"老龄化"，位居第二。

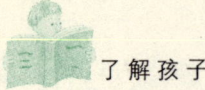

为什么同样是独生子女，有的孩子感到很快乐，而有的孩子却有着强烈的孤独感呢？经过分析，感到孤独的孩子的生存环境，并与没有感到孤独的孩子作比较，发现是以下几种原因造成了现代孩子的孤独。

家庭环境对孩子的影响

孩子的内心世界是丰富而敏感的，在对孩子的教养中，父母却往往更容易重视为孩子提供成长发育的物质环境，而忽视帮助孩子改造他们脆弱、细致、敏感的情感世界。父母总是因为工作繁忙而意识不到自己和孩子真正相处的时间少得可怜。

在大人们看来，孩子本该是天真无邪、无忧无虑的。但事实上，他们同样离不开亲人、朋友的关心和照顾，离不开与他人之间的沟通和交流，在遇到困难和挫折时更离不开他人的安慰和鼓励。当他们体验不到父母的关爱、朋友的温暖时，也正是他们承受内心巨大孤独的时刻。

有一个小女孩，因为爸爸妈妈工作忙，从小就被放到外地爷爷奶奶家寄养，直到上小学，她才被爸爸妈妈接回身边。小女孩回到了父母身边，本该高兴才是。可她并没有像父母期待的那样开心和快乐，她整天把自己关在房间里，不出去找小朋友玩，从不主动和父母说话，脸上也没有孩子应有的笑容。一开始，爸爸妈妈以为这是因为孩子刚回来，一切都还比较陌生，心想过段时间就会好的。可是，已经过去一年了，小女孩无论在学校还是在家，都显得非常孤独寂寞，一个人独来独往，别的同学早已在班上找到了好朋友，而她却像一只离群的孤雁，显得孤单又可怜。

孩子孤独、寂寞是由于和他人产生了一定的距离。由于幼年时代没有和父母生活在一起，在心理上与父母产生了较大的距离感和陌生感。所以当她回到父母身边后，一切都是那么陌生，没有熟悉的人，没有小朋友来找她玩儿，这一切都使她感到害怕，感到更加孤独。

有的父母性格比较内向，很少与人来往，还经常把孩子关在家里，结果

孩子也变得内向，不善与人交往。走出家门后，由于缺乏交往技巧，他们不会主动结交朋友，结果使自己陷入孤独寂寞之中。

大多数父母都明白"近朱者赤、近墨者黑"的道理，因此他们对孩子行为的控制性很强，总希望孩子能跟学习好、家庭条件好的孩子交朋友。由于怕孩子受到伤害或不良影响，一些家长往往对孩子过度呵护，甚至干脆阻止孩子和别人交往，这样就使孩子陷入孤独的处境中。

在很多家庭中，都是父母单向批评、训斥孩子，孩子只有听的份儿。这样的教育方式剥夺了孩子的表达权利，或者是孩子根本就没有了表达的欲望。孩子在家庭中无法释放自己内心的想法，孩子会感到没有人可以分担他的想法、问题和恐惧，没人分享他的内心感受，那么，孩子就会感到孤独。

青春期自我意识增强

青春期的孩子感受孤独、喜欢孤独、不断品味孤独而同时又被孤独折磨。正值豆蔻年华的少男少女体验到孤独其实并不可怕，这正是自我意识觉醒的一种表现。

进入青春期的孩子都会觉得自己是大人了，于是总想一夜之间成熟起来。父母的关心不再像过去那样让他们流连忘返，反而觉得啰唆无聊；老师在他们心中似乎也失去了往日的威信；就连平时的好朋友，也不像以前那样亲密无间、无话不谈了，积攒了一肚子的心事，却不知道该向谁倾诉。于是就会发出"没人理解我！""我好孤独！"之类的感叹。

一位母亲说，自从女儿长大以后，最让父母担心的就是怎么和她沟通。小时候犯了错误，就算打她一顿，过一会儿也就好了，可现在说她几句就和你赌气好几天。真不知道女儿何时变得这样古怪。平时叮嘱她点什么吧，她就不耐烦地说："我都这么大了，您就别再唠叨了，让我清静一会儿吧！"小时候爱说爱笑，现在长大了却难得听她说几句话。每天放学回家就把自己关在

房间里,一待就是几个小时。一天我在整理她房间的时候,发现床头一张纸上写着:我想我会一直孤单。看完之后,我们大人很是忧心,这孩子内心是不是很孤独啊?

有位哲人说过:"没有任何人会像青年人那样深陷于孤独之中,渴望着被人接近与理解,没有任何人会像青年人那样站在遥远的地方呼唤。"这种孤独感正是青少年自我意识发展的一种表现。

青春期是孩子向成人转变的过渡阶段,青少年总想立刻成熟起来,在同学中成为被接纳和受欢迎的人;在大人面前得到尊重和信任。他们一方面害怕别人发现、侵扰自己那块神圣的"领地",于是本能地将自己闭锁起来。闭锁性是这个时期最主要的特征。另一方面,他们又特别需要得到别人的理解和关怀。自我意识的觉醒,使他们开始摆脱父母的监护,追求自我独立,自认为已经成为"大人"。然而,青少年毕竟还没有完全成熟,在纷乱复杂的社会面前,他们显得是那样的单纯和幼稚,更由于他们的闭锁性,使大人很难了解他们的内心世界,也无法给他们以帮助和理解。这就使青少年陷入迷茫、痛苦和孤独之中,在他们的心目中,没有人能够理解他们。

同伴交往的缺乏

当代城市的高楼就像厚厚的墙壁,阻断了孩子与外界的交流,限制了孩子的活动范围。孩子因没有玩伴找不到快乐,久而久之便产生了心理孤独!

一项在上海市1600多名孩子中进行的调查结果表明:几乎所有的孩子都喜欢和同伴一起玩耍;有47.8%的孩子因为没有玩伴,而常常一个人在家里玩;平时只有9.5%的家长经常陪孩子一起玩,节假日也只有15.4%的家长带孩子出去玩。看到近50%的孩子找不到玩伴,不能不让我们担忧:我国青少年中出现的"伙伴危机",将会造成孩子的成长孤独。

曾有一个男孩,因住进高层而患上"高楼孤独症"。男孩家在一幢高楼的第20层,买了一套140多平方米的房子。搬进新家后,男孩转学到妈妈工作单位附

近一所学校读书，离开了原先熟悉的生活学习环境，每天跟着妈妈早出晚归。由于对周围环境不熟悉，加上邻居之间互不往来，没有伙伴间的心理沟通和感情交流。男孩每天放学回家后，除了吃饭、睡觉以外，就是看书、看电视，经常一人站在窗前发呆。渐渐地他变得性格孤僻，怕见生人，总是不开心，对什么事情都不感兴趣，学习成绩明显下降。妈妈带男孩去见医生，医生说孩子患了"高楼孤独症"。由于高楼限制了孩子的活动范围，加上环境不熟悉，缺少同龄伙伴心理沟通和感情交流，久而久之引起心理孤独，并诱发焦虑、抑郁等症状。

没有玩伴的孩子易产生孤独感。

记得我们小时候，城市里大部分的住房都是三四层的高度。其中还有许多的大杂院和筒子楼。虽然居住的条件比较落后，环境也比现在的城市环境差很多，但是每天放学后我们都可以和小伙伴们一起学习，一起玩耍。那是一种现如今生在群楼高立的都市孩子中很难找到的快乐。

现代化的大都市，楼房是越建越多也越建越高。人们被一个个方形的格子隔了开来，彼此间的心理距离越来越远，孩子们之间的交流也就越来越少了！现在的孩子，每天放学回到家里就关上门，一个人在房间里一待就是几个小时。娱乐活动不外乎就是看电视、打游戏、听音乐、看课外书。这样下去，难保他不会孤独。

孩子缺少玩伴已经成为当今社会的一种广泛现象。孩子的健康成长需要群体生活，需要伙伴，孤独往往会对他们的心理造成很大伤害。经常产生孤独感的孩子更容易形成不健康的心理和性格。亲和能力是情商的重要部分，如果将来孩子只会学习、工作，却不知如何与他人交往，是无法适应社会的。

社会风气及孩子的高傲

孤独性格的形成，是因为与生活远离，甚至隔绝造成的。一个远离真实生活的人，就不愿意接触生活，如此会使他们生活在恶性循环中。因为是他们自己孤立别人，所以与别人的接触并不能带给他们快乐，甚至会使他们更加孤独。

心理学家认为，真正的孤独，往往产生于那些与外界缺乏思想与情感交流的人。实际上，无论身在何处，只要缺少对周围环境的了解，与外界无法沟通，那么，就只有面对难以忍受的孤独。可是身为父母的却常常看不透孩子的孤独，也不知道这孤独是缘何而起。

专家指出，社会风气在很大程度上造成了孩子的孤独。由于大人之间的关系、情感的转变，孩子之间的关爱也变少了，竞争意识、嫉妒心理、防范心理却渐渐增强。结果导致孩子在对待同学和朋友上很难以诚相待，必然交不到真心朋友。

还有些孩子是因骄傲而造成孤独寂寞。我们在生活中常看到这样的孩子，他们或许成绩特别好，或许具有某方面的特长，以为别的孩子都不如自己。当有同学向他请教问题时，他总会拒人于千里之外，或者用轻蔑的口吻奚落别人，久而久之，周围的伙伴都离他而去。这时，他才猛然发现自己很孤独、很寂寞。

孩子之所以会孤独，还可能由于自卑心理。当一个孩子自我评价过低时，就常常会产生自卑心理，进而把自己封闭起来。或者因为身上存在某些缺陷，感到抬不起头来，与人交往时就会变得敏感多疑，总认为别人时时处处在嘲笑、轻视自己，于是尽量不与他人交往。

情绪情感障碍也是造成孩子孤独的一个重要原因。常见的情绪情感障碍有害羞、恐惧、狂妄、嫉妒、愤怒等，其中害羞和恐惧最易引发孩子的孤独感。因为害羞和恐惧容易使人产生恐惧行为，从而逃离人际交往，离群索居，封闭自我。

另外，有的家庭婚姻破裂也会使孩子感到自己很孤单、很弱小，觉得别人都看不起自己，由原来快乐的小天使一下子变成孤独的丑小鸭。

教育·小·贴士

做父母的应尽可能创设条件让自己的孩子结识更多的朋友。既要允许、鼓励孩子与邻居家孩子共同玩耍，还要有意识地把孩子的伙伴邀请到家里来，促使孩子内向的性格在与小伙伴的交往中逐渐改善。父母还要经

常带孩子外出参加社区、学校、传媒举办的各类活动，让孩子有接触不同环境、不同人群的机会。除此之外，父母还要有计划地带孩子游公园、参观画展、外出郊游、参加音乐会等。只要坚持不懈，相信孩子一定会远离孤独。

四、摸清虚荣的底牌

> 每一个人都有自己的追求，不同的人追求的目标也不一样。有的人追求事业成功，有的人追求物质享受，有的人追求精神满足，还有的人追求虚荣。虚荣心是一种不切实际的东西，有虚荣心的人总想凌驾于他人之上，并在虚荣心的驱使下逐渐迷失自己。

虚荣心是人类天性的一部分，它是人们为了维护自尊而产生的不良心理。成长中的孩子伴随着自尊心的增强，他们也开始关心起自己在同学中以及整个社会中的地位来，同时还非常注重自我价值的存在。

适度的维护荣誉可起到提醒自己维护自尊的作用。如以不正当的或虚伪的方式去达到自尊心的满足，以求得不真实的荣誉，这就是一种虚荣心理的表现。如有些孩子家里并不富有，但为了显示自己的新潮和时尚，就不惜"打肿脸充胖子"，穿名牌、戴名牌，还不时地请客吃饭；有的孩子学习成绩本来就不好，但为了得高分，让人刮目相看，就不惜通过作弊等欺骗手段实现；还有的孩子为了面子，竟然不敢把自己当农民的父亲或家庭主妇的母亲介绍给同学或朋友，怕给自己丢脸或在别人面前抬不起头。

以上这些强烈的虚荣心是一种性格弱点，它不仅影响孩子的性格发展，而且还会引发孩子的邪念，使孩子误入歧途。因此，作为父母一定要正确认识孩子虚荣心理产生的原因，这样才能有效地克服它。

面子观念的驱动

具有虚荣心的人，用扭曲的方式表现自尊心和荣誉感，追求表面上的好看和形式上的光彩。面子高于一切，不顾条件和现实去追求虚假的名誉。

"讲面子"是中国社会普遍存在的一种民族心理。面子行为反映了中国人尊重与自尊的情感和需要，丢面子就意味着对自己的否定，这是绝对不能接受的。于是有些人为了不丢面子，通过"打肿脸充胖子"的方式来显示自我。而生活中的面子问题让许多孩子也开始变得虚荣。当然适度的虚荣不会带来很大的危害，甚至会推动人的前进，但虚荣若超过了一定的限度，那么危害就显而易见了，有的会因此为日后的生活埋下了隐患或祸根。

聂枫是一位高三的男生，刚考进高中的时候，他的成绩非常优秀，为人也很热情，他还被评为三好学生，并获得学校奖学金。可是不知从何时起，他发现身边的同学都是身穿名牌、打扮时尚，还有属于自己的手机。而他全身上下没有一件是名牌，所以每次和大家在一起时，都感觉自己太"土"，太"落伍"。特别当同学们在一起大谈名牌、高消费时，他永远都插不上话，为此他感到失落和沮丧，觉得自己在同学面前很没面子，似乎总是比人家矮一截。但是家里条件差，确实无法让他穿上名贵的衣服。于是，他在一天放学的路上对一位刚从银行取完钱的老太太实施抢劫，最终抢劫未遂，被送进了公安局。

由于受到面子观念的驱使，很多孩子更加注重自己身上的荣辱和美丑。他们不想被别人比下去，他们觉得"低人一等"是一件耻辱的事。他们更喜欢接受奉承和吹捧，喜欢把自己放在至高无上的位置上，享受众星捧月般的荣誉。于是，他们在生活中特别顾及自己的面子。

但是，对孩子来说，他们也是有难处的。因为学校里很多人都崇尚时尚，同学之间课下也总是以流行时尚为话题，自己穿的不好，和大家在一起就没有话说；穿着太"土"的人还会显得有点傻气，并且孩子不想自己看起来太寒酸。于是，他们就会跟着潮流走，社会上流行什么就立刻去买什么，把所

有的"苦闷"都统统化作这个简单的行动。

虚荣心在生活中会给孩子一种心理上的暗示,在不知不觉中,它能给孩子锁定生活的目标。于是,虚荣心强的孩子,在确定生活的目标时,就不太会客观考虑实际的需求,而首先想到的是面子,就要做给别人看。他们要的是面子,所以也不会踏踏实实地去生活和学习。

不良社会风气的影响

虚荣心就是追求不真实的光荣感或荣誉感,是一种暂时的、虚假的心理需要。这种心理是消极的、不健康的。一味追求虚假的东西,会使人形成盲目自大及虚伪的性格,会失去真实、失去尊重、失去实在的追求。

不良的社会风气可能诱发不少人的虚荣心,如当周围许多人都在弄虚作假时,本来诚实的人也会抵挡不住诱惑而随波逐流。近年来,不少孩子比吃、比穿、比地位,就是因为社会上的腐败、浮夸风气、竞争机制的不健全等不良现象的影响,在一定程度上对孩子起了诱导的作用。

一位父亲忧心忡忡地说:我儿子上初二,在市里一所普通中学就读,他们班上有许多家境不错的同学。不知从什么时候开始,儿子开始讲究起来,运动鞋要穿"耐克"的,买衣服选"阿迪达斯"的,一些文具和生活用品也选高档的,过生日要去五星级宾馆或吃西餐……我们家的经济条件不算差,孩子有什么要求也会尽量满足,但我还是觉得孩子这么小就讲究吃穿很不好。我有时候也会劝他少和别人比吃穿,但他听不进去,说同学们都这样。这么小就虚荣心这么强,以后可怎么办呢?

随着商品经济的快速发展,人们开始疯狂地追求物质享受,大吃大喝,还要穿戴名牌,于是便形成了一股追求奢华、虚荣的不良社会风气。由于受这种不良社会风气的影响,纯朴圣洁的校园也开始悄悄地发生了变化。经常听到孩子之间在相互争论:我的衣服比你们的有名,贵得多。而另一个孩子会马上反驳:我的衣服是爸爸出差时在上海买的,是专卖的。

由于受社会不良风气的影响,许多孩子认为父母有责任让自己过上舒适的生活,一旦父母无法满足他们的各种要求时,他们就开始抱怨父母的无能。为了满足自己的虚荣心,有的孩子甚至做出违法伤人的事情,这是让我们感到悲哀的,同时也是值得引起我们反思的。

另外,受功利思想的影响,许多孩子变得自私,而且在与同学和朋友的交往上永远把金钱放在第一位。所以,在我们看来,他们之间的交往好像在比谁家的钱多似的,钱多的会与钱多的孩子结成朋友,而看不起家境贫穷的孩子。在这样的社会大背景下,素质教育显得尤为重要。

家庭对孩子的溺爱

父母总是希望自己的孩子比别人的孩子更优秀。但是在教育孩子的时候,它们往往会忽视自己留给孩子的印象或自己对孩子的影响,它们不知道孩子的一些习惯往往和自己的行为有关。

孩子虚荣心形成的原因主要来自家庭。一些父母认为只有一个孩子,经济上又负担得起,所以舍得给孩子买高档文具、流行服装。有些父母不注意孩子的修养和对孩子的影响,喜欢在吃穿用上与他人攀比,甚至给孩子大把零花钱以显示自己的富有和出手大方。父母对孩子一味"吹高""捧高",让孩子在别人的赞扬声中长大,从而助长了孩子的虚荣心。

有一位母亲是做生意的,家里较有钱。她为了让读高一的女儿过得有品位,每月给其2000元生活费,另给女儿办了一张信用卡,以便解燃眉之急。有一个月她在核查女儿的账户时,发现女儿在信用卡上透支了近5000元。原来女儿为了巩固"校园首富"的地位,经常在高级餐厅请同学吃饭,遇上同学过生日,她送上的礼品都是品牌服饰。

孩子的虚荣心,就是追求表面的荣耀。这往往是由于父母从小给孩子大量零花钱,给孩子买高档物品造成的。如果这位母亲能从小教育女儿没必要用钱来买虚荣、买地位,相信就不会出现透支生活费的现象。

现如今的家庭大多都是独生子女家庭，父母总怕孩子受委屈，于是对孩子的要求总是一一满足。自己孩子穿的、戴的都不能比别人差，别人的孩子有什么咱家的孩子也得有，绝不能让别人比下来。于是在父母有意无意地纵容下，孩子的欲望开始无限度地膨胀。

此外，很多孩子的父母从溺爱孩子的角度出发，总是喜欢讲孩子的优点，而对他们的缺点却只字不提，甚至在亲戚朋友面前经常夸耀自己的孩子如何的争气。孩子听到的都是赞美的声音，却很少听到别人的批评，而父母对别的孩子常常嗤之以鼻、批评指责。由于孩子对自己客观评价的能力还很差，家长具有绝对权威性，逐渐地孩子就从父母眼中的"完美"变成自己心中的"完美"，再也不能容忍别人超过自己。

教育小贴士

作为父母要教育孩子放眼世界，不要以自我为中心，经常用平静、坦诚的心去观察自己，认识自己的优点与不足。在生活中，不要被那些浮华的东西冲昏头脑，在小事上为面子与人攀比，最后输掉的只会是自己的人生。所以要带领孩子正确剖析自己，敢于承认自己的不足，放下不值钱的面子，这才是对孩子有效的教育。

五、自私是还不清的债务

> 孩子很自私，这是一个中心问题。一个孩子很自私的时候，他处处会无礼，会傲慢，只要我要的东西就不给你。他会懒惰，会不孝，他想的永远都是自己，又怎么会顾及别人！

在我们的现实生活中，自私的孩子并不少见。有些孩子在家庭中，独占意识特别强，什么好玩的、好吃的均由他一人享用。久而久之，在孩子幼小的心灵中便产生一种"以自我为中心"的意识，认为一切都是我的，谁都不能动。

"以自我为中心"是孩子成长发展中出现的一种不正常的心理现象。如果父母一味让孩子的这种思维方式发展下去，孩子有可能变成一个骄横跋扈、自私自利的人。这种人在社会上是不受欢迎的，即使孩子的智商再高、能力再大，也难以施展。

自私虽然不是什么大毛病，但如果是一个什么都不愿与他人分享，独占意识很强的人，是很难与他人形成良好的人际关系的，而且这种自私心理还会严重妨碍孩子的健康成长。所以，从小克服孩子的自私，培养孩子与他人分享的意识很重要。为此，身为孩子的父母，有必要认清孩子自私的真正原因，从而采取正确的措施来防止和纠正孩子的自私行为。

家庭的宠爱

孩子自私心理的产生，多是孩子在家庭中受几代人的宠爱、保护的结果。人人关心他，人人服从他。于是孩子便产生了一种理所当然的至高无上的心理，所以这一代的独生子女被称为"小太阳""小皇帝"等。

孩子吃独食，不愿与他人分享，是与家长的溺爱密切相关的。很多父母和长辈出于对孩子的爱，把好吃的、好玩的全让给孩子，孩子偶尔想让长辈分享，长辈在感动之余却常说："我们不吃，你自己吃吧。"长此下去就强化了孩子的独享意识，他们理所当然地把好吃的、好玩的据为己有。

曾发生这样一件事。一个炎热的盛夏，儿子闹着要吃西瓜，妈妈在街上转了很长时间，终于买回一个大西瓜。切开西瓜时，情不自禁地先尝了一口，立即听到一声严厉刺耳的童音："谁让你吃的，给我吐出来！"妈妈愣在那儿，两行热泪止不住流了下来。随即又听到孩子说："算了，算了，下次不许这样！"可能良心未泯，儿子总算"原谅"妈妈的"过失"了。

如此自私的孩子是谁造就的？是家长自己长期过分溺爱、娇纵的结果。

现在的孩子大多是独生子女,生活条件优越,特别是祖辈和父母众星捧月的态度,把孩子放在了说一不二的核心位置,助长了孩子的独占欲,强化了他们的自我中心意识。孩子只知享受和索取,却不知付出和奉献,长期下去,逐渐发展成极端自私的情感和行为。

其实,造成孩子自我中心的原因很简单:大人老把他放在中心位置,他自然就习惯自己是中心了。大人总是像伺候皇帝一样伺候他,菜一夹起来,"孩子,妈妈特意为你炒的这盘菜,多吃一点";爷爷、奶奶出于疼孙子,更不甘示弱,"乖孙子,这两盘菜也很好吃",都帮他夹满了。所有的家人都在为孩子服务。所以小皇帝产生了,小公主也产生了。时间长了,他自然就找到"当皇上的感觉"了。于是,他做事总喜欢根据自己的感觉和需要,而从不去考虑别人。

所以,在家庭生活中要形成一定的"公平"环境,以免孩子滋生"独享"意识。爸爸妈妈要让孩子知道自己与其他家庭成员是平等的关系,自己有愿望,别人同样也有愿望,好东西应该大家分享,不能只顾自己不顾别人。

家长的让步

家长在教育孩子的过程中起着举足轻重的作用。只因孩子是独生子女,就对孩子的需求总是有求必应;无原则地容忍、迁就孩子的错误,这样势必会使孩子自大,不关心他人利益,一切为自己,最终只会使孩子变得自私自利。

家长的让步,也是孩子产生利己主义的一个根源。比如:奶奶要休息,孙子要看电视,只能奶奶做出让步;女儿要吃蛋糕,不管路多远,妈妈也得跑去买;儿子不想去上学,一哭闹,妈妈便允许孩子在家待一天……这类事情的发生,在我们周围还少吗?

有一个孩子,深受爸爸妈妈、爷爷奶奶的疼爱。从小时候起,家里所有的人都会不约而同地顺从他的意愿做事,他逐渐地变得很"独"。曾经有一次,爷爷在小区门口下完棋回来，实在太饿了，进家坐下后，顺手拿起孙子的饼干就吃了起来。这些饼干已经放了好久了，孙子平时根本就不喜欢吃。然而，当他看到爷爷在吃他的饼干后就不愿意了，非让爷爷把饼干还给他，甚至伸手要到爷爷手里去抢。尽管妈妈一再表示第二天一定给他买来更多的饼干，但还是不能说服他，他不仅哭闹，而且还躺在地上打滚，不依不饶。最后，还是爸爸说带他去吃麦当劳，才阻止了孩子的哭闹。

家长对孩子可以做出很多让步，这是爱的表示，而这种让步的价值是什么呢？如果培养他高尚的品质或支持他做好事，这种让步是值得的；如果不是这样，就会使他滋生只关心自己的需要、自己的快乐，而不考虑别人利益、别人痛苦的利己主义思想。这样发展下去是危险的，一个极端利己主义者很难说他会有爱国之心，他也不会爱自己的亲人，他爱的只有自己。父母都希望自己的孩子成才，成为有用的人；即使不为国为民做出重大贡献，也不要成为"虎狼"之人。

可是，总有那么一些家长在对待孩子的问题上，唯恐孩子受一点委屈，于是一味地顺从、迁就孩子。哪怕孩子提出的要求原本就是不合理的，大人一看到孩子哭闹不止，就会鼻子一酸，心头一软，对孩子做出了让步，进而把教育孩子的宗旨抛到了九霄云外。

可以说，造成孩子自我中心的根源在家长身上，怪不得别人。要知道，自私的孩子是感觉不到自己自私的，它表现出来的只是习惯性的思维方式和行为方式，只能由别人感到他是自私的。

缺少良好的道德品质教育

自私使孩子失去了良好的人际关系和高尚的道德品质，而良好的人际关系和高尚的道德品质是一个人健康成长、事业有成的重要保障。

人类社会是群体生活，它要求人们彼此之间必须相互协调、关心和帮助。如果一个人总是只想到自己，就容易发展成为一个自私、吝啬的人。在我们的现实生活中,很多父母把所有的精力都放在了孩子的学习上,而忽略了孩子的道德品质教育和培养。结果造成孩子缺乏集体生活的体验,不会处理自己和他人的关系,从而变得自私自利、形单影只。

有这样一名中学生,在班里学习非常努力,成绩也总是名列前茅,但却不乐于帮助学习有困难的同学。同学有问题向他请教,他总是找借口推托,同学要看他的笔记本,他也会以各种理由不借给别人。一次,有位同学到他家里向他请教学习方法,他勉强地敷衍人家。妈妈批评他这样做不好,他却说:"我凭什么要告诉他呢?他要超过我怎么办呢?"

这位中学生的问题可以归入学习上的自私行为,这种行为又源于自私心理,而这种自私心理又与他的虚荣心理和嫉妒心理有着非常大的关联。受自私心理控制的人在行为上的突出表现是只顾自己利益,不顾别人和集体的利益。

造成青少年的自私心理的主要原因是父母没有适时地给他们以良好的道德品质的教育与培养。孩子的自私不是天生的,而是后天的教育与环境影响了他们,尤其是父母的言行举止、教育内容与方式,对孩子有着更直接的影响。

要知道,孩子之所以不愿与他人分享,是因为他觉得,分享就是失去。爸爸妈妈应该理解孩子这种难以割舍的"痛苦",让孩子懂得,分享其实不是失去,它是一种互利。分享体现了自己对别人的关心与帮助,自己与别人分享了,别人也会回报自己同样的关心与帮助,这样彼此关心、爱护、体贴,大家都会觉得温暖和快乐。

因此,在学生时代,如果父母发现孩子有自私自利的行为,不可轻视,要及早帮助孩子克服私心。当然,防止或纠正孩子的自私心理和行为最重要的是从父母对孩子的道德品质培养做起。

不良影响及孩子天生的利己倾向

自私是一种不成熟行为。自私的孩子过分关心自己,只注意自己的欢乐和幸福,很少考虑他人,一切以满足自己为主。

生活中很多孩子自私自利、以自我为中心。他们在侵占别人利益时往往心安理得，根本意识不到自己在干一种自私的事；或者明知自己的自私行为是不对的，但已养成习惯，于是编造出各种谎言和假象，用来隐藏自己的自私，并一如既往地自私下去。

俗话说："人之初，性本善"，孩子本应该是单纯善良的。那么，他们的自私心理是怎么形成的呢？其实，自私心理的成因有很多，除上述几点成因外，还有如下几方面的原因。

一方面是孩子有天生的利己倾向。在儿童心理发展未达到成熟阶段的时期，孩子往往单纯地确定"我即世界"。这种自我中心虽随时间和经历的推移逐渐转向接纳他人和减少利己行为，但孩子仍固执己见，不接受正确的意见。于是，孩子衡量外界的标准便是是否有利于自己，相应的行为也如此。

另一方面是父母在孩子成长过程中的错误教育所致。表现为在面对孩子的思想、行为反复无常、表里不一时，有些父母会对孩子进行嘲讽、鄙视。这样，使孩子产生畏惧心理，于是缩回到自己的小天地里，结果必然导致自私的产生。

还有就是在家庭教育中，父母本身就是自私自利，贪图小便宜，或与人共事斤斤计较，过于"小气"等，这样会导致孩子形成自私的性格。因为孩子具有很强的模仿能力，尤其是模仿父母的行为，父母的思维。有些父母对自己的孩子也很自私，这样就容易使孩子将这种不满发泄在父母身上，最终扩展到整个社会。

另外，在社会生活中，很多孩子看到了一些不公平的黑暗现象，从而颠覆了此前对于社会的认识。青少年本性比较单纯，一旦他们心中构想的完美、公平、友善、互助等良好社会现象被一些社会阴暗面蒙上阴影时，他们就会从一个极端走向另一个极端，认为人都是自私的，于是自己也变得自私起来。

最后，孩子曾由于自己的付出没有得到回报，就会对世人、对生活产生怨愤和不满情绪，导致他们在以后的成长过程中只求索取、不愿付出的自私心理的形成。

一个人的个性是后天形成的，因而也是可以通过后天的努力来改变。孩子正处于一个个性形成和定型的关键期，只要端正心态，正视生活，具有无限的爱心以及奉献精神，改变其自私自利的心理并不困难。

教育小贴士

作为父母，首先，不能给孩子搞不合理的特殊化，比如好吃的先让孩子吃，好玩的先让孩子玩。孩子不是家中的特殊成员，也不应受到不同于他人的特殊待遇。其次，不纵容孩子的每一个自私行为，在家庭生活中要随时发现孩子的一些自私行为，并及时教育、纠正。最后是支持孩子的"分享"行为，父母要做孩子的榜样。家长切不可教孩子自私或用自私思想、行为影响孩子，要为孩子起好表率作用。

六、往后一步是自卑

自卑是孩子的一种不良心理状态，是一种人格缺陷。孩子过多地贬低自己、抬高别人，会使其不能正确地判断自己和周围的人和事，从而影响到孩子的健康成长。

在很多父母看来，孩子应该是最无忧无虑的，因为他们不愁吃穿，不担心赚钱，有什么可苦恼的呢？可事实上，孩子也有自己的苦恼，比如自卑。自卑就是自己轻视自己，看不起自己。如果以自信为参照点，往前一步是自负，往后一步就是自卑。这是过分贬低自己、抬高他人的一种病态心理。

生活中我们会看到一些孩子在学习和生活上存在一定的困难，这是因为他们对自己缺乏自信心。虽然他们本身并没有什么缺陷或缺点，但他们依旧不能正确地看待自己，常常表现出自惭形秽，认为自己不如别人。

孩子的自卑，使他们总是怀疑自己的能力，于是在学习或生活中总是不敢抛头露面，表现出一定的退缩。在做人做事中，稍遇挫折，他们就会选择放弃，更不会坚持完成一件难度较大的事情。尽管他们在内心里渴望获得成功，但由于缺乏必胜的信心，又怕失败了遭人耻笑，所以他们不去参加任何活动。这样的孩子在集体生活中不愿意出风头，很少主动与人交往，他们身边没有朋友，也不善与人交谈。

自卑心理的形成有着诸多原因。作为孩子的父母，一定要认真探究孩子自卑的各种原因。因为一个人若被自卑控制，他的精神活动就会受到严重的束缚，聪明才智和创造能力也会受到严重的压抑。这样的心理长期发展下去，就会导致一个孩子消极、无为的人生。

父母的贬抑性评价

每个人都是以他人为镜来认识自己的。也就是说，人们常常喜欢根据别人对自己的评价来认识自己的优点和缺点，一旦别人对自己的评价比较低，他们就会以此为鉴，导致自己低估自己的能力。

父母是孩子的第一任老师，而老师又是学生心目中的权威，因此，父母与老师对孩子的评价会对孩子产生非常大的影响。特别是对孩子的贬抑性评价，如"笨死了""脑瓜不开窍""饭桶""白痴"等，都会严重地挫伤孩子的自尊心，使其产生自卑感。

吴兢已经上初中了，学习成绩不错，就是有点胆怯，平时上课从不举手发言，做事也是畏首畏尾的。老师为了改变他自卑胆怯的心理，特地让他担任班长，负责班里的所有工作，可他说什么都不肯当这个班长。在家里，他不太爱说话，叫他接个电话声音都会小得不得了。为什么会这样呢？原来，吴兢的父母对他抱有过高的期望，他们对他要求很严，不允许他犯错误，不允许他出去玩，更不允许他的学习成绩落后。一旦他表现得不好，父母就会非常生气，骂他没用、无能、不争气，甚至用打罚、挖苦、恐吓的方式来"教育"他。

有很多父母，当他们看到自己的孩子连一件最简单的事情都做不好时，就会没好气地对孩子说:"你看你,连碗都端不好,还能做什么!""真是笨得不可救药,这么简单的题都不会做!""真没用,脑子里面盛的是糨糊啊!"

不难看到,很多父母在教育孩子的过程中,批评总是多于表扬,或者说随着孩子的成长,父母对孩子的不满也就越多。孩子的心智发育还不成熟,缺乏自我评价意识和自我认知能力,孩子对自己的判断与认识最先来自于父母和长辈。父母的批评言语常常对孩子成为负面的心理暗示,父母贬低孩子的话说多了,孩子就会认为"我不行,我能力不够"。以后每当孩子做事的时候,他总会在心里说:"是的,我也许真的不行,还是不要做了。"这样,父母在无意的贬抑中把自卑感植入孩子的心里,自信在孩子身上消失得无影无踪。

对于孩子来说,由于自卑,每做一件事,他都会先揣摩别人的心理,然后再试图去迎合别人。因为他觉得别人比自己强,所以在做事时就会心神不宁,有时甚至不知所措。他们更不善于处理突发事件,面对突然发生的事情,他们会表现得无所适从,异常紧张。这对孩子来说实在是一种折磨,于是孩子在做事时就更加没有信心,表现得更加自卑了。

自卑的根源在于比较

在现实生活中,孩子总会有很多让父母不满意的地方,尤其在与别家孩子的比较中,自己的孩子更是一无是处。于是父母常常喜欢以别人为参照物来贬责自己的孩子,结果导致孩子的自卑。

当父母看到自己的孩子好吃懒做、衣冠不整、迷恋上网、学习成绩差,经常被老师罚站等缺点时,就会对孩子心存不满。但是要知道,孩子毕竟是孩子,怎么可能没有缺点呢?而父母要改掉孩子的缺点,就要采取正确的方式,而不要用数落来教育孩子。数落虽然能倾吐自己的不快,但对孩子的教育毫无意义,相反还会使孩子产生自卑心理。

有一位刚刚考入高中的女孩,由于她进这所高中是自费来的,所以,她的成绩一直排在班级里的最后面。她的父母非常着急,又恨铁不成钢,于是经常拿成绩好的孩子和女儿比较,还对女儿说:"你看人家某某,这次月考数学成绩全校第一!再看你,就要接近全校倒数第一了,同在一个班学习,怎么差距就那么大呢?"父母的本意是想刺激一下孩子,以此激发她的上进心。可谁知接下来孩子在把自己和他人的对比中,情不自禁地夸大了自己的缺点,甚至无形中臆造出很多自己的缺点来。这样,女孩渐渐觉得自己在别人面前一无是处。因此,她对自己失去了信心,变得非常自卑。

对于父母来说,他们一贯认为有比较才能给孩子树立好榜样,并以此来刺激孩子的上进心。于是他们常常对孩子说:"你看,你表哥多乖,学习多好,哪像你,整天上网打游戏,考试不及格,什么时候给我长个脸啊!""你看,以前学习不是挺好的吗,现在怎么退步了?真让我失望!"等此类的话。父母还喜欢在亲友面前、大庭广众之下,对孩子进行轮番说教,孩子做得越不好,他们的批评越是有过之而无不及。

在孩子的弱小心灵里,最烦的就是父母的数落和拿自己与别人比较。事实上,拿自己的孩子与别人比较,很容易使孩子产生自卑和抵触情绪。因为,每一个孩子都有一颗积极向上的心,不优秀的孩子不是不想努力,而是因为某种原因而满足不了父母的期望。父母拿别人的长处比孩子的短处,无疑会让孩子自惭形秽,在众人面前抬不起头来,还会伤害到孩子的自尊心。当如此的比较多了,孩子也就木然了,自然也不会求上进了。

因此说,用比较的方法教育孩子,意在告诉孩子,他在任何方面都不如人,尤其是拿别人的优点来攻击自己孩子的缺点,只会让孩子在自卑中彻底地夸掉。

家境差也会导致孩子的自卑

一个人的贫穷是能够通过自己的努力来改变的,而由于贫穷造成的自卑心理就很难改变了。很多人因自身的贫困而导致了内心的自卑,他们自轻自贱、消极畏难、喜欢依赖。这种自卑对一个人的影响可谓是巨大的,甚至会影响到他一生的命运。

生活中，我们往往忽视了家境贫穷给一个孩子心理造成的影响。贫穷带来的自卑会使孩子躲藏在自己的小圈子里，而不愿意走向外面的世界。因为家境不好，一切开支就要有所计划，有所节制，在吃用上更是比别人低一个档次。这在大人看来也许很正常，但是孩子却不这样看，他们会认为：自己的一切都比不上任何人，自己和家人永远都是被人看不起的穷人，自己没有任何优势可言！

曾有一位考入重点中学的学生，他的父母都是农民，家境贫寒。他自进入高中后，自卑的心理就慢慢浮出水面。以前在乡里的初中时，因为成绩好，老师和同学都用羡慕的眼光看他，这样他忽略了因家庭贫困给自己带来的难堪。现在为了供他上学，家庭负债累累。到了市重点高中后，受虚荣心的驱使，他开始向别人借钱以掩饰自己的贫困。本以为在市里可以通过打工来挣生活费，可实际上很难。他很想买书来丰富自己的知识，但往往苦于没有钱，这令他感到自己脱离不了贫穷，永远生活在社会最底层，自己不会有好的未来，更做不到光宗耀祖。于是，在两个月后，他向学校提出了退学。

因家庭条件差而产生自卑心理的孩子，由于自己没有钱买和别人一样的东西，再加上身边有同学的歧视，就会渐渐产生自卑的心理。认为自己不如人，否定自己的价值，否定自己的社会地位，对前途不抱任何希望，甚至会因此而潦倒终日。他们不敢去公共场合，害怕见到比自己吃得好，穿得好的人，他们逃避现实、内心苦闷、孤独压抑，不但自己痛苦，也会给家人带来很多苦恼。

当然，孩子的这种自卑作为父母应该理解。校园中很多条件优越的学生，身穿光彩照人的各色服装，美丽十足地飘荡在校园的各个角落里，这些无时无刻不在刺痛贫穷孩子的心，使孩子陷入因贫穷而造成的孤独与自卑中。因而他会讨厌有钱的人，或者远离有钱的人，最终孩子会拒绝与人交往。

自卑情绪是一种很难解除的心理障碍，它在很大程度上会影响到孩子的身心健康成长。因贫困而感到自卑的孩子，常常会沉浸在痛苦的泥潭中无法自拔，他们对生活心灰意冷，对未来缺少希望。

生理及性格上的缺陷

人在生活中时刻都可能产生自卑感，生活的不顺，都可能使人产生灰色情绪，而且这种情绪还会因为自己的偏激认识而加剧。而且被自卑所控制的人常常在竞争面前退避三舍，在追求目标上丧失信心，在与人交往中缺少勇气。

自卑感一旦产生，就会逐渐蔓延、扩散，从而产生错误的心理定势，引发出人际交往障碍和行为困扰，从而影响到一个人的学习、生活和人际关系。曾有人说过："一个自卑的人并非浑身缺点，但他从来拒绝看到自己闪光的地方，而以放大镜对付自己的短处，……一个人，若时常处于自卑状态，自己也会成为自己的地狱。"自卑感的产生有很多原因，除上述几方面外，还有以下几点。

生理原因。一个人的相貌、身材和肤色等，都会导致自卑感的产生。有的人会因为自己相貌平平、身材矮小、皮肤较黑而深感苦恼、自卑；有的人会因为自己汗毛较重，或者脸上有痣而感到自卑；有的人会因为生理方面的缺陷或不足而感到自卑，如聋哑、肢残人等。

性格原因。有自卑心理的人，大多性格比较内向，自尊心比较强，对自己缺乏自信，一旦遭受失败就会一蹶不振，自暴自弃。有的人容易焦虑、烦躁，当看到其他人样样都好时，十分羡慕，但由于自己的能力有限，他们就会为此而烦恼，并深深地陷入自卑之中。

经常遭受挫折和失败。失败和自卑形影不离，互为因果。失败能够引发自卑，自卑也会导致失败。所以生活中经常遭受挫折和失败的孩子，自信心会日益递减，而自卑感却会日益增加。

缺乏正确的自我评价。自卑感尽管是一种感到己不如人的心理，但实际上自己未必真的比别人差。目前看来，孩子主观随意虚构而造成的自卑占有很大的比例。主观虚构的自卑是指对他人根本不在意的事情，自己胡思乱想，疑神疑鬼，认为别人对自己态度不好，看不起自己等。

> **教育·小·贴士**
>
> 作为父母,要正确评价孩子,也使孩子正确评价自己。不要使用"真笨""无能"等字眼,这些用语只会刺伤孩子的自尊心。另外,要让孩子多体验成功。从吸取教训角度说,失败是成功之母。但从摆脱自卑方面讲,应为成功是成功之母,因为不断成功的孩子才会有信心去追求更大的成功。当孩子在某一方面落后于人时,父母要想办法帮助孩子进步。如果孩子没有这个"天分",就应调整努力方向,扬长避短,以帮助孩子摆脱自卑心理。

七、自负的膨胀与起源

> 自负的孩子总是自视过高,认为自己非常了不起,自己比别人聪明很多,于是,表现出一副自高自大、冷漠孤傲、目空一切的姿态。他们通过抬高自己而贬低别人,甚至把别人看得一无是处。

自负是每个人都会有的弱点,包括孩子。

心理学认为,自负大多是由于我们对自己认识的过分膨胀。目空一切,心高气傲,自以为是的人,常常会让自己过分膨胀的自负冲昏头脑。"虚胖的自信"就是自高自大,它不但欺骗了自己,还常常伤害别人。因为,当别人取得一些成绩时,自负的人就会对其产生嫉妒之心,极力去打击别人,排斥别人。以自我为中心,自己想干什么就干什么,想怎么干就怎样干,听不进别人的意见和建议。他们只考虑自己,不关心他人,总想让别人都围着自己转。

自负的人很少有好结果。作为一个孩子来说,自负就会影响他的成长。但是,很多父母把孩子的自负视为自信,要知道这对孩子来说是一种潜在的危险,对孩子的学业、事业和人际交往都没有好处。所以,作为父母要想教育孩子有效果,就有必要知道孩子自负的真正起源。

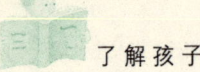

家庭教育上的偏差

孩子们经常得到大人们的夸奖，就会产生一种别人不如自己的意识，导致孩子看不起别人。如果家长们经常在朋友面前炫耀自己的孩子，孩子就会认为别人都不如自己，从而产生自负心理。

小孩自以为了不起的自负心理多表现在独生子女、家庭条件较优越、具有某种先天优势的孩子身上。多是由于家长对孩子过分宠爱、不能正确客观地评价他们的能力所导致的。

一个正在读小学四年级的非常优秀的孩子，学习成绩非常好，还擅长写毛笔字、弹钢琴、下棋，这让他的父母感到无比的荣幸和自豪。因此，他也常常成为父母在亲戚和朋友面前炫耀的对象。但最近一段时间，父母发现他越来越自负了，总是一副瞧不起人的架势，同学和朋友们都不爱和他一起玩儿，他对人家也爱理不理，有时甚至对成年人也非常傲慢无礼。他的妈妈真不知道孩子怎么变成这个样子。

家庭教育不当是一个人自负心理产生的第一根源。对于大部分时间都生活在家里的孩子来说，家庭成员对他们的看法，是他们自我评价的第一参考系。父母宠爱、夸赞、表扬，会使他们觉得自己"果真了不起""我很行，我很有能力""我是中心人物，别人都得听我的"，所以就会在别人面前表现出一副冷漠、傲慢的姿态。

孩子自负的表现是多方面的。有的孩子因高傲而不能和同学、好友真诚地相处，常常给人一种高高在上、盛气凌人的感觉；有的孩子还会对大人傲慢无礼，不懂得尊敬长辈，瞧不起成年人在某些方面的缺陷；也有的孩子因自负而不爱搭理人，不爱回答别人的提问，甚至开始喜欢挖苦人和讽刺人。自负是一种不健康心理，部分有某方面专长或智力超群的孩子，较容易染上这种心理疾病。

此外，有些父母由于地位和能力的优越，总是表现出一副自鸣得意、目中无人的姿态，时常流露出对他人的不屑一顾，并经常在孩子面前议论同事

的缺点。孩子听到这些话,也会仿效爸爸妈妈,只看到自己的优点和长处,而嘲笑别人的缺点和短处。

片面的自我认识

自负者常常是缩小自己的短处,夸大自己的长处。他们同样缺乏自知之明,他们不"明"自己的短处和不及人之处;同时又把自己的长处看得很突出,对自己的能力和学识评价过高,对别人的能力和学识评价过低,自然产生自负心理。

孩子出现自负情绪往往是过高地估计了自己,认为自己比谁都强,只看到自己的长处,看不到自己的短处,拿自己的长处比他人的短处。因此,他们往往狂妄自大,大都以自我为中心,想干什么就干什么,不会设身处地地替别人着想。

有一位高中生,他曾以第一名的成绩考入一所重点高中。同学的羡慕、老师的重视以及其他一些人的赞扬,让他感觉飘飘然,更以为自己是最优秀的,最了不起的。从此,他变得特别傲慢,经常认为老师讲的课不好,就不去上课,也不去参加任何集体活动,而是每天沉迷于言情小说、武侠小说的虚幻世界里昏昏度日。老师为此找他谈话,他却不听,自信地认为自己头脑聪明,对付那些考试是轻而易举。

转眼间到了高三,保送名单上没有他的名字。于是,他很不满意,便向全班同学宣称他一定要考上全国最好的大学。可是,高考成绩公布时,他的分数都没有上本科线,这对于一向高傲的他真是一次沉重的打击。在他知道成绩的第二天,人们在宿舍楼前发现了他的尸体……

自负的孩子往往缺乏自知之明,他们对自己的学识与能力评价过高,看不到自己的短处,而是一味夸大自己的长处。有自负心理的孩子常常自以为是,自我感觉良好,他们满心里想的都是自己的聪明与才智,听不进别人的劝告,所以,自负的人往往有些自恋。

有自负心理的孩子大多在某些方面有着小小的成绩或有一些的长处。但是，由于他们好大喜功，取得一点小小的成绩就认为自己了不起。成功时完全归因于自己的主观努力，失败时则完全归咎于客观条件的不合作，过分的自负和自我中心，把自己的举手投足都看得与众不同。正是这种夸大的自尊、过高的自我评价，令他们"一叶障目，不见森林"。

自负的孩子情绪也不稳定。当人们不去理睬他们时，他们就会感到沮丧；当他们遭遇失败和挫折时，又会从骄傲走向悲观、自卑和自暴自弃，否定自己的一切，觉得自己什么都不如别人了。

孩子高估了自己的家庭

孩子出现骄傲自大的情绪，往往是过高地估计了自己的家庭，认为自己的家比谁的家都富裕。在他们眼里，只看到自己家的富裕，而看不到其他任何东西，甚至是亲戚间浓厚的亲情。

生活中，我们见到很多自负的孩子看不起穷亲戚家的孩子，他们要么冷落亲戚家的孩子，要么抢夺人家的东西，表现得十分蛮横和霸道。这常常使父母在亲戚面前下不来台，并且感到苦恼万分。

刘元是一名初三的学生，他的家庭条件非常好，学习成绩也不错。可他就是有点看不起亲戚。有一次，他的姨妈和表哥来他家里做客，比他大一岁的表哥见到他的电脑就爱不释手，但是表哥刚刚玩了一会儿，他就立刻夺过鼠标和键盘，脸上露出很反感到样子。看到这一切，表哥、姨妈还有他的父母都很尴尬。姨妈家的生活条件比不上他家，但是每次来都要给他带些吃的和玩的，可是他却毫不领情，也没有把表哥放在眼里。而且，孩子间的不友好，使大人间的关系也蒙上了一层阴影。

很多父母都会觉得这样的孩子实在没有良心，简直就是冷血动物，亲戚对他那么好，可他还是爱理不理的。但是他们不知道，自负的孩子瞧不起"穷亲戚"，是因为在他们看来，自己家境富裕，而穷亲戚家里没钱，亲戚对自己

好,是因为他们的家境不如自己家,他们想通过巴结父母来求父母办事。

还有,自负孩子的傲慢资本就是家境的优越。亲戚的到来会削弱他们家庭的这种"优势",亲戚来得越多,孩子的优势就被削弱得越快。所以,当他们无法阻止亲戚的到来时,就只有冷落亲戚的孩子。我们经常见到,当父母给亲戚财物的时候,孩子就会表现出很不高兴,有时会当着亲戚的面反对,这让父母感到很难堪。

骄傲自大的孩子常会形成与外界的隔膜,这使他们的心胸变得很狭窄,并且目中无人。孩子瞧不起穷亲戚,他也会瞧不起很多人。这样,不但不能帮助他们成就事业,反而影响自己的生活、学习、工作和人际交往,严重的还会影响心理健康。

教育·小·贴士

为了纠正孩子的自负心理,可以从以下几个方面去努力:首先,父母对孩子的评价应客观实际,尤其不要在客人面前炫耀、夸奖自己的孩子;其次,是对孩子进行适当的批评,并实事求是地指出其不足;再次,是要让孩子养成独立生活的习惯,给孩子创造一点儿遭遇挫折的机会;最后,多让孩子去接触社会,让他们知道其实还有很多比自己更优秀、更具专长的人,认识到"强中还有强中手",这样孩子就不会为自己的一点小成绩而得意忘形了。

八、当孩子定格在依赖

当孩子对一件事和一个人,在心理上有很强的需求时,他就会对其表现出很强的依赖性。因为孩子的心理是不成熟的,也正是这种不成熟的心理,使他对自己感兴趣的东西容易产生依赖。

现在的很多孩子生活自理能力非常差,而且由于父母及长辈的溺爱和过度保护,许多孩子自立能力之差已经到了令人咋舌的程度,他们似乎真的成了永远长不大的孩子。

依赖心理强的孩子,通常缺少随机应变的能力和动手能力。在学习、生活等方面过多地依靠别人而不能独立处事,害怕困难和挫折。不善于主动与人交往,集体生活能力比较差,缺少社会经验,也不易接受教育。

实际上,生活自理能力差的孩子,心理也很难健康。他们一旦离开父母及长辈,就会遭遇很多困难和问题。他们的生活会充满大大小小的挫折,这绝不会是快乐的人生体验,而且还会遭到别人的耻笑,使他们很难没有自卑感。谁能保证让他们过一辈子寄生生活?

孩子过分依赖别人是不好的。激烈竞争的未来社会需要创造性、独立性的人才。一个依赖性太强的孩子,离开了依赖对象就茫然失措,寸步难行。试想,当他长大成人、进入竞争激烈的社会之后,又怎能生存、发展,且有所作为呢?因此,作为父母有必要认真了解一下造成孩子依赖的具体原因了。

家长的包办

几乎所有的人都认为这一代的孩子真是好命,他们所拥有的照顾可以说是无微不至。不过也因为如此,不少孩子在年纪渐长后仍无法自理生活上的事务,小至吃饭穿衣,大至社交学习,全都依赖父母一手包办,严重影响孩子独立人格的发展。

由于生活条件的改善,家长过多的包办和娇惯,很多孩子在学习与生活上依赖性极强。他们第二天要用的学习用具,需要家长逐样地准备;他们卧室的床铺,需要家长去整理;他们的手绢、袜子,需要家长帮助洗净;他们每天写完作业,需要家长逐题、逐字地检查。他们离开家长似乎一事无成,这就是造成孩子依赖的原因。

一位从小就在父母的耐心照顾、细致辅导下而考上理想高中的孩子,在父亲去外地出差、母亲因忙于工作而没有时间帮他复习功课的情况下,自己

复习功课参加期末考试。结果物理、数学两门成绩不及格。老师找来这位同学谈话,想了解一下他没考好的原因,没有想到的是,他不假思索地回答,主要是缺少父母的帮助,才没有考好。

生活中我们常常会看到很多家长,他们急切地盼望着自己的孩子能够成龙成凤,片面地认为要想孩子成才,就必须从小抓到大,唯有当好孩子的"助教"与"陪读"才能不留遗憾。

错误的教育思想必然导致教育方式和方法的不正确。家长无法做到根据孩子的年龄变化而适时调整家庭教育策略。有的家长不顾孩子年龄特征,对中学生也像对待小学生那样,大事小事包办代替,使孩子产生了极强的依赖心理。有的家长对孩子溺爱得过了火,尽自己所能地给孩子以丰富的物质生活享受。结果,教育没有搞上去,负面影响却出现了。孩子只知道伸手向父母要吃要穿,一切依靠父母。

很多父母如此为孩子包办一切事情,是因为他们不懂得一个非常简单但是极其重要的道理:父母不能陪孩子一辈子。孩子是一个独立的人,他以后的日子总要自己来过,人生之路总要用自己的双脚来走,他生存的本领总要靠自己来历练。物竞天择,适者生存。如果一切都由父母包办代替,那么孩子的生存能力就会退化。结果,父母的过分热心,反而阻碍了孩子的健康成长。

父母的过度保护

养过花草的人都明白,若天天给花草浇水,那么它就会受不了,甚至会死掉。浇水也需要适量,这样花草才能正常成长。人也是一样。

现如今的子女成长在一个特殊的时代,就是独生子女时代。所谓独生子女就是没有兄弟,也没有姐妹,是棵独苗。因为一家就这么一个孩子,所以父母便有更多的时间和精力来养育孩子,这就造成了一种过度保护的现象。

有一个小男孩,很小的时候就喜欢跑出家门去和小朋友们一起玩儿,可是每次都是哭着跑回到父母的身边,因为孩子们总是欺负他。父母看着心疼,于是就把他整天关在房间里，不让他出去玩儿。随着男孩的一天天长大，父母还是不让他接触外面的社会。让男孩去买包盐，他们担心儿子被人骗，让男孩单独去看望爷爷奶奶，他们又担心儿子被车撞到。就这样，男孩越是受父母过度的保护，越是不知道自己如何去保护自己，也不知道遇到突发事件自己该如何处理。

父母的过度保护与独生子女现象关系密切。父母之所以过度保护，是因为只有一个孩子，于是孩子在家庭中处在了核心的位置上。按照中国的传统，这个孩子是家族的传承，是传宗接代的唯一香火，父母及长辈生怕孩子出什么意外而断了香火，于是过度保护就应运而生。

另外，社会风险的增加也是引发过度保护的一个重要原因。父母有时因工作而不能照顾孩子，于是，他们就会采取不让孩子接触外界事物的方式来保证孩子的安全。因为孩子还不够成熟，他们的自我保护意识不强，生活中可能威胁孩子的情况又特别多，其中的一些伤害让人想都想不到，所以有些父母上班去就把孩子反锁在家里。在国外，12岁以下的孩子是不允许独自在家的。但是让他走出家门，万一遇到坏人怎么办？万一被车撞了怎么办？于是，为了安全起见，还是要把孩子关在家里。

这样，久而久之，孩子整天与电视为伴，不去参与外面的一切活动。结果，孩子变得孤陋寡闻不说，为人处世的能力在退化，应变能力也很差。要他出去买瓶醋，他都不知道怎样买，因为他没有实践过，也没有经历过，所以连这种微乎其微的小事也要劳驾父母来帮忙，这难免不造成孩子的依赖性格。

孩子缺乏安全感与自信心

有些时候，有些事情，是没有谁可以依赖的，只能靠自己的努力！因此，为了培养孩子的意志，应付生活中随时可能出现的逆境，我们必须让孩子克服依赖性。

缺乏安全感与自信心的孩子也通常具有非常强的依赖心理。因为缺乏安全感的孩子常常不信任别人，没有自信心的孩子又不相信自己能做得好，因而不敢独自做事而想依赖他信得过的人。

姜烨是一个特别令父母头疼的孩子，他的依赖性特别强。小的时候遇到什么事，他都要咿咿呀呀找父母。父母以为他很聪明，这么小就知道寻求帮助，于是任何困难都乐此不疲地帮助孩子摆平。开始上小学了，父母认为他还小，便每天接送。可是到了六年级，其他的孩子都能够自己独立去学校，独立回家了，而他却仍然要求父母接送。理由是上学路上的人和车都很多，他不敢一个人走，所以由父母护送比较安全。

社会心理学家指出，一个对自己缺乏自信心，认为自己什么都不能做的人，独立开展工作的能力是低下的，没有别人的指导与帮助，他可能任何事情都难以做好；相反，一个自信心十足，对自己评价很高的人，往往愿意最大限度地利用自己的能动性，并且认为被困难吓倒对自己来说是最为可耻的。

自信心强的孩子，他们心里想的是："既然别人能做，我也一定能做。"而自信心差的孩子心里想得更多的是："我根本就做不好这件事。"因此，自信心差的孩子，依赖性也就强。

另外，造成孩子自信不足的原因还有一个，就是大人的要求过严。爸爸、妈妈望子成龙、望女成凤心切，对待孩子常常是寄予了非常高的期望，所以也就会经常不满意孩子的表现，对孩子总是赞许少，批评多。有的爸爸、妈妈甚至让孩子做较难做的事，又不帮助他，结果，孩子常常感到失败的痛苦，就会丧失信心，以后也会因害怕做错事而拿不定主意。

还有的孩子曾经可能因为某些原因，在自己独立做事时伤害到了自己。以后再遇到同类的事情时，孩子害怕再次受伤，说什么都不亲自尝试了，甚至一切稍带危险性的事情他都不敢去做了，所谓"一朝被蛇咬，十年怕井绳"，从而什么都依赖父母。

好逸恶劳或引起父母注意

依赖性强的孩子，一旦离开了家长就可能会一事无成。如果任其发展，得不到及时的纠正，不仅可以导致一个人的心理畸形，而且还可能削弱一个人在生活中的抗磨难能力。

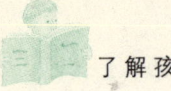

依赖是每个孩子在成长过程中必然要经历的一个阶段。而从某种角度上说,大部分孩子过度依赖的形成,父母其实是无心的,因为他们只是想多为孩子做些事情。那么到底还有哪些原因造成了孩子的过度依赖呢?

拥有马上到的父母。孩子在学校或在家里要父母陪,即使父母在上班或忙于应酬其他的事,只要接到孩子的电话,就会立刻放下手中的事马上赶到孩子的身边。另外,孩子吵着要什么东西,父母也会马上满足他。所以,孩子当然不会自己动手,因为父母是有求必应的。

家庭教育方法不统一。很多父母在教育孩子的过程中相互矛盾,让孩子无法判断是非。一方在教育,一方又在袒护,于是孩子总是在依赖袒护的一方。有些家庭的父母又常常发生争执,给孩子造成了心理压力,怕失去父母,没有安全感。

引起父母的注意。一些孩子利用依赖性作为一种表现自身价值或者引起别人注意的手段。"妈妈帮我一下,我看不懂这本书。"他们的请求远远高于他们实际的需要。

陪孩子写作业。当父母屈服于孩子的哀求,或担心孩子玩的时间太长而耽误了学习,而满足孩子要求,陪着他做作业时,就可能会铸成大错,导致孩子依赖性的产生。

孩子好逸恶劳的心理。好逸恶劳是人的通性,孩子也不例外,如果事事有父母及长辈代劳,何必辛苦自己去做呢?这样的心理让孩子依赖得理所当然。

教育·小·贴士

从小学一年级起,父母要注意培养孩子独立生活的能力,要鼓励孩子承担一些由易到难的家务劳动和自我服务劳动。同时,要培养孩子独立学习的能力,要鼓励孩子自己检查作业,独立思考问题。在其他方面也一样,父母要配合学校培养孩子动脑、动口和动手的能力。长此以往,不仅有助于消除孩子的依赖现象,而且也有助于培养孩子适应社会的能力,使其健康成长。

第三章

行为铸造习惯,习惯成就未来
——剖析孩子的行为

有什么样的思想,就有什么样的行为;有什么样的行为,就有什么样的习惯;有什么样的习惯,就有什么样的未来。生活中,许多人在行为上存在着问题,有的人吸烟喝酒,有的人说谎行窃,有的人打架斗殴,有的人离家出走……正是这些行为将他们同好习惯远远隔离开,也正是这些行为让他们错失美好的未来。因此,身为孩子的父母,我们要时刻注意孩子的行为举止,培养孩子良好的行为习惯,让孩子走向美好的明天,拥有辉煌灿烂的未来。

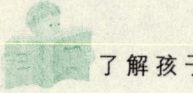

一、说谎背后的秘密

> 林肯说："你能欺骗少数的人，你不能欺骗大多数的人；你能欺骗人于一时，你不能欺骗人于永恒。"这是多么中肯的话啊！诚实是一种美德，说谎则是不诚实的前奏，是人人都厌恶的一种不良品质。

常听到人们说："现在的孩子中说谎的太多了，而且说谎不打草稿，随口而出。"我们也经常会看到一些年轻的父母，他们发现自己的孩子有说谎的坏习惯，常常感到心烦，但是他们却不知道孩子为什么会说谎。

说谎是什么意思？说谎就是用言语表现出来的作弊与欺骗。这种作弊与欺骗是最不能要的。往大了说，会直接或间接地影响到国家和民族的利益，比如那些贪官污吏，就是长于说谎的典型人物；往小了说，会使一个人的人格走向"破产"。

说谎可以导致一个人自尊心的丧失，说谎还会使一个人丧失信用。我们听过"狼来了"的故事，当放羊娃第一次说谎，在山冈上大喊"狼来了"的时候，别人听了，连忙跑来替他赶狼，可是他却为自己愚弄了别人而自鸣得意。他并不知道这一次说谎，竟播下失信的种子，当狼真的来了时，他大喊"狼来了"，人们以为他又在说谎，都不予理会，这个孩子最终被狼吃了。

说谎绝不是偶然说说的，必定是养成了一种说谎的习惯，而这种习惯大多数又是从小养成的。因此，父母要想让孩子不说谎，必须先了解孩子说谎的原因。

说谎可以免遭惩罚

德国教育家多罗特·克雷莫说过:"如果父母能够采用平静、镇静、理解的方式对待子女的过错,那么从一开始就可以避免许多谎言和不必要的争论。"正是父母的打骂与责罚把孩子逼向了说谎的歧路。

没有哪个孩子不害怕父母或老师的打骂与惩罚。有些父母,每当孩子做错了事,都要对孩子轻则责骂,重则打罚。孩子怕骂怕打,便用说谎来掩饰自己的过错,而掩饰往往会得到大人的宽恕,于是孩子再做错事时,他就会采取说谎的方式来求得宽恕了。

曾有一个孩子,每到期末考试临近时,就谎称自己生病,说肚子疼得厉害。父母带他去医院看病,医生对他做了全面检查后,却也没查出有什么病症。后来父母又带他去看心理医生。心理医生了解情况后得知,孩子的父母非常疼爱孩子,但是在学习上对孩子的要求非常严,孩子一旦成绩没考好,父母就会把他大骂一番,甚至痛打一顿。这个孩子后来向心理医生承认,之所以说自己生病,就是想逃避期末考试,逃避因考不好要遭受的责罚。

孩子不是大人,生活中难免会做错事,做错了事总要受到责骂和惩罚,这便使孩子采用说谎的方式来隐瞒事实,以逃避因做错事而要受到的惩罚。有些孩子由于在学校考试没有考好或犯了错误,如果承认错误,得到的是责备与打骂,而如果说谎,隐瞒事实,却可以逃过一劫。于是,下次再遇到相同情形时,因怕受罚,孩子就会采取说谎的方式来掩盖自己的过失。

有些父母对孩子的教育方法过于粗暴。孩子见的世面小,总会对周围的一切都感到好奇。特别是当家里刚买回来什么新的物品,他非要亲手碰一碰,看一看,常常一不小心,就把东西弄坏了。这时孩子想到的是要受到父母的训斥和打骂,内心会感到紧张而产生恐惧心理,为避免吃皮肉之苦,他就会不承认错误而说谎。

其实,孩子原本是不愿意说谎的。因为我们从小就教育孩子做人要诚实,但是,每当做错事时,孩子会在心里想:如果我讲真话,爸爸妈妈会如何对我？当他推断出父母会骂他，打他，老师也会不喜欢他时，他就很可能说谎。于是，当孩子做错事时，他的内心往往是充满矛盾的，一边想：说吧，做人要诚实，一边又想：不能说，说了要挨打。这时候他就会参照平时父母对待自己的态度，来做出选择，就这么简单。

说谎源于对大人的模仿

说谎并不是孩子的本性，大多数孩子的说谎行为都是由家长的不良教育方法所致。所以，家长在批评孩子说谎的同时，也应该反省一下自己的言谈举止。

孩子的生活空间不是真空，他生活在一个纷繁复杂的社会里。上学以后，活动范围及接触面增大，社会上的各种影响无疑会对他们起到一定的作用。特别是在家里，如果父母有说谎的习惯，孩子就会加以模仿。

有一对父母，身居高职，权位显赫。每当有送礼的人上门，他们都会笑脸相迎，来者不拒。可是一旦有远房亲戚来求他们办事，他们就会因得不到利益而不愿意给人帮忙，于是就对孩子说："假如有人来找我们，或者打来电话，你就说爸爸妈妈不在家，如果他们不走，你就说我们出差了，要过几天才能回来。"结果大人避免了麻烦，可孩子却学会了说谎。

许多父母认为孩子年纪尚小，因而在他们面前说话不必太认真。如给孩子空头许诺，当着孩子的面对别人说谎，让孩子帮自己说谎等。家长往往意识不到自己的行为对孩子产生不良的影响，等发现孩子有故意说谎的现象时，仍旧不知道孩子是如何学会了说谎。

父母的言行对孩子的成长有直接而深刻的影响。例如：父母和孩子一起外出游玩，但在乘车时，为了不买票，就谎称孩子身高没有达到标准线；别人来家里借东西时，因不想借给他人，明明家里有，却撒谎说没有；上学需要住校的孩子常常吵闹着不愿意去上学，有些父母就会说："就去这一周，下周就不去了。"可事实并非如此。长此以往，孩子就会觉得说谎是很正常的，无形中从父母那里学会了说谎。

此外，父母对孩子及其他人说谎行为的态度，也会对孩子产生不可轻视的影响。比如，孩子因做错事而说了谎，父母没有及时指正，也没有给予批评教育，对别人的说谎行为也没有表示反对和反感，也没有声明说谎是不好的行为，做人一定要诚实等观点。这样，孩子无法从父母的态度中得出是非标准，就只能接受父母的态度，认为说谎似乎没什么不对。

说谎只是为了虚荣

孩子们有意识说谎是带着恐惧心理和企求获得表扬的心理的。发现孩子说谎，大多数家长会火冒三丈，打骂俱来。但这不是解决的办法，下次孩子说谎时会说得更巧妙、更隐蔽。

有的孩子虚荣心很强，喜欢听表扬，而对某些事自己的能力又不足，于是，便通过编造谎言来哗众取宠，当他发现说谎能引起别人的注意，甚至能得到赞美与奖赏时，便会巩固他的说谎行为。

一个初中生在某重点中学读书，这个学校的学生大多家里很有背景或很有钱，一般人是进不去的，而这位初中生的父母都是勤劳朴实的农民，他们托人找关系，费了很大劲才把孩子弄进去。在这样的环境中，攀比之风盛行，这个初中生也"不甘落后"，经常对同学讲他的爸爸是某集团公司的老总，而且也经常编造各种理由向家里要钱，买名牌服饰。一次，他的父亲来学校给他送钱，他看到父亲穿着寒酸，就对同学谎称那个人是他爸爸公司看大门的。

可以说，这位初中生的说谎本事已经相当高了，而这本事一步一步地练成，全都是虚荣心在作怪。

在如今这样一个经济化的时代，攀比现象已经不足为怪，而孩子也加入了好虚名、要面子的浩浩大军中：一件事本来不是他做好的，但他却说是他做的，从而得到赞赏，面子也光彩，于是他不停地说谎；一件事本来是他做的，但是做得不好，怕丢脸，于是他说那件事不是他做的，也在说

谎。这样的孩子，只是为了了避免丢脸或得到赞许的目光，而不得不在众人面前夸下海口。

虚荣谎言的动机只是为了"荣"，希望得到别人的赞美、表扬和注意。孩子的心理特点之一，就是喜欢听好话，渴求被别人赞美和表扬。这也是孩子的情感需要，由于孩子常常以自我为中心，有一种希望引起他人注意，或得到赞美的心理需要，就会说，"我家有一栋别墅。"其实家里根本就没有。"我爸爸是个大官，他经常带领很多警察抓小偷。"其实他爸爸只是个修车工人。"我和同伴打游戏，每次都打得他落花流水，落荒而逃。"其实每次都是同伴把他打得落花流水。而孩子这样做只是求一时的虚荣，炫耀而已。

说谎背后的难言之隐

大多数孩子说谎，并不像成人想象的那样可怕。但是，如果孩子说谎太多，则父母就要谨慎处理，防止孩子养成说谎的习惯。

在我们的生活中，孩子说谎的原因还有很多。当发现孩子说谎的时候，要弄清楚孩子说谎的真正原因，再有针对性地进行教育和引导。除了上面所说的几种原因外，孩子说谎还存在以下几种因素。

孩子会因自卑而说谎。一些孩子因学习或品行方面的不好而经常受到老师的批评，在同学中也得不到好评，那么，孩子就会有不如别人的自卑心理。比如一个不很出色的孩子，为了引起大家的注意，他谎称假期父母带他去看了大海，还见到了鲸，于是同学们都惊讶地围着他问这问那，在大家羡慕的眼光中他得到了一种满足。

有的孩子喜欢大包大揽。老师问全班同学，班里要出游，谁家的父母能方便地借到大客车。孩子说我能我能！当时孩子非常热心，但是回家后作难了，因为父母根本就办不了这件事。有的父母就开始训斥孩子："你逞什么能呀？有本事你自己去借吧！"这时，孩子才知道，父母并不是什么都能的，他

也不知道该怎么办了，这时孩子就不吭声了。第二天来到学校后，为了给老师一个交代，就撒谎说："我爸爸出差了""我妈妈病了"等。

有的孩子说谎是为了取悦长辈。孩子做事时不仅想做好，很大程度上也想让父母、老师高兴，从而得到更多的奖励。成功难度较大时，为了不让父母、老师失望，只好"说谎"，比如"这次考试成绩还没有出来""考得还可以"。

有的孩子说谎是为了获得"自由"。孩子看电视正在兴头上，父母开始催促："赶快去写作业！"孩子就会顺口说："我已经写完了。"因为说"不想做作业"往往不会被允许，而随口编个谎话倒可以搪塞过去。

有的孩子说谎是带有敌意的，可能出于对某人的敌对情绪，而用说谎来诋毁他人，使他人受到惩罚，以求得心理上的平衡。比如，有一个孩子认为父母比较疼爱他的小弟弟，于是就故意惹出一些是非来，再告诉父母是小弟弟做的，希望小弟弟被骂。像这类的谎言就是带有敌意的谎言。

有的孩子说谎是为了哥们义气，就是说孩子有时是为保护同伴的利益而选择说谎。比如孩子在一起经常有些秘密，约好了"这件事谁都不能说，谁说谁是叛徒"。那么，孩子就要像英雄一样接受考验，认为说出去是叛徒，大人要追问下去就会使孩子感到为难。

此外，还有一种弄假成真的说谎。如果大人对孩子在玩耍或生活中的说谎行为视为一种聪明的表现，不但不斥责，反而赞许或迎合他的话，久而久之孩子便弄假成真，养成了说谎的习惯。

教育·小·贴士

作为父母，一旦发现孩子说谎，不要立即训斥。很多时候孩子说谎，其实都是父母造成的。比如有的父母经常责骂孩子，有的父母也经常说谎，还有的纵容孩子的虚荣心，这些都导致了孩子说谎的行为，父母需要进行反思和改进。同时，也要经常与孩子真诚沟通，了解他们的内心需求，进行合理引导，让他们知道做人要诚实，说谎是不对的。

二、偷窃的穷途末路

> 没有一个人生来就是贼。"偷窃"行为的出现也非偶然,一定有它的主客观原因,父母切莫掉以轻心,要善于对孩子细心了解、认真观察、及时引导,努力培养孩子做一个真正的人。

关于孩子的偷盗行为,很多父母都束手无策。有的因溺爱而再三宽容,有的施以暴力却毫无效果。一个少年犯曾自述:"当第一次入室偷盗时,感觉就像幼时偷拿父母藏在床头的零钱一样平常"。他从没想过,因此会在铁窗下度过最宝贵的青春。那时妈妈的袒护,如今看来,是他犯罪的祸根。

"偷窃"在词典上的解释是:"不是自己的东西,暗中取为己有。"常有人说:"小偷,小偷,小孩大多喜欢偷。"拿别人东西的行为在孩子中经常可以见到,大多数孩子都有拿过别人东西的经历。那是因为他们年纪小,还没有明确的道德观念,只知道占有,见到喜欢的东西就想要。还有些是因家中没有钱或父母不给他们买心仪的物品,但也有些是抱着要吸引父母注意力的心态。

然而,作为父母,我们必须正确对待孩子的这种行为。"勿轻小事,小隙沉舟;不轻小物,小虫毒身。"不管孩子偷窃的东西价值如何,我们都必须认真对待,并从中了解孩子偷窃行为的真正原因。

孩子爱贪小便宜

切莫当着孩子的面津津乐道地谈论自己在外面占了什么便宜之类的事情。要知道,这可能会给孩子造成一种错觉,使他产生要多占别人便宜的印象。这就很危险了,很可能为孩子的偷窃意识奠定基础!

孩子的"偷窃"行为，是受爱贪小便宜心理的驱使。偶然一次偷拿了别人的东西，没有被父母和老师发现，而且这东西也是自己喜欢的，那么，他就会继续第二次、第三次去偷别人东西。尽管偷拿的都是些小东西，但孩子就是喜欢以自我为中心，拿别人的东西就是想据为己有，甚至认为"拿"比"买"来得更方便。

有一个女孩经常偷拿别人东西，父母多次说教，她仍旧不改，因为她已经形成习惯了。在她上小学时，有一次同桌的一块橡皮掉在地上被她捡到了，那是一块小猴子形状的香橡皮。她捡到后非常喜欢，爱不释手，觉得这块橡皮比自己的好多了，而且还不用花自己的钱买。于是她无论上课下课总会时不时地看看地下有没有同学掉的东西，如果发现了，她会马上捡起放入自己的口袋里，据为己有。有的时候她捡不到东西，看见别人的东西特别好时，就会顺手牵羊地拿走，久而久之，就养成了偷窃的习惯。

现在的家庭条件好多了，人们再也不会为吃穿发愁。应该说，孩子偷东西的事是不会发生的。但是，我们又发现，即使生活条件很好的家庭，也时常会出现孩子偷拿别人东西的事情。这是因为孩子有一种强烈的占有欲望，他对自己没有的东西，既好奇又想获得，而且企图立刻就能拿在手里。在私欲的驱使下，他便不顾被人发现的危险，悄悄地将别人的东西据为己有。

在现实生活中，孩子懂的知识比较少，尚未形成正确的道德观念与价值理念。他们常常倾向于利己主义，以自我为中心，喜欢的东西就一定要占有，而且迫不及待，总是希望自己的任何要求都能立刻得到满足。他们常常做事缺乏计划，不顾后果，不懂得私有权，还弄不清借与偷之间究竟有何区别，甚至拿了别人的东西不感到是不对的。这在一些家庭的独生子女中尤为突出。

因此，在现实生活中，如果家长和老师不能正确地培养孩子良好的行为习惯及正确地引导孩子的好奇心，就会使孩子见到什么新奇东西都想占有。甚或某些家长纵容孩子贪小便宜，看到孩子拿了别人的东西却视而不见，不予理睬，这极容易诱发孩子的偷窃行为。

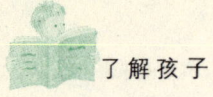 了解孩子

寻求冒险和刺激

任何行为的背后都有难以琢磨的动机,孩子也是一样。在孩子成长过程中,不断地体现出他们是一个矛盾的统一体,他们需要我们去教育、去指导、去赏识、去尊重。"偷东西"看似简单,但是需要我们挖掘其中的"奥秘"!

有些孩子偷别人的东西,很大程度上是为了寻求冒险和刺激。这些孩子往往富于幻想,模仿力强。他们在看某些有偷窃片段的影视作品时,"深受感染",觉得很刺激、很过瘾,便也想像剧中主人公一样"一展身手"。于是在现实生活中也小偷小摸起来。一旦养成这种习惯,便很危险了。

一位初中生,从小就有想偷东西的欲望,认为那种感觉很刺激。因为他在上小学的时候,电视上放映美国系列电影《007》。每当看到主人公詹姆斯·邦德运用高超的伪装和技巧偷得物品时,他就会感到非常兴奋,并且自己也开始跃跃欲试,想要亲自体会一下偷东西的快感。他第一次是偷了家里的十元钱,被父母发现后,爸爸非常生气,二话没说就打了他两个耳光。

没过多久,他就把挨打的事忘了,整天想着趁同学不在的时候偷点东西。有了第一次经历,他开始变得谨慎小心,从偷东西到偷钱,他再没被抓到过。慢慢地,他的胆子越来越大。有一次,他趁课间同学不在教室的时候,偷偷回到教室,去翻同学的书包,总共偷了50多元钱。事发后,学校非常重视,校长亲自排查,结果他被揪了出来,并给予了严重处分。

孩子有一种异乎成人的冒险心理。他们心想,我拿了别人的东西,只有自己知道,别人却不知道,而且其过程充满了"危险",这是多么刺激和神秘呀!由于孩子偷东西的行为大多发生在其道德观念还不强的时期,他们往往只感受到了其中的冒险和刺激,而不清楚偷盗行为的卑劣之处。

从心理上分析,孩子有独立处理问题的能力,这是重要的心理基础。但伴随着孩子的成长,善于表现、敢于冒险的个性也开始显露。在一些超级市场中失窃率较高,在这些偷窃事件中,不少人就是未成的人。

专家认为,在现实生活中,大多数有偷窃行为的孩子并不缺少零花钱,有的甚至家里很有钱,父母也经常给他们钱,但他们就是喜欢用偷窃去得到某些东西。这与他们的冒险心理和求刺激心理是分不开的。他们胆子大,敢于付诸行动,为了寻求一种异样的成就感,便选择了偷窃。

需要家庭、学校和社会三方积极配合,共同教育和引导他们树立正确的道德观,让他们改变错误认识,纠正不良行为,并且通过人生观和世界观的教育,使其养成良好习惯,从而健康地成长。

父母教育的缺失

父母的溺爱,会使孩子变得任性,以自我为中心。他们不顾一切去追求自己的目标,见到喜欢的东西就忍不住去偷。有的孩子缺乏父母的管教,有些父母平时只是管孩子的学习,而忽视了对孩子德行的关注,等发现孩子偷盗后才后悔莫及。

一般人们认为,偷窃行为与个人的贫穷有关,但是在有些孩子中并不是这样。在如今这样一个物欲横流的社会里,孩子不良消费行为越来越明显。不断膨胀的物欲和盲目攀比的心态,令孩子无暇顾及学习,而吃喝玩乐、金钱至上的观念却在头脑中生根发芽。一旦欲壑难平,就会想到偷窃。近年来逐渐上升的青少年违法犯罪现象,大多与此相关。

广州市一帮十四五岁的少年为了上网而结伙盗窃。其中几名少年在偷盗时,被埋伏的民警抓获。随后,民警又顺藤摸瓜,发现了其余几名涉案少年。涉案少年共10名,从2007年12月初开始偷盗,直到12月底,他们偷窃20多次,偷窃财物价值达2000余元。

14岁的张某说,他和同学郑某都喜欢上网打游戏,可是父母给的零花钱总是不够用。后来,他们结识了一个同龄社会少年,名叫海宝。海宝介绍给他们一个找钱的方法——偷盗钢筋制造厂的铁,再拿去卖,立刻就有钱。于是几个人晚上来到钢筋制造厂偷铁,第二天,再找来一个收破烂的人,把铁卖掉，转眼间200元就到手了。他们用这笔钱尽情地吃喝玩乐、上网游戏，钱花完了再去偷。并且这一"找钱"的门路，很快在游戏圈里传开了，后来他们的很多朋友也加入进来。如此，盗窃队伍发展到10人。

其实，这群孩子的家庭条件都非常好，他们并不愁吃穿，但都缺少父母的管教。他们中有好几个孩子的父母常年在外做生意，由上了年纪的爷爷奶奶照顾生活起居。可以说，他们都是"放养"的。他们的父母出手大方，养成了孩子胡乱花钱的习惯。一旦他们的愿望得不到满足时，就会产生偷窃的行为。至此，家长有必要认真衡量一下，自己的事业和孩子的教育，究竟哪个更重要？

有关专家也指出，孩子养成爱偷的毛病，主要是孩子第一次从邻居、同学或朋友那里偷东西时，父母没有及时对其进行批评和教育，加之平时父母对孩子教育不够，导致孩子行为上缺乏自我约束。

此外，还有些父母对孩子的教育方式不正确，也有个别父母甚至怂恿孩子去偷，这都是导致孩子偷盗的重要因素。比如，有的孩子东西被偷了，他回家告诉父母，谁知父母却对孩子说："别人拿你的东西，你就不会去拿别人的吗？"就因为这一句话，让这个孩子成为大家眼中的小偷。当孩子在学校被偷时，还有一些父母找到学校来，说老师没有教育好孩子，纵容孩子偷盗。其实，孩子所处的家庭环境和家庭教育也是不容忽视的因素。

心理和家庭条件的影响

现在很多未成年人犯罪都是由心理原因引起的。孩子的偷盗行为不一定就是他们的品质存在问题，大多因心理不健康所致。由于家庭条件所限，一些孩子可能缺零花钱，也可能是缺少家庭关爱，所以才做出一些过激行为来引起大人的注意。

面对孩子的偷窃行为，我们不要光看表面现象，而是要找出深层次的原因，从而"对症下药"，及时采取有效措施予以纠正。而对于心智尚不成熟的孩子来说，偷窃有时并不是完全为了物质上的享受，很有可能存在一些心理原因。正是这些潜在的、未被我们发现的心理原因，才最有可能耽误孩子一生的发展与前途。

比如经济上的原因。别人家的孩子可以买零食、买玩具和去看电影，而自己没有钱，那么，当他眼巴巴地看着别人有吃有玩，而那些吃的和玩的也正是自己一直希望得到的东西，但是自己却没有钱买时，那么，他就会想到去偷拿别人的东西，或者去偷拿超市里的商品。因而，解决的办法是父母尽量提供必要的物质及适当的零用钱，或把孩子的兴趣转移到你经济条件允许的事情上来。

有些孩子偷窃是为了填补失去父母关心和疼爱的空虚。孩子在家时，父母由于工作忙或家务重，对孩子没有关注或关注过少，那么，孩子就会抱着报复心态，存心要父母出丑。因此，他去偷窃，希望借此机会能唤起父母的注意。而这些父母往往又不知道孩子的用意，因此继续忽视他们，这是让这些孩子从小染上偷窃习惯的原因之一。当他们长大踏入社会后，这种习惯甚至会愈演愈烈。所以父母要注意多给孩子一些爱护和关心，多陪孩子并努力了解他们。

另外，有些孩子偷窃是为了满足某种心理需求。这类孩子平时内心感到十分孤独，朋友很少，心情不愉快，感情上得不到满足。为此，有的孩子可能会把家中"偷"出来的钱买些零食或小礼物送给身边的同学，以此"笼络"喜欢的同伴，来建立伙伴间的友谊，以弥补友情上的空缺，进而消除内心的孤独和苦闷。

总之，孩子拿了不属于他们的东西，一定存在着某种原因。只有让孩子真心地说出这个原因，做父母的才能帮助孩子戒除偷窃行为，才能让孩子在长大之前，在进入成人道德标准的世界之前，不再偷拿不属于他们自己的东西。

教育·小·贴士

偷窃，作为不劳而获的恶习，在任何社会里都是备受社会谴责的行为。所以，当父母看到孩子们出现这种行为时，一定要及时对其进行教育，让他们了解偷窃的危害与对他们一生的影响。要以说服规劝为主,不要当众取笑讥讽孩子的行为,要维护孩子的自尊,同时要防微杜渐。对孩子这种不良行为,要长期观察教育,不能掉以轻心。教育孩子需要父母的细心、耐心和恒心。

三、追星追到了什么

> 追星无可厚非,"星"的存在,既是引领人们正视生活的需要,也是社会价值终极追求的体现。可以说,正是因为有各行各业"星"们的存在,也正因为有根植于人的灵魂深处的追星、学星的心理,才有了人类不断前行的动力和社会发展的不绝长流。

每个父母都是从孩子时走过来的,在父母小时候,其实也有偶像崇拜的。不过那时不叫"偶像",而叫"榜样",崇拜的对象也不是歌星、影星,但本质是相同的。社会时代不同,呈现的榜样也不一样,从原来的雷峰、张海迪到现在的李宇春、周笔畅,都和社会发展有着密切的关系。

在孩子成长的过程中,偶像崇拜是很正常的事情,因为青春期的孩子需要有个学习的榜样,而这个时期,父母、老师已不再是孩子崇拜的"伟大"对象,他们的权威开始遭到孩子的挑战。为了成长,孩子要向外界寻找新的崇拜,新的榜样,因此就会出现追星。

作为父母,要正确看待孩子的追星,要认识到青春期的孩子追星实属正常。关键是对孩子做好正确的引导。那么,父母就有必要了解孩子为什么会追星,明星身上究竟是哪些优点在吸引着孩子,在狂热的举动下,孩子又能从明星的身上获得什么?这些问题都可以帮助我们正确引导孩子的思想,从而让其更理性地思考问题。

把追星当成一种时尚

"曾经年少爱追梦"。青少年的追星行为有如"青春痘"，是青春期不可避免的现象。青少年成长之际，社会角色意识开始觉醒，非常渴望得到自我认同和社会认同，而明星受公众追捧，风光无限，往往成为青少年模仿的榜样。

青春年少，幻想无限。校园的围墙隔不住少男少女们向往多彩世界的心。我们常常在孩子房间里看到乔丹、贝克汉姆等一张张巨星的大海报，追星已成为青春期孩子最普遍的现象。

有一位初中生是典型的"笔迷"。因为崇拜周笔畅，她在自己的房间、书包、作业本和课桌上都贴上了周笔畅照片与海报；后来她的痴迷进入了白热化，特地花了上百元，买了一副和周笔畅一样的眼镜，还去美发店把头发弄得和周笔畅一样，同学们见了都说像。因为不能当面见到偶像，她就通过电视节目追踪了解周笔畅的一切相关信息，一旦有周笔畅出现的节目，她都要想办法去看。爸爸妈妈看不惯，老是批评她不好好学习，尽弄些没用的事。可她却不这么想，还反驳道："崇拜明星有什么不好，这叫有理想，有追求，你们都落伍了……"

可以说，不同时代的人会有不同的偶像崇拜。20世纪70年代，孩子心目中的偶像可能是董存瑞、黄继光等革命先烈；20世纪80年代，孩子心目中的偶像可能是牛顿、爱因斯坦等伟大科学家。到了现如今，孩子心目中的偶像则变成了体坛明星和演艺界明星，如贝克汉姆、刘德华等。因此，追星现象的流行还是有它存在的合理性的。

置身于现代的生活潮流、多彩的社会文化之中，孩子们总想成为纷繁社会中独特、另类、时尚的一族。于是社会上流行什么，他们就追什么。哪位歌星走红，他们就追哪一位。姣好的容貌，卓越的地位，超人的歌艺，不凡的机智，都可以让他们崇拜、羡慕，甚至献出全部的热情，将其当成学习、模仿和仰慕的对象。

此外，孩子一旦进入青春期，就特别在意自己的身材与装扮，于是便有了强烈的追求时尚和自我选取参照标准的意识。那些光环笼罩下的、备受瞩目的影视歌星、体育明星，便以其强大的优势成为孩子模仿、学习的首选榜样。通过模仿明星的服饰、爱好、习惯，想象自己也像那个被人追捧的人，借此获得自信与满足感，这是青春期孩子特有的心理表现。而当他们把明星作为崇拜的对象时，就变成"追星族"了。

家长鼓励孩子去追星

追星不是不可以，关键是向偶像学习什么。一个人的真正内涵，在于其知识、修养和对社会做出的贡献。值得我们学习和崇拜的是那些对事业、对人生执著追求和不断进取的优秀人物——只有他们才有资格成为真正的偶像。

在众多追星族中，有很多是初中生和高中生。狂热的追星必然会耽误他们的学习，所以许多家长也相当反对他们这样做，有时也会采取一些必要的措施限制他们。然而与此相反的是，也有一些家长支持、鼓励孩子去追星。甚至为了实现孩子的追星梦，弄得倾家荡产，家破人亡。

2006年，兰州女子杨丽娟追星导致家破人亡的事件被媒体炒得沸沸扬扬。29岁的杨丽娟因为一个梦走上了长达13年，充满了苦涩、曲折甚至堪称"艰苦卓绝"的追星之路。为见偶像一面，她放弃了学业、前途、家庭乃至一个正常人应有的生活。而她的家人却一味纵容女儿，推波助澜，跟着女儿一起疯狂，为了满足女儿的愿望，不惜倾家荡产。夫妻俩每天就吃着一个大饼过日子，甚至不惜变卖掉自家唯一可以栖身的仅四十多平方米的小房子，父亲还打算卖掉自己的一颗肾，来帮助女儿追星。最终，杨丽娟得偿所愿，但她年迈的老父亲却走上了不归之路。

追星追得家破人亡，结局如此的悲惨，不能不令人扼腕。而在这位父亲的遗书中，却还在指责刘德华没有单独与他女儿见面，这真的不能让我们相信这位曾经还是一位人民教师的父亲会说出这样的话。他的人生观、价值观

哪里去了?为什么不坚持把女儿从错误的道路上拉回来,反而帮着女儿走下去,如果是出于爱孩子,那么这份爱实在太可悲了。

尤其是在独生子女或晚年得子的家庭中,孩子就像被众星捧着的月亮一般,成了霸王,成了全家至高无上的"利益",一家人都围着孩子转。如此,孩子在追捧中摇身一变成了司令官,孩子指向哪,全家就打向哪;孩子喜欢追星,父母就是食不果腹,砸锅卖铁,也要坚决奉陪到底。

作为父母,如何爱孩子、如何教育孩子,这是摆在我们面前一个非常严峻的问题。在孩子出现问题、需要帮助的时候,父母的态度将会很大程度上影响孩子的行为。在孩子的行为出现偏颇,劝说无效时,绝对不可附和、纵容,而应当想办法帮助孩子摆脱困境。

为排解压力寻找出口

在应试教育体制下,父母和老师们疲于应付各种各样的考试,满心想的都是孩子的功课和成绩,于是不断地给孩子施压,希望孩子能争气。然而过重的压力反而会成为学习的阻力。这样,孩子就会把追星作为排解压力的出口。

很多人都以为压力就是动力,但他们却不知道,一旦压力过重就会变成阻力。作为孩子,要面对沉重的课业负担,父母的殷盼,老师的厚望,焦灼的升学考试,激烈的社会竞争,痛苦的挫折,还要处理同学关系、朋友关系等。这些因素让孩子承受了无比沉重的精神压力,而孩子又不懂得如何排解,无奈之下,只有选择追星。因为追星可以让他们暂时放下压力,获得另外的一种轻松感,而且原本不好的心情,只要听到偶像的声音或见到偶像的照片就立刻"烟消雾散,拨云见日"。

一位初中男生,是家里的独生子,父母把全部希望都寄托在孩子身上,希望儿子有一天能考上重点高中,再考上一所有名的大学。可是天不遂人愿,儿子学习成绩平平,不管怎样都学不好。父母恨铁不成钢,气急了就动手打孩子,所以,每次考试过后,儿子总逃不掉一顿皮肉之苦。于是,孩子不愿意上学,不愿意考试,不愿意面对父母。每天回到家里,就匆匆躲进自己的房间,把门反锁上,然后在耳朵里塞上耳机,开始听起了他偶像的歌。看他的样子简直如痴如醉,不光听歌,他还搜集了很多偶像的照片贴满了房间。真是让父母又气又恼:如果他对学习能这样痴迷就好了。

枯燥乏味的校园生活,沉重压抑的学业负担,考试升学的激烈竞争,父母"望子成龙""望女成凤"的殷切希望,让孩子稚嫩的双肩承担不起这样重的负荷。于是,孩子选择了追星。

追星,可以使大家站在同一起跑线上,没有竞争压力;追星,可以使孩子暂时放下沉重的压力与负担,给大脑和心灵洗个澡,换换空气。面对学习以外的兴趣爱好,大家一起畅谈无阻,欢呼大叫,无拘无束地宣泄自己的喜怒哀乐,因为在追星时,没有优劣之感,没有尊卑之分。与其说是在追星,不如说是在为自己寻找生活与学习压力的宣泄口与喷射点。

如此看来,孩子追星自有它的成因与必然。父母们不可无理智地鼓励、支持,跟着孩子一起疯狂,也大可不必横加阻挠,过分担心。既然是一个梦,总有梦醒的时候;既然是狂热,总有冷静的时候;既然是幼稚,总有成熟的时候。不过凡事都要讲个度,以免过犹不及,物极必反。而父母需要做的就是让孩子多一分理智,少一分盲目;多一分现实,少一分梦幻;学习明星好的一面,优秀的一面,让孩子成熟起来。

追星背后的茫然与不成熟

可以看出,追星行为对青少年来说是正常的心理需求和行为表现。不过不可忽视的是,在表面的狂热背后,往往隐藏着青少年精神生活的严重孤独和茫然。

孩子喜欢追星,在某种程度上可以说是他们造就了明星。时下,每个明星面前都有一群痴迷、狂热的追星族。电视上那些搔首弄姿、俗不可耐的明星，几个做作的动作和手势，几句轻浮的歌词或话语，都会让台下的孩子尖叫不已。当他们对追星乐此不疲时，大人们经常对此高度不满，牢骚满腹，抱怨连天。究竟是什么原因让孩子如此热衷于追星呢？原因是多方面的。

许多时候，老师和家长根本不了解孩子在想什么、需求什么、厌烦什么、渴盼什么。对孩子们出现的不良倾向，要么严厉批评，要么置之不理，却不做对症下药的教育与引导。于是，孩子们只能在流行风向中"独自"成长，各种心理与人格问题也就打下了烙印。由于青少年缺乏独立的判断能力，对于明星在镜头前光彩夺目、出尽风头充满了向往，但明星身上的缺点却被忽略了，于是孩子们渐渐地如痴如醉、亦步亦趋。

孩子喜欢从追星中发现未来的理想自我。孩子经常爱幻想，爱编织自己未来的梦，因而他们喜欢从所崇拜的明星身上找到属于他们自己的梦。他们追星的过程，就是在设计、勾画自己理想中的未来。

孩子追星源于崇拜心理。因为娱乐媒体整天关注着各路明星的行踪，并大力为其做宣传、包装，甚至可以把那些并不显眼的人一夜之间打造成璀璨的明星。这些会让正处于青春期的少男少女们羡慕、崇拜、迷恋甚至疯狂。

孩子追星源于从众心理。在中学校园里，追星现象十分普遍，往往会形成一个个小团体，致使本来很多没有追星意识的同学，为了不被看成是"落伍"或"老土"，也只好加入到追星的队伍中去。

孩子追星源于急功近利。在中学校园里，有很多相貌平庸的少女，曾为自己的平凡而感到自卑和失望。但是当他们看到一些长相并不出众的人都可以在电视上被包装成身价百万的明星人物，他们就像看到了明天的自己，所以疯狂迷恋该明星人物，就像疯狂迷恋自己一样。

教育·小·贴士

孩子追星没有错，若是孩子对一些新鲜的或是前卫的事物不感兴趣、置之不理，那才不正常。而父母粗暴地禁止孩子追星，或者和孩子一起追星，都是不理智的。作为父母要用平常心对待，不要对孩子有过激的行为或是感到不可理喻。因为孩子毕竟是孩子，他们的身心都还没有成熟，他们需要有个人的发展空间和发展方向。我们做父母的看到孩子这样不要不知所措，而是应该多与孩子沟通，做孩子的朋友，不要用家长的气势来说服孩子，用一颗与孩子平等的心与孩子交朋友，从而了解孩子的需求。

四、花季暴力何时休

> 校园，本该是一方净土，文明的殿堂。然而，近年来，校园暴力事件时有发生，给宁静的校园蒙上了一层阴影。人们不无忧虑地发现，原本应该用美好、纯真等词语来形容的花季少年，却越来越多地与暴力、喋血、行凶、杀人等词联系在一起……

学校本是传道、授业、解惑的培养人才的圣地，它应当给孩子们营造一个健康而安全的成长环境。但不知从几时起，校园里出现了暴力。在校园里或校门外，总有些人缺乏道德，横行霸道，作威作福。有的人向学生索要钱财，不给便拳脚相加；有的因为一点小误会就大打出手，动刀动棍；有的恃强凌弱，以多欺少；还有的只为发泄或寻求刺激而故意伤害他人。这严重地影响了学校正常的教学、管理秩序，降低了孩子和家长的安全感，使神圣、不可侵犯的校园上空布满了阴云。

近几年来，在青少年这个群体中经常发生打架、斗殴、恐吓、强行索取财物等校园暴力事件。这里所说的校园暴力指的是发生在学校及其周边地区，由同学或校外人员针对学生生理或心理实施的、达到一定伤害程度的侵害行为，包括起侮辱性外号、诬蔑他人，甚至身体伤害等。

校园暴力越来越严重，已引起社会各界人士的重视。作为父母，与孩子最为贴近的人，更有必要调查、了解校园暴力的成因，以防校园暴力影响孩子的一生。

家庭道德教育的缺失

> 家庭暴力是造成校园暴力的根源。校园施暴者的家庭一般多有不幸,有的可能家境贫寒,有的可能父母离异。总之,缺乏关爱,缺少管教是这些孩子走上违法犯罪道路的根本原因。

校园暴力的施暴者大多家庭是不幸的。他们可能家庭贫困,也可能是父母离异,或者是长期生活在家庭暴力环境中。家庭的不幸很容易使孩子缺少关爱和缺乏安全感,从而形成"攻击性人格"。于是,孩子在校园里就容易产生暴力倾向。因此,缺乏家庭的关爱和管教是孩子走向校园暴力的根本原因。

有一位初中男生,在他6岁时父母由于性格不和离婚,他由法院判给父亲抚养。他的父亲没有什么文化,整天就知道喝酒、赌钱。输了钱就回家拿儿子撒气。每次父亲醉醺醺地回到家里时,就说明又输钱了,也意味着他又要遭受皮肉之苦。也许是因为长期缺乏父母的管教和家庭的温暖与关怀,他变得脾气暴躁,做人做事唯我独尊,不听劝阻,读书也不用功,经常逃课旷课,还在校园里拉帮结派,寻衅滋事,打架斗殴,欺负弱小同学。

一次,因为一点小事与同学发生争执,砍掉了同学一只耳朵,为此又免不了一顿毒打。可是他已经麻木了,他不怕打,不怕痛,依旧每天都在书包里放有一把刀子,以备打架之用。就这样他变成了校园里的凶神恶煞,同学们只要听到他的名字,都会胆战心惊。

如果父母的文化水平低下、道德品质败坏或父母的管教方法不当,或者对孩子缺少管教,或者孩子成长在单亲家庭中,缺少父母亲的关爱等,都不利于孩子健全人格的培养,也容易使孩子形成"攻击性人格"。为此,他们就会采用暴力去欺负弱小者,转移自己曾经受过的苦,以释放心中的压抑,获取某种心理上的平衡。同时,还能够在同学之间树立"威信"。

致使家庭道德教育缺失的另外一个重要原因,就是很多父母将知识教育、

道德教育的责任都推给了学校，以致现在教育界有一种 5 + 2 约等于零的说法。也就是说，孩子在学校受到 5 天的教育后，2 天在家里几乎没有教育，甚至连在学校受到的 5 天教育都白搭了。

此外，家庭暴力是助长校园暴力的一个重要原因。家庭气氛紧张，父母经常打骂孩子，甚至一点小错误，也会对孩子拳脚相加；还有的父母从小教育孩子，在别人面前不能"吃亏"，有人打你，你就用力打他，让别人知道你不是好欺负的，以后就没人敢欺负你了；有的父母在与邻居发生争执时，经常使用暴力来解决。孩子生活在这样的一个家庭里，耳濡目染，天长日久，就会把暴力当成是解决问题的唯一办法。

学校管理与教育制度的缺陷

学校是校园暴力发生的地点，校园暴力的产生，学校方面负有相当大的责任。这表明了学校在管理、教育方面出现了漏洞，加上听之任之的态度使校园暴力逐渐演变成一场可怕的"瘟疫"。

学校作为一方净土，在教育、培养学生时，总是过分重视学生的学习成绩，而忽视了学生健全人格与健全心理品质的培养。应试教育使一部分成绩不好的学生成为被淘汰者，于是他们试图以暴力方式来取得老师的注意和同学的认可。

有一位高一的学生，脑袋不笨，可学习却不好，在班里总是最后一名。虽然就读高一，但是他身材矮小，看起来和初一的学生差不多。由于他所在班里的座位是根据考试成绩来排的，所以，他总是坐在教室的最后面。他的同桌，是一名校园恶霸，总是欺负同学，向同学索取钱财，所以他免不了要受同桌的欺负。受了欺负又不敢跟老师说，因为老师怕惹麻烦，总是睁一只眼闭一只眼。另外，他也不敢告诉家里，因为同桌曾威胁若告诉家里会将他打得更狠，甚至扬言要灭他全家。

几乎在每一所学校里都不同程度地存在着重智育、轻德育，片面追求升学率的现象,致使一些学生分不清善恶、美丑及正确的荣辱观,对社会中的一些不良影响缺乏防御能力,很容易受到校外或校内暴力行为的影响,误入歧途。一些成绩不好的学生由于缺乏基本的法律常识,以至于在受到校园暴力伤害时不能正确应对。

很多学校过分重视学生的学习成绩,还把学生划分出三六九等。这样一些成绩不好的学生就被冠以"差生"的标牌,老师不喜欢,同学看不起,正是这样使孩子走上了演绎校园暴力的道路。其实每一位学生都渴望受到老师的重视,被同学认可,而应试教育却使一部分"差生"成了被淘汰者。于是他们就通过对同学施暴来引起老师和同学的关注与认同。

有些学校的教师队伍素质不高,缺乏对后进生心理的了解,不懂得进行正确的心理健康教育,因而也不能做到全面有效地教育、引导学生。另外,有些老师抱着多一事不如少一事的心理,对校园暴力要么视若无睹,要么隐瞒不处理,使得学生认为老师也不敢把他怎么样,从而更加胆大妄为、为非作歹,甚至根本不把老师放在眼里。

社会文化的负面影响

很多电视传媒有意无意地把暴力事件的经过和具体情节展现在观众面前,很容易使青少年因好奇而去模仿。而且,目前社会上流传的"江湖文化""流氓文化"等亚文化也是校园暴力产生的社会原因之一。

在当今社会上,功利主义和享乐主义甚为流行,而伦理道德却日渐被埋没,社会生活中经常出现以暴力解决问题的行为方式。俗话说"常在河边走,哪有不湿鞋",青少年在天长日久中耳濡目染,难免跟着学坏。而且在学校的周边地区分布着很多网吧、迪厅、游戏厅,学生放学后,无人管理,很容易混进这些场所而受到不良影响。

某市一中学生抢劫团伙被警方侦破而落入法网。该团伙有50多名成员,他们均是无业青年和在校学生,最大的17岁,最小的才11岁。两年间，他们劫掠100多名中小学生，非法敛财2万余元，打伤5人。据悉，这些犯罪成员就像幽魂一样整天游荡在网吧和街面上，砸摊位的事也做过多起，而团伙的一切行动皆由所谓的"老大"发号施令。由于学校周边地区频繁发生中小学生被抢事件，有的中学生为"自卫"，不得已也准备采用暴力手段。一位初中生每天上学都在书包里放一根约33厘米长的铁棍，称这是用来"自卫"的。

由于青少年的文化素质不很高，判断是非的能力比较差，对当今社会上流行的各种混乱文化缺乏识别和防御能力，很容易受到各种不良影响的侵蚀。

随着我国经济的迅猛发展，一些人变得重功利、重享乐，而忽视人品和道德，从而造成一些地方社会风气不正。青少年成长在这样的社会环境中，由于父母和老师没有及时进行引导，常常会受到一些社会现象的负面影响而误入歧途。

此外，由于各种社会传媒的大肆宣传，充满暴力情节的光盘、报刊和书籍遍布市场和摊面，电视、电影中包含有暴力情节，以及风靡一时的电脑游戏中涉及暴力情节的画面等，都会深深毒害青少年的思想。一旦青少年沾染上暴戾的习气，就会事事以武力解决，动不动就大打出手。有的青少年模仿黑社会做"老大"，借机向同学收取"保护费"，如果拿不出钱来，就拳脚伺候。有的模仿江湖中的侠肝义胆，重朋友，讲义气，只要朋友一开口，就心甘情愿为朋友两肋插刀。

中学生心理特征的影响

青春少年，正站在人生的十字路口上，是可塑性最强的时候。如果家长和老师不能抓紧时机促使他们向积极的方向发展，而任其走向了反面，就很容易误入歧途。

校园暴力在表面上看是一种少数的、简单的社会现象，其实这与青

少年的心理发展因素有着很大关系。相关数据表明，在城市中有80%以上的中学生存在某种程度的攻击性行为。因为他们大多是独生子女，从小在家就得到家人太多的宠爱，而缺少管束，于是变得刁蛮任性，唯我独尊。所以，一旦有人冒犯了他，那他就会毫不犹豫地还击，从来不顾及后果。

一位初二的男同学在上楼梯时被邻班的同学撞倒了，他要求对方道歉，对方不但没有向他道歉，反而恶言相对，说他走路不长眼睛，被撞也只能怪自己不小心。于是两个人大吵了起来，争执不休之际，便开始动起手来。他躲闪不及，脸部遭到对方狠狠的一拳，当他正要还击时，却被围观的同学拉回教室。于是他非常生气，放学后叫上几个要好的同学，带上水果刀在学校门口守候，见到打他的那个男同学出来就一起围上去，扎了对方三刀，导致其受重伤而被送进了医院。

青少年处于逐渐成熟、社会化的过程中，个人行为的稳定性差。当遇到某些挫折、在人际交往中发生某些矛盾一时难以处理时，便会处于紧张状态，常常会以偏激的方式表现出来。

现在的孩子多数是独苗，在家中被奉为掌上明珠，习惯了以自我为中心，根本不把父母和他人放在眼里。加之自私、妒忌、报复等不良品格也是这些孩子所特有的，所以他们简直是天不怕、地不怕。但学校不同于家庭，与人相处如果不懂得忍让迁就，那么稍有摩擦，就会做出过激的事情来，后果只能由自己去承担。

此外，易于激动、情感强烈是青少年时期的又一特征，他们的情感波动性非常大。如果家长和老师能够正确引导，他们就会见义勇为，品德高尚；反之，就可能做出打架斗殴、违法乱纪的事情来，而且还自以为是"一代英雄"。

教育·小·贴士

校园暴力的铲除需要家庭、学校和社会齐心协力、共同合作。学校和社会要为孩子提供广阔、健康的活动空间，让孩子不再贪恋校外的不良场

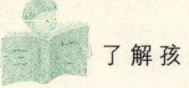

所。教师要认真管理学生，并对学生进行思想道德教育，时刻关注学生的身心发展状况。父母要做好孩子的榜样，不在孩子面前争吵，不对孩子动用暴力，让孩子明白凡事要讲道理、讲平等。

五、孩子吸烟的痛与忧

> 在戒烟已经成为时代潮流的今天，青少年（特别是中学生）中"烟民"的数量却有上升趋势。在中小学生违纪的情况中，因吸烟而违纪的人数占相当大比例，而且吸烟常与其他诸如酗酒、赌博、盗窃、打架斗殴等丑恶现象伴随，有滋生蔓延之势，从而引起许多家长和学校的困惑与不安。

根据世界卫生组织的最新资料，目前全世界每年有300万人死于吸烟引发的疾病，发达国家占相当大的比例。预计到2025年，因吸烟而死亡的人数每年将达到1000万，其中，仅中国占200万。

相关抽样调查结果表明，在我国15岁以上人群中有33.9%的人吸烟。更加让人担忧的是，在广大青少年中吸烟率随着年龄、学龄的增长而呈现明显的上升趋势。他们开始吸烟的年龄越来越小，有的年仅10岁就已经开始吸烟了。上海市对四所中学3214名学生的调查结果更令人震惊：其中，尝试吸烟的人数占23%，高中学生尝试吸烟的人数占59%，而高三学生尝试吸烟者竟达73%。

青少年没有经济收入，常常无法支付吸烟所需的费用。天长日久，就会产生许多社会问题，使青少年犯罪率增高，殃及整个社会。那么，明知吸烟有害健康，为什么还有不少青少年亲身体验呢？这其中的原因是非常复杂的。

在好奇心的驱使下吸烟

> 青少年大多好奇心强，许多事都想亲自去尝试一下，体验一下。见别人喷云吐雾，悠游自在，自己也想体验一下"饭后吸支烟，赛过活神仙"的感受。

刚刚走进青春期的孩子，心理上总会产生一种成人感，认为自己已经长大了，再也不是黄毛小孩子了。同时对所见到的任何事物都感到好奇，凡事都想试一试，于是也想亲身体会一下吸烟时喷云吐雾、刺激自在的感觉。

有一个孩子，他的爷爷是一个老烟民，烟吸得非常厉害，一天至少一包。他每次去爷爷家，看见爷爷吸烟时喷云吐雾，一副惬意的样子，便在心理暗自猜度吸烟一定是件很快乐的事情，是一种别样的享受。于是，他对吸烟产生兴趣，很想去尝试一下。有一次，他趁爷爷不在的时候，偷偷拿走了爷爷的一包烟，躲在公共厕所里，开始了他的第一次吸烟尝试。被呛得鼻涕、眼泪一起流下来，但是感觉很过瘾，很刺激，觉得自己像个大人一样。从此一发而不可收，成为一个小烟民。

好奇心是青少年学生最为突出的一个心理特征，很多新奇的事物和新异的行为对他们都有很大的诱惑力。虽然这对青少年学生来说是学习的最好机会，但由于他们不会筛选，所以对所接触到的任何事物都想试探一番，研究一下。当他们看到成年人手夹香烟，时而火花闪烁，时而云雾缭绕，惬意自在，便认为吸烟定是妙趣无穷，于是便急于跨越禁忌的"雷池"，要亲自感受一下吸烟的滋味。

由于青少年分辨好坏的能力和自控力相对比较差，对生活环境的不良影响缺乏防御和抵制能力，很容易受到影响。出于好奇、探索、玩新鲜等心理去尝试吸烟，虽然初学吸烟的滋味不是很好受，但是由于猎奇心理，还是学会了吸烟。大约有1/3的孩子是因此而变成小烟民的。

此外，有许多来自山区、少数民族地区的孩子，他们从小就受到吸烟习俗的影响。平时，他们看惯了父母吸着烟做事，老师吸着烟上课，领导吸着烟讲话，对这些吸烟的行为充满了疑惑，极力想去"探索和实践"，去亲自体验吸烟的滋味。

模仿别人扮成熟

人类行为的形成是个学习、模仿、逐步定型的过程。青少年正处在学习、成长的时期，老师、家长的吸烟行为往往起言传身教的作用。加之目前许多电影、电视中的英雄人物、领袖人物的吸烟行为，也都对青少年吸烟产生了误导作用。

大多数吸烟孩子的家庭中都有人吸烟，而且主要是父亲。许多孩子吸的第一支烟，就来自父亲的烟盒。这告诉我们，很多家长自己吸烟不说，还不重视自身的吸烟行为给孩子带来的不良影响。无意中在孩子面前流露出"长大成人才可以吸烟"的思想。于是就有很多孩子在这种心理的驱使下，认为吸烟是一个人走向成熟的标志，便开始模仿大人吸烟。

有一位中学生是在看着爸爸吸烟中长大的。很小的时候，父亲一只手抱着他，一只手里夹着烟，看着那点星星之火，不停地冒烟，他就要伸手去抓，父亲说："小娃子，不能吸烟。"于是，上了小学后，他就常常把铅笔夹在手指间来模仿父亲吸烟的动作。而今，他已经是中学生了，看到学校里很多男同学的口袋里都装有烟，还时不时地几个人聚在一起"过把瘾"，那一吸一吐的神情和父亲是那么的相似，无时不在流露出一种成熟和潇洒。于是，他觉得自己不再是小孩子了，可以像其他同学一样吸烟了，使用自己的零用钱买了一包烟，加入了吸烟的行列。

青春期的孩子处于学习成长，由青涩走向成熟的阶段，独立意识和成人感会日益增强。这样，他们往往会通过模仿成人的行为来表现自己的成熟。但是孩子毕竟尚未完全成熟，分辨是非的能力比较弱，自制力也比较差。他们觉得父母、老师吸烟的动作很潇洒，于是刻意模仿他们吸烟时表现出的安闲

自得、快乐无穷的神态,他们甚至认为吸烟的姿态体现了"成熟美",于是在不知不觉中加入了烟民队伍。

孩子心里都有他们崇拜的偶像。他们对偶像的言行、举止常常表示羡慕而刻意模仿,因而易受偶像吸烟行为误导。看到影视中正面人物在思考问题、拟订作战计划、制订侦破方案时都吸烟,于是认为吸烟潇洒有风度,是男人的象征,自己就会去模仿影视人物吸烟,还自认为自己也是"英雄人物"。

此外,还有很多孩子是在同伴和同学的影响下学会吸烟的。看到同伴经常烟不离口,被烟雾环绕,感到没什么不对,加之同伴的教唆——让烟,于是你吸我也吸,从而相互模仿学会了吸烟。

想通过吸烟结交朋友

由于受社会舆论的错误诱导,许多人认为吸烟就如同喝酒一样,是现代社会交际的必需,如果身边的朋友都吸烟,而自己不吸,就很难融入他们中间去。于是,很多孩子也把吸烟当成是联络感情的纽带。

在与同学和朋友的交往中,大多数的学生,受到家长和社会不良风气的误导,把吸烟当成是必不可少的交际方式。尤其是和朋友、同学在一起时,总会受到他人对于吸烟的鼓励或敬烟。比如,大家一起聚会娱乐时,有同学或朋友敬烟,碍于面子,又不想伤了和气,就只有不拒绝,于是久而久之形成了吸烟的习惯。

曾有一个吸烟成瘾的孩子这样说:"那年我的同桌老偷他爸的烟吸,他劝我吸,说吸烟挺好玩儿的。于是,我就试着吸了几口。说真的,当时给呛得不行。但想到是男子汉,连烟都不会吸,怕被他们瞧不起,因此,我就忍着吸下去。哪想到,过了一段时间,我发现我只要不吸烟了就会感到浑身不自在。就这样,我上了瘾。不过,吸烟也不是没有好处,还能交到许多朋友呢……"

 了解孩子

由于受"烟酒铺路"等社会不良风气的影响,很多孩子从成年人那里获取了间接的交际经验,认为吸烟是结交朋友的最佳方式。尤其是那些性格开朗、外向,喜欢广交天下朋友的孩子,尤其重视吸烟带来的神奇功效。因而许多孩子对吸烟的看法是:"烟可以使人与人之间不再陌生,增进感情,提高办事效率。"如此看来,不要说成人,就是孩子,都深信要想办事顺利,联络感情,就需要以烟引路。

在天津一所大学的调查结果表明,男同学之间相互敬烟已成为流行风气,无论是在路上遇见,还是寝室间串门互访,见面总要先敬上一支烟,然后再进入主题。甚至有的学生在竞选干部、评奖学金、评三好学生中都利用香烟来"开路"。可以说,烟已成为当今青少年与人交往的黏合剂。

调查表明,我国吸烟人口所占比例非常大。无论在各种公共场合还是日常生活中,都会看到人们以烟相待的一幕,即使在电视和电影中,也少不了吸烟的镜头。可以说,吸烟已成为无法摆脱的社会环境,而这种无法改变的环境无时无刻不在毒害着青少年的思想与身心健康。

一抽解千愁

青少年学生在学习、恋爱、就业、生活等方面的压力比较大,又很容易遭受失败和挫折,而自身知识、经验又不足,情绪不稳,心理承受和自我调节能力也不强,所以他们往往会通过吸烟来寻求心理上慰藉。

有些孩子吸烟是为了解除烦恼、排除不快的情绪。尤其是一些青春年少的中学生,情感比较脆弱,经不起失败和打击,一旦受挫,就会处在失意、厌学、消极的心理状态中而不能自拔。为寻求心理慰藉、消磨时间或在另一方面为了表现自我而吸上了第一支烟,接着便一发而不可收。

有一位高一的学生,是以优秀的成绩考进了就读的这所重点高中的。但是第一次考试没有考好,那天晚上,他向别人要了一支烟。后来,一有心烦的事他就会用吸烟来消解。没过多久,他就迷上吸烟了。在下课的十分钟里,

也会偷偷地躲到校园没人的角落吸烟,在深夜里同学们都熟睡以后他会躲到阳台上吸烟。现在,他发现甚至连上课的时候都想吸烟,有时候实在忍不住了,就用自己的零用钱或是买早饭的钱来买烟。

青少年大多没有真正地接触到社会,因而缺乏社会经验。他们的思想还比较稚嫩,对自己的人生与未来充满幻想与希望,并有着极强的进取心与自尊心。另一方面他们又非常单纯和幼稚,对人对事缺乏准确的判断能力和自制能力。一旦遭受诸如考试落榜、比赛失败、朋友矛盾、父母训斥、老师批评等后,就会感到羞愧难当、内疚不已、丧失信心。

如果这时没有人去理解他们的内心感受,并帮助他们走出困境、摆脱烦恼的话,他们就会为了逃避受挫的现实,为消解苦闷而去吸烟。因为烟可以暂时麻醉人的神经,使其暂时忘却不愉快的事,获得一时的解脱与快乐,即所谓"一抽解千愁。"正因为抽烟可以帮助他们排解烦闷,所以不少青少年在受挫时,特别钟爱"烟"。

此外,有些孩子吸烟是为了寻找心灵寄托。由于升学与竞争的压力,与父母之间的代沟,使他们的心理承受力逐渐变弱,需要寻求新的寄托。于是,就把吸烟当成了人生的信仰,吸烟可以让他们忘记孤单和寂寞,寻找生活中唯一的一线温暖。

对烟的错误认识

> 吸烟严重地危害着人类的健康。尽管人人知道吸烟是社会公害,对健康百害而无一利,可是吸烟大军的队伍仍在壮大,越来越多的青少年加入到吸烟的队伍中来。

庞大的消费群体使中国成为世界第一烟民大国。人们对吸烟有害健康的认识逐步形成,但在社会对烟草的危害越来越重视的今天,我们身边的小烟民队伍却在日益"发展壮大"。为何会这样呢?根源就在于孩子对烟形成了一些错误认识。

有些孩子受传统意识影响，认为吸烟不仅是男子汉的象征，还有提神、抗疲劳之功效，对脑力劳动的人很有帮助，于是在考前熬夜复习或思考问题时就想借助吸烟来驱赶睡意和提高学习效率。

　　还有的竟错误地认为，吸烟有害健康不过是广告媒体的大肆渲染，并不可信：我父亲抽了几十年，至今身体健康硬朗；邻家大叔从不吸烟，却因肺病而死。所以，吸烟未必有那么大的害处。

　　有些孩子认为吸烟是一种时髦。很多孩子都崇拜电影电视中偶像明星的吸烟神采，认为吸烟时髦、潇洒、有魅力。有时听到女生说："男生吸烟的姿势很好看，流露出少有的成熟与洒脱。"于是不少男生为赢得女生的好感，义无反顾地学吸烟。

　　有些孩子吸烟是为了攀比。在当今商品社会影响下，有钱的人摆阔气、讲排场，致使一些富裕家庭的孩子在与人交往中常通过烟的档次来标明自己的身价与派头。而另一些人为了不显"寒酸"，就打肿脸充胖子，硬着头皮盲目攀比，因此买一些高档香烟，以显示自己身份和地位的优越。

　　有些孩子吸烟是由于逆反心理。学校和家长三令五申不准吸烟，可是一些孩子偏要反其道而行之，背着老师和家长去吸烟。他们觉得这种冒险充满乐趣，更是一种潇洒和勇敢，因而借吸烟来表示对家长特别是对学校的反抗，于是出现了愈禁愈吸的怪现象。

　　孩子吸烟还有一个重要原因是就有人向青少年售烟。我国相关法规明确规定，禁止向未成年人售烟，而且规定烟草批发网点和零售柜台应挂出"禁向未成年人售烟"的警示牌，但是商家能够做到这一点的却寥寥无几。

　　不管哪种原因，从孩子吸第一支烟发展到经常吸烟，以至成瘾，一般都是逐渐形成的。吸烟者根本不知道他们是从什么时候真正上了瘾，这正如美国的美克拉克所说："香烟，一个奇怪的悖论，当你吸烟时，它在无声中言语，在静止中运动，在杀害你的同时，给你生存的活力。"这也恰是烟的神奇所在，让你欲罢不能，在悄无声息中吞噬人的灵魂与健康。比起其他毒品来，香烟可称得上是一位"温柔"的杀手，也正是它的"温柔"，不知麻痹和杀害了多少人。

> **教育·小·贴士**

"父母是孩子的第一任老师"。家庭教育在孩子成长过程中，比学校、社会教育更贴近，更易深入孩子的内心。因此，在家庭中开展拒烟或戒烟活动，更容易使孩子受到直接而深刻的教育。首先父母要以身作则，为孩子做表率，尽量戒烟或在孩子面前少抽烟。如果家中有客人时也要少吸烟或不吸烟。一旦发现孩子吸烟，父母要严加管教，要耐心、积极地进行引导。如果孩子已有多次吸烟行为，要与学校联系，并对孩子采取切实有效的教育和管理办法。

六、孩子喝酒不容轻视

> 随着人们生活水平的提高，酒已经是生宴聚会上不可或缺的饮料。当成人们在推杯换盏中尽情畅饮时，却不知新一代的小酒民已经由隐秘走向公开，由个人走向集体，并在酒场上开始大肆"拼杀"了。

生活在当今社会的孩子，父母关爱、社会重视，这就无形中赋予了他们一手遮天的权利。随着家庭生活水平的日益提高，酒已是人们款待宾客、走亲访友不可或缺的消费品。而那些一手遮天的孩子们也开始对酒行使起支配权来。有关数据表明，在小学生中接触过酒的占90%以上。曾有报导在江苏省有一9岁男孩因酗酒而身亡。在未成年前便有一支可观的酒民队伍，也难怪中小学里喝酒的现象越来越多了。

以前的青少年喝酒一般都受到较多的制约。而在各种观念日新月异的今天，社会和家庭对这一问题的看法更加开放了。随着成人互相庆祝生日风气的日渐蔓延，孩子也搞起了生日聚会，以酒助兴。甚至在班里选上了班干部，也有下酒馆庆贺的。而更难以让人相信的是，很多家长看见孩子喝酒，明知不合适，却不加阻拦，任孩子闹腾下去。

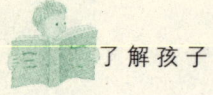

青少年的喝酒行为还常常与追求高档、显示身份联系在一起。尽管他们经济上尚未独立，是不挣钱只花钱的纯粹消费一族，但对他们的调查发现，他们喝酒的"档次"明显地比他们的父辈要高。其奢华程度，确实能让曾吃过苦的老一辈们咋舌。可以说，如此的"长江后浪推前浪"并非什么好事。

此外，当今孩子的喝酒行为已经呈现出普遍化的发展趋势。不仅品德不良、学习不好的青少年有喝酒行为，许多被视为听话乖巧、成绩优秀的青少年也加入了喝酒大军中。因此，身为父母，我们对青少年喝酒的现象要把握其特点，多角度地进行探究，了解其内在的、深层次的原因。

心理因素的直接作用

青少年喝酒的现象，看似简单，实则存在很多自身的原因。也就是说，大多数有喝酒行为的青少年，都是受到心理因素的直接作用而导致的。比如对喝酒的危害认识不够，或是受好奇心的驱使等。

青少年在心理和思想上都还没有完全成熟，他们看事情往往比较片面，不够透彻。看不出社会上一些喝酒现象的危险与危害性，而且又事事好奇，就会盲目从众，加入到酒民队伍中。

一位初中生，原本滴酒不沾，可是在一次同学生日聚会上，大家都喝酒，包括几个女同学也喝得不亦乐乎。当人有向他敬第一杯酒时，他没有推辞。因为看到大家杯酒下肚时的那种畅快，自己也亲自尝试一下"琼浆玉液"的味道。可是一杯酒下肚，那又苦又辣的液体让他的喉咙和胸口燥热难忍。当敬第二杯时，他很想推辞不喝，但是又怕大家嘲笑他不是男子汉，而且大家都在喝，唯独他搞特殊化也不太好，就只好捏着鼻子喝了下去。这样一杯接一杯，为他以后的杯酒人生路做好了铺垫。

青少年的好奇心极为强烈，他们见识的世面又很小，一旦见到一些新奇、好玩的事物，特别是大人不让做、法规不准许的事情，更有挖空心思

弄清究竟是怎么一回事的心理趋势。在吃饭时，他们看到大人喝酒，觉得很好奇，就会不由自主地想去试一试。比如有的家庭里，父亲经常喝酒，对孩子又不防备，那么孩子就可能会偷父亲的酒来尝试，久而久之，就上瘾了。

还有的孩子认为，喝酒应是男子汉应该有的"嗜好"，是男子汉的一种标志。这在中学生身上更为明显。他们有渴望独立的"成人意识"，从而刻意去模仿大人的行为。于是，为了表明自己是个真正的男子汉，他们毅然地投身到喝酒的热潮之中。

此外，由于青少年的是非观念还不强，意志力也比较薄弱。当几个朋友聚在一起端酒碰杯时，虽然有人不想喝，但为了不"搞特殊"，不扫大家的兴，就只好陪同大家一起喝。

社会舆论与传媒的消极影响

多数中学生认为喝酒是暗合了社会潜规则，为了显得和别人一样，他们也开始学着喝酒、抽烟。另外，还有不少学生认为，像不少电影、电视剧中表现的那样，喝酒能够体现男子汉气魄，很酷、很时髦。

尽管我们在新闻和报刊上经常可以看到一些文章在高喊"喝酒有害健康"的口号，但大多数喜欢喝酒的人一见到酒，就会无法控制地想喝。而且现如今的经济社会中，人们追求高利益的同时，也在追求高享受，追求大吃大喝，如此环境下，必然会促使青少年也沾染上吃喝玩乐的歪风邪气。

在一个三星级宾馆里。五六桌酒席一字排开，场面、气氛十分火暴，引来很多来这里吃饭人的注目。但谁也不会想到，这只是一位初中二年级的学生在为庆祝自己的生日而举行"盛大招待会"，赴宴者包括他的学兄学妹，儿时伙伴，还有新旧朋友。几十人喝完白酒喝啤酒，没过多久便酒瓶空空，然后又向服务员要酒。2个小时过后，再看酒桌上杯盘狼藉，孩子们一个个东倒西歪，丑态百出，惨不忍睹。

现在生活条件好了,只要有点喜事就定要在酒店里大摆宴席,并通知亲朋好友一起来庆祝。其实,这样做无非就是想大家在一起吃吃喝喝,乐呵乐呵。然而正是这种大吃大喝、追求享受的社会风气对孩子产生了不良的影响。加之改革开放后,各种腐朽的思想也随之闯入国门,使得很多青少年在这股合流中迷失了自我,走上了贪图享受、吃喝玩乐的道路,从而陷入了酗酒的泥潭。

现如今,公共关系被炒得火热。很多成人为找关系,托人办事,或者正常的人际交往,都会"以酒铺路",用酒来增进彼此间的友谊。那么青少年也会因此而树立不正确的社交观念。现在社会上广为流传的"酒是介绍信,酒瓶是大印……递上一支烟,朋友笑开颜"之类的说法,也很容易让青少年认为人际交往就是借酒开道,喝酒是在为以后的人际交往打基础,而会喝酒就可以为自己增加人脉。从而在这一理论的诱导下开始喝酒。

此外,电影、电视中也含有很多喝酒的镜头进入孩子的视野。因为里面的主人公大多是青少年崇拜的"英雄""豪杰",而这些人几乎没有不喝酒的。如《水浒传》中的李逵就是个大酒坛,《小李飞刀》中的小李飞刀也是整天泡在酒缸中的人物。所有这些,对是非观念很弱但模仿能力超强的青少年来说,其负面影响是非常大的。

家庭环境的影响

孩子往往缺少辨别是非的能力,他们总会无意识地模仿父母的行为。好的行为被模仿固然好,但坏的行为一旦被模仿,成为习惯,想要改变就很难。所以为人父母者,请走好你们的每一步,孩子正踏着你们的脚印前行。

一个孩子的行为受其父母和家庭环境的影响。父母是孩子的第一任老师,大多数的孩子都直接以父母为榜样。如果父母不注意自己的行为,家里也没有良好的家庭气氛,孩子很容易形成不良的习惯和生活态度。

有一位初中生，他的父亲嗜酒成性，经常在外面喝得酩酊大醉，回到家里还要闹得妻儿不宁。如果外面没有饭局，父亲也会在家里摆上几个小菜，自斟自饮，还常常逗他来尝一口酒。就这样，久而久之，他也学会了喝酒，但是他轻易不喝酒。后来，母亲多次因父亲喝酒而与父亲争吵不休，可父亲依旧恶习不改，最后母亲选择了离婚。从此，他没有了父母的管教，享受不到家庭的温暖。每当闷闷不乐时，他就会到外面去和一群社会上的人一起喝酒，喝醉了大家就一起在街上滋事。渐渐地，他也和父亲一样成了有名的"酒鬼"。

父母自身的言行对孩子有着至关重要的影响。孩子和父母朝夕相处，必然会凡事都向父母学习模仿。俗话说：孩子是父母的影子。有什么样的父母，就有什么样的孩子。如果做父母的喜好喝酒，那么难保孩子不染上喝酒的习惯。

孩子的健康成长离不开良好的家庭环境。而有些家庭中，却因父母之间的不和睦或不健全，使孩子得不到父母的关爱，更得不到家庭的温暖，从而过早步入社会，与一些不良青少年等一起流窜街头，以致染上吸烟、酗酒等恶习。

此外，还有些父母对孩子的管教过松，要求不严格，导致孩子染上喝酒的习惯。现在的孩子大多是独生子女，父母对其宠爱有加。每逢节假日，一家人总要聚一聚，为了能够吃、玩得尽兴，有些长辈可能端着酒杯让孩子来喝几口，以为聚会增添些乐趣，而父母碍于情面大多对此持宽松的态度。另外有些家长为了不给孩子丢脸，大肆为孩子置办生日宴会，并以酒助兴。凡此种种，都是促使孩子成为小酒民的重要原因。

学校教育的失误

《中学生守则》第六条规定："生活俭朴，讲究卫生。不吸烟，不喝酒。"学校对此做出了一些努力。但是，依然有不少青少年不断加入喝酒者的行列。归根结底是学校教育上的失误，因为它只告诉学生不许喝酒，却未告诉他们为何不能喝，喝了有哪些危害。

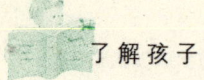

由于应试教育的影响,大多数学校教育只重视学生的成绩,而忽视了对学生进行良好道德行为的教育。偶尔有些学校也在学生面前声明:在校学生不准沾酒、酗酒。然而,这不过是一个硬性的规定,学生始终不明白为何不能喝酒,喝酒到底有哪些害处。一旦他们走出校门,就会把学校的规定抛之脑后,也不会把"未成年人不准喝酒"的事放在心上。这样,染上喝酒的恶习也就不足为奇了。

华灯初上,在某重点中学旁的一家小酒馆里,5位学生模样的青少年鱼贯而入。选定一张桌子坐定以后,便旁若无人地点酒点菜。不一会儿就"觥筹交错"起来。没过多久,又有一群小兄弟走进酒馆来,要了几个小菜,一人两瓶啤酒,还一边喝着一边讨论上次喝酒的事情。而在座的其他吃客们也多是视而不见,充耳不闻,没有一点惊讶之意。足以看出学生来酒馆喝酒已不是第一次,而在旁观者的眼里也已司空见惯,根本称不上是稀奇事了。

一般来说,学校已经明令未成年学生不准酗酒,而且对学生在校的喝酒行为抓得也比较严,控制也比较好。可为什么还有那么多学生一出校门就直奔酒馆呢?问题的关键就在于,一些学校只知道用校规校纪来约束学生的行为,用强制的手段来规范学生的举止,而不注意从根本做起,对学生讲清喝酒的危害,以提高学生对酒的认识。那么,结果只能是治标不治本。

于是,才会有一些学生在校内规规矩矩,遵规守纪,一副好学生模样,可一走出校门便原形毕露,胡作非为,无法无天。因为他们在从走出校门到走进家门之间的这一段时间内,几乎是处于无人监督,无人管教的真空状态。加之孩子天生自制力差,这样难免会和同伴们一起学坏。

此外,由于学校教育的缺陷,总是有意无意地把学生分为优生和差生,对于优生关注备至,关爱有加。而对于那些升学无望的学生,则不能及时为其指明出路及进行就业指导。那么,这部分学生就会感到前途渺茫,精神空虚,加之其精力过剩,便会在喝酒中寻找刺激和寄托了。

教育·小·贴士

控制孩子的喝酒需要社会、学校和家庭三方的共同努力才能达到最好的效果。作为社会，要制定严禁未成年人喝酒的相关法令，并呼吁各界人士加强对孩子的监督。而售酒方也要遵从商务部推出的售酒禁令，不卖酒给未成年人。作为学校，要给学生传授有关饮酒危害健康的知识，让学生从深层次去认识酒并远离酒。作为父母，要尽量做到不喝酒，为孩子树立一个好榜样，并时刻给孩子以温暖和关怀，这样孩子才不会走出家门去学坏。

七、离家出走是孩子的无奈

未成年的孩子属于弱势群体，离开家长的监护危险很大。孩子离家出走不仅对他们身心健康造成危害，也给自己的亲人造成了巨大的痛苦，同时还给社会治安带来了隐患。

未成年人离家出走，如今已成为人们普遍关注的社会问题。每当我们看到新闻报纸上刊有孩子离家出走的启事时，眼前就会浮现出一个个单纯、稚嫩的孩子沦落街头的情景。

每年有多少孩子选择离家出走，虽然没有准确的统计数字，但根据有关部门的估计，仅我国每年就至少发生上千例孩子离家出走的案件。问题的关键是，孩子出走后带来的不良后果实在不容忽视。有的孩子离开家后，落入人贩子之手，被强迫去街头乞讨，或被逼在不良场所服务，或被卖进偏远山区……有一个刚刚上初中的女孩，离家出走后，在火车上遇见了拐卖人口的骗子。被卖到外地并强迫结婚，一直受人监管，直到生了孩子，她安下心来，才获得了人身自由，婆家于是同意她回来探望父母。看到母女抱头痛哭，没有哪个人不为此而感到揪心。

 了解孩子

孩子离家出走的事件屡屡发生,做父母的一定要引以为戒。家庭的不当教育,学校的应试教育,传统的望子成龙的观念,像沉重的麻袋压在孩子的背上,让孩子无法直腰,无法喘息。如果父母做不到更好地了解孩子,那么就有可能有更多的孩子误入歧途,让更多的悲剧重演。所以,要想孩子不离家出走,父母就要弄清现代孩子的心理特征,尤其是独生子女。只有了解了孩子的心理特征和个性特点,才会采用正确的教育方式和方法,让孩子不再走向极端。

外界的诱惑

离家出走的孩子大都是家中的宠儿,备受娇惯,但缺乏应有的引导和教育。他们中的有些人甚至与社会上不务正业的人交往,为此不惜离家出走,以追求向往的"目标"和"理想"。

20世纪80年代末的电影《少林寺》使多少孩子为学功夫而离家出走,涌向佛家胜地。如今的"大款热",使很多孩子认为读书没有什么用处,小小年纪就想如何赚钱。一些孩子从电视上看到"外面的世界很精彩",好奇心驱使他们想出去看看,父母不同意,他们便自己偷偷地跑出去了。

一位初中生,特别喜欢上网、打游戏,但是父母对他的管制非常严格,放学之后必须即刻回家。他偶然一次在同学家上网,结识了一位已辍学的同龄网友。网友对他说外面的世界缤纷绚烂,一个人在外面可以打工赚钱养活自己,吃喝玩乐随意享受,不需问父母要,也不需受父母管,而且还可以无所顾忌地上网、聊天、玩游戏,那种感觉真的是既自在又惬意。看到网友的一番话,他开始动心了。想到自己可以赚钱,可以获得自由,可以天天上网,可以不再受管制,他终于下定决心出去"闯"世界。于是收拾好东西偷偷走出了家门。

孩子之所以选择离家出走,很大程度是受家庭和学校以外他们想象中的刺激、无人管束的自由生活的吸引。网络和电子游戏对他们的吸引力是

巨大的。外界的诱惑还来自一些不良少年、社会上一些闲杂人等的引诱，由于未成年人接触社会的渠道正在增多，一些不法之徒诱导唆孩子离家出走的案件屡有发生。除了以前的以"交笔友""介绍工作"为名进行欺骗之外，利用电脑网络唆使孩子离家出走等，都是导致孩子离家出走的重要因素。

正处于青春期的少男少女，总会对他们还不了解的世界抱有不切实际的幻想。五光十色的市场经济，使一些很想赚大钱的孩子坐不住了，他们也想到市场上去捞一把，以为只要到市场上随便卖点东西，就可以财源滚滚来。孩子离家出走下"海"经"商"就是这种心态的反映。还比如有的孩子以为在外打工可以自己养活自己，不用再向父母要钱。但是尚未成年的他们，却不知道独自在外打工将要遭遇的风险和困难。

此外，由于受电视、电影、光盘、书刊等传播媒体负面影响，也使得很多孩子产生对所谓"自由自在"生活的畸形追求心理，从而产生出走冒险的念头。

家庭教育的偏差

就家长而言，如何对孩子进行正确的教育是至关重要的。有些家长对孩子或百依百顺，放任骄纵；或者以绝对权威自居，稍不合意，非打即骂，从而加深了孩子的逆反心理。这种溺爱与痛恨共同作用的结果，最终酿成了孩子离家出走的苦酒。

大部分孩子的离家出走可能由于家庭教育上的偏差。平时对孩子过分溺爱、纵容，使孩子形成了很多不好的习惯，比如上网成瘾、不爱学习。而当父母看到孩子的缺点时，不去追究自己的责任，反而对孩子责骂殴打，不依不饶。这样，孩子一气之下就会产生离家出走的念头。

有一位机关干部的女儿，从小学到中学离家出走3次。女孩从小生活优越，被宠得像小公主，但就是不爱学习，成绩在班里居中下水平，所以老师并不喜欢她。家访时和她的父母说了不少缺点,父母从此对她管束严厉。

一天,爸爸下班回家,还没进屋,就听见喧哗的音乐声,原来她把很多同学请到家里,正在开party呢。爸爸一气之下,把音乐关掉,把同学们全赶走了,然后又把女儿狠狠地斥责了一通。她非常生气,说爸爸不尊重她,一摔门扬长而去,并且一走就是几天。这期间父母把女儿可能去的所有地方找了个遍,却没有女儿的影子。几天后,她回来了,但对于自己去哪儿了,闭口不谈。还厉声警告父母:"如果你们再骂我,我还走!让你们永远都找不到!"

父母的教育方式对孩子影响是非常大的。很多父母在教育孩子时,不懂得宽严相济。要么过宽,要么过严,于是孩子就会难以接受这种一会被捧到天上,一会儿又被重重地摔到地上的无常教育方式。更进一步说就是一个从小被娇惯的孩子,突然对他大发脾气,他一时承受不了,就可能产生出走的冲动。

有些家长对孩子的教育方法简单粗暴,不讲究教育的方法与艺术。孩子出现问题之后,便不分青红皂白施以粗暴地打骂、斥责,使孩子产生"与其这样,不如离开"的想法。相反,还有些家长只顾自己的"事业",对孩子管教却很少,或者干脆就"忘了"管孩子。于是,孩子就会以为父母根本不关心自己,采取离家出走来表示不满。

此外,家庭内部关系紧张,如家庭经济困难、父母经常吵架等都会使家庭成员之间的感情淡薄、疏远,使得孩子没有安全感,觉得自己是家里多余的人,离开这个家最好。

离家出走只为逃避压力

很多家长不考虑孩子的年龄特点和能力水平,一味地对孩子以高标准严要求,使孩子每时每刻都在承受着压力。而当孩子终于承受不住的时候,就会采取离家出走的方式逃避现实。

心理承受能力差是许多孩子离家出走的主要原因。脆弱的心理承受能力，使他们无法面对和接受挫折、压力时，他们便以不计后果的出走来逃避父母，逃避现实。

"亲爱的爸爸妈妈：你们好！对不起，我让你们失望了，我忍受不了了，我走了……。"与这个孩子一起出走的，还有同班的另外4名同学。出走前，这些孩子用书包装走了其中一人家里的3000元钱！

事发后，孩子的家人立刻报警，并协同警方向火车站追去。经过排查和线索追踪，警务人员判定孩子很有可能乘坐已经开走一个多小时的K738次列车，于是立刻与K738次列车上的乘务员联系，并向其讲明情况。得知此事后，乘警们立即通过广播找人、在车上询查等方式，终于在2号车厢找到这5个孩子。经过了解，乘警们得知，5个孩子都是武汉市某中学初中学生，年龄均在14岁左右。父母过高的期望、繁重的学习任务和过重的思想负担，使得他们产生了逃离的念头。5人商定后，从其中一个孩子的家中偷偷拿了3000元钱，然后坐上了开往南方的列车。

父母过高的学业要求和对孩子望子成龙的期望，很容易给孩子带来无法排解的压力。当压力达到极限时，孩子很可能选择离家出走的方式。比如有些孩子在父母的要求下，上完培训班，又要去上补习班，根本没有自己的玩耍时间；有些孩子考试成绩不理想，但又不想辜负父母的一番期望，她想谎报分数，又深感这样做更对不起父母，于是在这种心理的重压下决定离家出走。

孩子心理压力愈来愈大，是因为缺乏与父母有效的沟通。青春期的孩子非常渴望有人倾诉，但很多家长往往忽视了这一点，以为满足孩子的物质要求就已经尽到为人父母的责任了。于是，孩子的很多心理感受和心里话得不到倾诉和理解，终使压力累积过多而不堪重负。如果每个孩子都有温暖的家庭和与父母之间无碍的沟通，他们也许不会出走。

很多家长都会不解地说在家多好呀，真不明白孩子为何还会离家出走！可是，他们不晓得，现在的孩子背负了多少重负。考试没考好，其实没什么，父母应该鼓励孩子下次考好。可事实是孩子迎来最轻也是一顿痛骂吧，因为

大人根本就不知道孩子的心理负担有多重，他们更不知道甚至是一个学习顶尖的小学生或中学生，内心也并不是那么阳光，那么灿烂。

青春的叛逆

心理学家最近的调查表明，存在离家出走的青少年占调查对象的25.6%。由此可见，这一问题不容忽视。而作为家长，摇头叹息无济于事，只有尽快地找到出走的心理动因，才能对症下药，让孩子不再出走。

离家出走将使孩子陷入重重的困境，甚至带来意想不到的灾难，从而改变孩子一生的轨迹。如果，我们把握了孩子离家出走背后的心理动因，根据不同情况，帮助他们克服危机，就能帮助孩子顺利健康地长大成人。但是，孩子离家出走的原因是多方面的，我们就需要全方位地认识这些原因。

下面这一系列原因也会致使孩子离家出走。

青春期是一个极为特殊的阶段，这个时期的青少年在生理上进入发育期的同时，在心理上开始进入"心理断乳期"。伴随生理上的成熟，青少年心理上也逐渐成熟，表现之一是独立性增强，感觉自己"已经长大"，迫切要求得到别人的尊重、信任和友谊。如果家长还像从前那样对待他们，动辄打骂，便会使他们产生对立情绪，以至发展到出走。

有的孩子离家出走是想报复父母。这类孩子是因受到父母的不公平对待，想用离家出走进行报复。他们一般不会走得太远。当暗中窥视父母东寻西找的狼狈相时，就会幸灾乐祸、得意洋洋。

有的孩子离家出走是为了要挟父母。独生子女特殊的家庭结构，形成了他们在家庭中的特殊地位。许多父母过分地呵护这颗幼苗，孩子"要风得风，要雨得雨"。可随着孩子眼界的拓宽，他的欲望会越来越膨胀，一旦得不到想要的东西时，便会以出走相要挟。

有的孩子离家出走是为了逃避危机。一些孩子因为不小心，而损坏了家里的贵重物品，如冰箱或电视。他知道自己免不了受到皮肉之苦，心里就会

忐忑不安，非常紧张，甚至会离家出走以逃避危机。

有的孩子离家出走是缘于个性。有关研究表明，离家出走的孩子多半任性，他们常常做出一些错误的决定。他们认为自己没有朋友，他们很难和别人保持深厚而持久的友谊。

最后就是盲目从众心理。当媒体披露因片面追求升学率造成一些学生压力太大而离家出走的消息后，有的学生就加以仿效，以为是解脱的好方法。从众心理本是一种正常的现象，但若盲目从众，将有百害而无一利。

教育·小·贴士

对于孩子离家出走的问题，社会各界应予以高度重视。教育部门要采取相应措施，加强对孩子心理素质的培养。作为学校老师，应对单亲家庭的孩子多加关注。学校应主动与家长沟通，及时掌握孩子的学习和心理动态。家长应杜绝对孩子采取粗暴责骂，变相体罚等"高压政策"。家长、学校及社会各有关部门应共同努力，才能从根本上解决这一问题。

八、当孩子管不住自己时

控制自己情绪和行为的能力是衡量一个人心理健康的重要标志。孩子自我控制能力的强弱，对于孩子今后各种能力的培养具有很大的影响。

现在的孩子自控能力越来越差。但人生的成功与自控能力有着极为重要的关系。心理学家曾做过一个有趣的"果汁软糖"实验。他们把糖给一些小学一年级学生，告诉他们如果过一段时间吃就可以多得一颗糖。结果，仅有极少数的学生坚持了等待，绝大多数学生没能坚持。

经跟踪调查发现，那些能够坚持获得第二颗糖的孩子，通常独立性强、自信、开朗、社会适应性强；而那些早年经不起果汁软糖诱惑的孩子，则更多地表现出孤僻、易受挫折、固执，并往往屈服于压力，逃避挑战。由此可知，孩子自控能力的强弱，在很大程度上决定着其人生的成功与否。

可以说，孩子的自控能力就相当于一个车闸。车闸，是一部车子最重要的部件。破自行车问题还不大，慢悠悠的晃荡，也出不了什么大事；高速行驶的汽车，如果没有车闸，可能谁也不敢驾驶。我们要把孩子培养成为有才能的人，将来对社会有贡献的人，那么，孩子的自控能力就是一个十分重要的问题。

为了孩子的将来，父母有必要培养孩子的自控能力。但自控能力的培养有一个前提，就是要了解孩子为何会表现出自控能力差，管不住自己。

父母对孩子娇生惯养

自控能力差的孩子大多生活在经济条件比较好的家庭里。他们不愁吃穿，又集万千宠爱于一身。他们牢牢把握着一家子的控制权，什么事都由他们说了算，于是在对他人的控制中削弱了对自己的控制。

家庭教育的放纵和娇生惯养是造成孩子自制力差的重要原因。自控能力差的孩子，心理与年龄不够匹配，即往往表现得不够成熟。而造成这种结果的原因就得追溯到这些孩子从小到大的家庭环境了。一般来讲，自控能力差的孩子多半来自于比较娇惯的家庭，也就是父母对孩子过分溺爱的家庭。

有一名初三的学生，学习很紧张。但她每天做功课时，却常常管不住自己。刚开始的几道题她还能静下心来做好，但过不了半小时，她就坐不住了。她自己也很苦恼，但她就是管不住自己，好像有一股无形的力量在迫使她离开眼前正在做的事。

为什么她的自控能力如此差呢？原来，她是家中的独生女，父母在她身上寄托了全部的希望，所以很早父母就对她开始了教育。先是弹琴，后是画画、学英语、练算盘。她学习起来很用功,父母都十分高兴。女儿这样辛苦,妈妈看在眼里,疼在心里,在女儿学习的时候常会送一些零食给她吃。小孩子因此而形成习惯,没有零食就不能安心把事做完。就这样她做事没有耐心,总是坐不住,不能集中注意力,也不能安心学习。所以学习成绩一直很差,每次考试成绩出来时,她都会为那点可怜的分数大哭一场。她虽然每次都暗下决心要认真学习,但几天过后,就又"故态复萌",管不住自己了。

自控能力,就是在一定时间和地点管住自己不应有的欲望,去做应该做的事情。父母在家庭教育中常犯的错误是,只要有条件,就事事顺着孩子来,这其实也是在不断地培养着孩子的"心想事成"的欲望,从而逐步地削弱着孩子的自控能力。

一般来说,只要在学校里坐不住、管不住自己、不能专心学习的孩子,大都在家里以自我中心,大事小事都要自己说了算,从不去考虑别人的感受,也很少听从父母的意见。父母在家里让孩子恣意妄为,却要求孩子在学校里能够管得住自己,等发现孩子在学校里的自控能力差,在课堂上坐不住,他们仍没有想到孩子在家里也同样缺乏自制力。

此外,在一路顺境下成长起来的孩子,一直就没有为自己在成长中的任何事情动过脑子,伤过脑筋。因此这些孩子在长大后不会给自己制订计划,更不会去主动执行计划,凡事都听从安排,都由着自己的性子来。比如,有些孩子玩着学习,花钱花不到正事上。其实,有时不是孩子不想有自控能力,而是家长们根本就没有给他们机会。

外部世界诱惑太多

我们生活在这个物欲横流的世界上,到处充满着诱惑,大人尚不能完全经受得住,更别说孩子了。在某些东西面前,孩子往往会因无法抵制它的诱惑而做出无法控制的事情来。

在我们的生活中，经常能听见有父母抱怨：孩子放学后，书包往旁边一扔，不写作业，而是先玩；有的孩子虽然在写作业，可是却一边玩一边写，总要父母不停地督促才行；还有的孩子上课总是控制不住自己，不是与人讲话就是搞小动作。对这样的孩子老师不断地予以批评，父母也总是又打又骂。可是批评和打骂之后仍看不见丝毫的起色，于是老师将这些孩子打入了"黑名单"，父母也为此头疼不已。

一天中午，女孩到隔壁好朋友家玩。她们不知怎么就谈到了手链。好朋友说，她家有个手链，可漂亮啦，是她爸爸从韩国带回来的。那个手链上缀满了金黄色的小太阳，一抬手就会听到哗啦啦的声响……女孩非常羡慕好朋友有这么好的手链，她很想看看这个漂亮的手链到底是什么样子，于是就趁好朋友下楼帮妈妈拿东西之时，打开了好朋友的抽屉，拿出了手链。哇，好漂亮的手链！女孩想："自己要是有一个那该多好啊！"这样想着，就把手链放进了自己的口袋里。

女孩之所以拿走了好朋友的手链，是由于她抵制不住诱惑而做了错事，这便是她自控能力差的表现。

生活中，我们总会遇见许许多多的诱惑，它们总是将迷人的一面展示在我们面前，引诱我们渐渐偏离自己的人生理想与目标。每个人在生活中都会面对各种各样的诱惑，学生写作业时，会受到电视的诱惑；小孩子即使生了蛀牙，也会受到糖果的诱惑。面对诱惑，自控能力差的人往往不知不觉误入歧途。

孩子由于经历的事情少，考虑问题不够全面，所以看到喜欢的东西时，就只会想到立刻据为己有。如果他们能够静下心来，想想拿了别人东西的后果，那么，他们也许就能够经受住诱惑的考验，而不会因为一时的冲动去犯错误了。

管人没管心

对于孩子的一些不合理行为，父母是事前根本无法控制。而父母所能做的，只能是教育孩子学会控制自己的行为，这就是通常所说的孩子要自己管住自己。

在孩子的成长过程中，在父母看来，自己最大的责任就是"管"好自己的孩子。很多父母对孩子教育的第一要求就是能"控制"好自己的孩子，这也是父母对孩子最直接的要求。父母认为，孩子听话了，教育也就容易了，孩子也会走自己为其指定的那条正确的路了。但事实却是，很多孩子是不听话的。他们重者会惹出很多事端，轻者也会不断地制造一些小麻烦。

有这样一个初二的孩子，头脑很聪明，学习会成绩也不错，但就是不稳定，成绩时好时坏，波动很大。老师告诉他的父母，孩子最大的问题就是自己管不住自己，在教室里坐不住，上课总喜欢和周围的同学讲话，影响课堂教学秩序，手也动个不停，一会碰这儿，一会摸那儿，这样既影响了别人，也影响了自己，以致班级里的同学都不愿跟他坐一个座位。还有一次，同学无意中碰了他一下，他就非要去打人家一下以求平衡，结果与同学大打出手。

在孩子第一次出现这种情况后，身为父母往往会这样处理：

了解事情的经过——划清责任——批评过错，或者再加上一条，让孩子检讨。

在这样一个处理过程中，孩子得到的教训是：自己错了，父母很生气……如果要问孩子错在哪里，孩子只知道自己是"上课说话了"，或"打架了"。这种处理方式，只能解决问题的表面，不能从根本上解决孩子自控能力差的问题，因为父母没有解决掉造成孩子这种行为的原因。

孩子打架的原因是，他们认为自己的身体是不容他人侵犯的，于是有人撞了他一下，他就会认为是侵犯了他的身体，甚至会把还手看成是"在捍卫自己的权利"。这样，按照孩子自己的思维模式，他们绝不会认为自己错了，但父母在纠正孩子错误的时候，不了解这些，所以就不能对症下药，于是类似的事情仍然会在孩子身上发生。

对于孩子的屡教不改，所有父母的教育模式如出一辙，他们不知道孩子总是管不住自己，是因为父母的教育只是管住了孩子的人，却没有管住孩子的心，根本没有去除孩子心中最本质的病源。因此，才会有那么多孩子因自控能力差而频频犯错误。

孩子患有多动症

当发现孩子的自控能力越来越差,常常无意识地做些毫无意义的动作,明显管不住自己的时候,父母就应考虑孩子是不是患了多动症,并且及时带孩子到医院检查和治疗。

很多孩子,在他们独立学习或做事的时候总是表现得很差,比如上课精力不集中,东张西望。持续学习的时间很短,学习一会儿就去上厕所,吃东西,看电视,听音乐或者做点其他的什么事情,多数时间他们在学习的时候仿佛在一心三用甚至四用、五用。父母和老师多次教育,孩子仍旧管不住自己。这样的孩子,极有可能患有多动症。

一个刚上小学二年级的女孩,平时不爱说话,也不爱活动,是个文静的小姑娘。可是,一到课堂上就显得活泼起来,一会儿动动前面的同学,一会儿扭过头与后面的同学说几句话,一会儿又爬到桌子底下捡粉笔头。老师曾多次警告她要遵守课堂纪律,但她好像不长记性,安静一会儿就又活动开了。老师没有办法,便叫来了她的家长。据小女孩的母亲说,她和丈夫平时都很忙,根本顾不上照顾女儿,就把女儿送到了姥姥家。因为姥姥耳朵不好使,跟她说句话很费劲,所以女儿也不喜欢与姥姥说话,一天到晚都一声不吭。她和丈夫还一直夸女儿懂事呢,没想到女儿在课堂上竟然如此"活跃"。

这种表现正是多动症的典型症状,患有多动症的孩子可能并没有意识到自己的行为有什么不当,但是却超出了应有的活动范围或违反了某些纪律。造成多动症主要有三方面的原因。

脑神经递质数量不足、脑组织器质性损害和遗传因素,是引起多动症的生理基础。有的孩子脑神经递质数量不足,从而降低了中枢神经系统的抑制活动,会使动作明显增多;有的孩子因为意外原因脑组织受损,发生多动症的机会也较多;还有的是因为其父母或亲属曾患过此病,所以他们得病的几率也很大。

父母与孩子缺乏沟通或教育方式不当也会导致儿童多动症的发生。许多家庭经常出现不和谐的气氛，还有的父母整天醉心于打麻将、侃大山、看电视，或因工作忙、负担重，抽不出时间与孩子进行心理沟通，对孩子缺少关心、缺乏教育；或教育方法不当，如粗暴、溺爱、冷淡等使孩子心理产生障碍，造成注意力不集中、多动、冲动、不服管教、任性、学习成绩下降等多动症的发生。

孩子体内某些微量元素的过多或过少也是诱发多动症的原因。一方面，随着环境污染的日益加剧，孩子体内的铅含量越来越高，导致铅中毒，对孩子的中枢神经系统造成了伤害；另一方面，孩子发育必需的铁、锌等微量元素缺乏，影响孩子的大脑发育。这些也都是造成多动症的因素。

教育·小·贴士

作为父母不要操之过急。坏习惯不是一朝一夕养成的，所以，改掉坏习惯也该从长计议。作为父母，在孩子全神贯注做一件事的时候，不要轻易去打断孩子。不要对孩子过分溺爱和包办，让他独立去完成自己的事情，哪怕开始时做得非常糟糕，父母也不要插手。适当地帮助孩子明确自己做事的目标。将大目标分解成小目标，如让孩子自己叠被子，自己洗衣服，自己坚持专注学习半个小时、一个小时、两个小时……切忌为孩子设定过大、过空的目标。

第四章

学习有如登山，登山重在坚持
——纵观孩子的学习

随着时代的发展和社会的激烈竞争，很多家长因忙于工作而无暇顾及孩子的学习；也有些家长认为教育是学校的事，而对孩子的学习采取不闻不问的态度，忽视了对孩子学习心理的了解和正确的引导，从而使孩子面临学习的困境。此时，往往父母只能干着急，却束手无策。因此，父母只有在孩子出现学习方面的问题时，了解其心理原因，才能更好地对孩子的学习进行引导。

一、打开孩子厌学的"心门"

> 厌学是指学生对学习否定的内在反应倾向,包括厌学情绪、厌学态度和厌学行为,其主要特征是对学习厌恶反感,甚至感到痛苦,因而经常逃学或旷课。

厌学是现如今中、小学生中最普遍、最让老师和家长头疼的问题,是青少年最为常见的心理疾病之一,是导致孩子弃学离校的最主要的因素。从心理学角度来说,厌学是指学生以消极的方式对待学习活动,主要表现为学生在心理上讨厌学习,在行为上消极对待学习,甚至主动远离学习。

厌学的孩子一般学习成绩比较差,在学习上屡遭失败,常受家长的责备,老师的批评,同学的冷笑。因此他在学习上就会悲观失望,自暴自弃,学习对他们来说已经成为沉重的负担,根本谈不上兴趣和爱好。

孩子的厌学不可小视,如果不加以有效的引导和控制,就会发展为厌学症。一旦患上厌学症,孩子就会学习目的模糊不清,对学习不感兴趣,上课无法认真听讲,不完成作业,害怕考试,甚至恨老师、恨学校,以致旷课逃学。严重者一提到学习就头昏、发脾气甚至歇斯底里。厌学症对孩子的生理和心理健康具有极大的危害性。

因此,父母一定要明白孩子厌学的原因,以便对症下药,纠正孩子的学习态度。

学习兴趣的严重缺乏

孩子正处于成长阶段,面对自己朝气蓬勃的花季人生,理应把握住求学的大好时机,将来的飞黄腾达,以及令多少人梦寐以求的似锦前程,应该说更能激发他们的求知热情,可是他们却让人无法理解地产生了厌学情绪。

厌学是青少年的学习中,经常遇到的一个很普遍的现象,它是学生在心理上产生的对学习的课程或者授课老师不接纳的消极情感的外泄。厌学主要发生在学习成绩不好的学生身上,他们不能得到家长的肯定与老师的重视,于是对学习缺乏动力与自信,更体验不到学习的乐趣。

有一个孩子,从小就在家人的溺爱与纵容下无所顾虑地玩到大。上了中学,期末考试就要到了,可就像考试与他无关一样。他从来不翻书,整天在课堂上思想开小差,注意力不集中,还想着与学习无关的事情,有时还在课上睡觉,或者做些无关的小动作,要么就是在班里吵闹,实行"四不主义":不动手、不动口、不动眼、不动脑,视上课为坐牢。此外,他还经常与其他同学一起逃学,寻找各种理由旷课,偷偷去学校外面的网吧里玩网络游戏。当校长亲自找他谈话时,在交谈中他说出了这样的话:我就是不喜欢上学,除了学习,其他任何事情都是我的乐趣。

青少年厌学的主要原因是学习兴趣的严重缺乏。学习兴趣能够使人的学习进入高效状态。学生在浓厚兴趣带动下学习,一旦获得成功,就会使其产生学习的喜悦感、荣誉感和价值感,使学习需要得到进一步的强化,学生因此也会产生更为积极的学习态度与学习行为。

而有些孩子,由于不喜欢学校的学习环境,或者从小就养成了懒散的习惯,于是对学习三心二意,或者三天打鱼,两天晒网,久而久之贪玩成性,对学习失去了兴趣,从此对学校的学习生活产生烦躁、厌倦的情绪,加之他们的学习常常与批评、责骂等负面的体验联系在一起;严重的学生甚至吸烟、喝酒、逃学或沉迷于网络电子游戏等。

 了解孩子

还有的孩子经常与同学们吵架甚至打架,最后同学们都不喜欢他,他感到在学校没意思,便产生了厌学心理。也有的孩子由于性格孤僻,不善交往,导致人际关系很差。如果同学对他很冷漠,他就会更感孤独和不安,不良情绪甚至厌学情绪就会产生。

父母的期望值过高

很多孩子都有厌学情绪,甚至有的优等生也不例外。求知是孩子认识世界的基本途径,而追求快乐又是孩子的天性。若孩子因求知而被剥夺快乐,在痛苦的状态下学习,就会产生厌学情绪。

父母对孩子的期望值过高是导致孩子厌学的又一重要原因。很多父母"望子成龙""望女成凤"心切,对待孩子的学习和成长,采取的教育方式易走极端,常常对孩子的要求过高过严,结果使孩子心理压力大大增加,不自觉地把学习与痛苦体验联系起来,进而产生厌学情绪。

一个12岁的小男孩,原本是家里的骄傲,听话,学习成绩也很好。可是不知为什么,他开始不断地找借口不去上学。第一次他叫同学带口信给老师,说爷爷病了,要去医院看望爷爷,老师听了信以为真。没过多久他又托同学带口信给老师,说奶奶又病了,需要在家陪奶奶。这时老师有点怀疑,就给家长打电话。他父亲说,孩子的爷爷、奶奶并未生病,而且孩子每天都背着书包去上学的。这时大家才明白孩子逃学了。当老师问他不去上学的原因时,他说:"爸爸、妈妈整天逼我学这学那,我感觉压力很大,只有离开学校,我才能体会到无忧无虑的快乐。"

现在的孩子都是独生子女,于是父母把全部的希望和愿望都寄托在孩子的身上。为了孩子能比父母更有出息,为了孩子有一个美好的未来,父母们就会使出浑身解数,千方百计地把孩子打造成"龙""凤"。

加之社会竞争的日益激烈,在优胜劣汰的法则面前,被逼无奈的父母只有不断加大对孩子高期望、高标准、严要求的筹码。只有把孩子培养成才,他

才不会输在起跑线上,并在激烈、残酷的社会竞争中立于不败之地,所以,让孩子多学点没啥坏处。

还有一些家长喜欢从众,看到人家的孩子参加了英语辅导班,也逼着自家的孩子去上辅导班;看到人家的孩子参加了舞蹈培训班,也逼着自家的孩子去上舞蹈班;看到人家的孩子擅长美术和音乐,则不管自家的孩子是否有这方面的天赋,先学学再说。

如此这般,家长们哪会知道,孩子也需要活动,需要玩耍,需要成长,但他们的时间都被家长严格地限制住了。他们被沉重的学习、作业、培训压得喘不过气来,难免不产生厌学情绪。

学校教育中师德素质太差

很多孩子为了升学,为了考试,为了父母殷切的期望,他们已经背负着沉重的课业负担,承受着巨大的学习压力,已经被压得喘不过气来,却还要时不时地再承受老师的批评与责罚,致使一些孩子在忍气吞声下开始厌学。

孩子厌学的原因还与学校教育有着非常重要的联系。由于现在很多学校片面追求升学率,而忽视了对老师自身素质的要求,导致一些老师的师德素质极差。他们凭借自己的地位与权势任意打骂、责罚学生,严重影响了学生的身心健康与学习成绩,导致很多学生因在学校常常受屈辱而开始厌学。

一个上初中一年级的男孩,他不是很聪明,但是学习非常努力,所以学习成绩比较优秀。可是有一次,他在课堂上被英语老师批评了一顿,他觉得自己被冤枉了,就向英语老师辩解几句,谁知英语老师不仅不听,反而更加生气,还以他顶撞老师为由罚他打扫教室一周。从此,他对英语老师耿耿于怀,不愿意去上他的课,在英语课上,他要么睡觉,要么看小说。看到英语老师对别的学生好,他也很生气,以致影响到其他学科,后来他干脆讨厌所有的学科,甚至不去上学。

师生关系处理不好很容易造成学生的厌学心理。尤其在学校里，有的教师因缺少师德，或者对教学工作不感兴趣，或者对学生缺少耐心与爱心，常常冷漠、生硬、粗暴地对待学生。学生稍有不对，就会责骂、数落个没完，对学习较差的学生更是动不动就讽刺、挖苦，甚至体罚和变相体罚。学生们形容这样的教师是："枯燥的语言，古板的脸，冰冷的心，冷漠的眼"。

这样，师生之间毫无感情可言。学生见了老师如同老鼠见了猫，老师对学生毫无向心力，导致学生离老师越来越远。亲师才能重道，学生由爱老师而过渡到爱老师所教这科知识的关键就在于老师能否受学生欢迎。不可否认，一些学生的厌学与老师的教育教学失误存在着直接的联系，老师的师德无疑对学生的发展具有非常重要的影响。在中小学生厌学的趋势下，不良师德扮演了催化剂的角色。

另外，学校以书本为中心，以课堂为中心，以教师为中心的应试教育，弄得学生长期处于被禁锢、被压抑的状态。久而久之，孩子的厌学心理便随之产生。

社会低俗文化的影响

近年来，社会上刮起了很多不正之风，一些陈规陋习甚至丑恶的低俗文化开始向孩子们袭来。什么哥儿们义气、一切向钱看、时尚消费等，给原本是一张白纸的孩子以耳濡目染、潜移默化的影响，结果使孩子失去了学习的兴趣。

低俗文化对学校教育产生了强大的冲击。由于孩子尚不成熟，他们活泼好动，对一切新事物都感到很好奇，又很容易受到外界的影响，而且缺乏分辨是非的能力。因此，他们对社会中流行的前卫的表层文化思想和行为更易接受和模仿，而这些东西常常是与学校教育和社会要求的健康文化相违背的低俗文化。当低俗文化成为学生的追求时，他们必然会失去对学习的追求和兴趣。

有一个初中一年级的男孩,穿名牌服装,用名牌手机。要说到玩儿,他可以说得滔滔不绝,头头是道。可一提到学习,他就皱起眉头,因为他的学习成绩是全班倒数第一。父母想方设法让他努力学习,可他就是学不进去。坐在教室里不是痛苦地东张西望,就是无聊地昏昏欲睡,可一到放学时间,他立刻精神百倍。铃声一响,他准是第一个冲出校门,然后跑进学校旁边的网吧上网、打游戏,一进去就三四个小时不出来。

社会文化学认为,社会时尚的诱惑和社会不良思潮的影响,是学生厌学的重要原因。五彩缤纷的社会时尚:模特、追星、炒股、卡拉OK、言情小说、武打电影、时尚消费、溜冰场、游戏机等,无时无刻不在刺激着孩子们的感官,诱惑着他们的心灵。部分青少年学生因此而贪玩上瘾,以至于对正常的学校生活失去兴趣,学习积极性下降。

另外,社会上流行的某些轻视学习、轻视知识的思想,诸如"有钱能使鬼推磨""读书能值几个钱"等,挫伤了学生求学成才的积极性。加上近几年,西方文化思潮和文化产品的大量涌入,一些中学生面临着选择的困惑,以致无心向学,扩大了厌学者的范围。

还有,近年来因为迷恋电子游戏和网络而无心学习的厌学者在显著增加。其主要原因是游戏和网络的内容新奇、色彩斑斓、变化多端,富于刺激性。天长日久,孩子对听课和阅读、做作业型的学习材料就丧失了兴趣,学习时大脑皮质难于兴奋,甚至处于疲乏、抑制的状态,因此学习困难、厌学就是自然而然的事情了。

不良家庭环境影响和学习方法不正确

孩子"厌学"只是一种表面现象,是他们对付老师和父母的一种"武器"。只有真正了解他们厌学的真正原因,才能帮助他们彻底克服学习中的困难和障碍,并从根本上消除"厌学"情绪,以进一步提高学习成绩,确立人生的奋斗目标。

导致孩子厌学的原因不是简单几个因素相加的结果，而是多种主客观、内外因素共同作用的结果。因此，对于"厌学"的孩子，最重要的是要找到其"厌学"的真正原因，从根本上激发孩子的学习兴趣，并使孩子能亲身体会其中的乐趣。那么，究竟还有哪些原因会导致孩子厌学呢？

家境的富裕。随着社会的不断发展，不少家庭都步入了小康，再加上大都是独生子女，不少孩子从小就养成了"衣来伸手，饭来张口"的习惯。因此对学习、劳动等费心费力且单调枯燥的事情，自然怀有厌烦感和畏惧感。

家庭教育的缺失。现在不少孩子的父母都在外地经商或打工，平常难得见子女一面。除了每月、半年甚至一年定期的经济关照、电话往来外，他们对孩子的思想、学习等却无法进行了解和教育，因此家庭教育便缺失了。

对孩子要求过低或放纵。孩子刚进入学校时，一般年龄较小。此时父母对孩子的要求不高，认为只要孩子跟得上课就行，不督促，甚至放任自流，整日埋头于自己的事，而忽视了孩子入学后的心理变化。一旦孩子在学习过程中遇到困难，认为学习太苦而失去了兴趣和动力，那么随之而来的就是厌学。

不良家庭文化环境的影响。不良的家庭文化环境往往使可塑性很强的孩子受到了不良的影响。有的家长忽视了自己作为子女"第一任家庭教师"的责任，在教育子女上，他们不注重给孩子创造一个良好的家庭环境，整天打麻将、玩扑克；有的孩子的父母，常常拌嘴打架，甚至草率离婚，这都会影响孩子的学习。

家庭不和睦。生活在一个经常吵架、闹矛盾的家庭，孩子会心事重重，而无心投入学习。由于家庭高度紧张的气氛，会使孩子丧失安全感，从而产生焦虑，那么孩子就可能无法再对学校和学习发生兴趣。

孩子没有掌握正确的学习方法。这类孩子在学习时常常很难集中注意力，他们不会把新旧知识串联起来；不知道选择重点内容去学习；无法将学过的知识与现实联系起来。无论他们怎样努力，考试成绩还是不理想，这样他们面对繁重、枯燥的课业，自然会产生厌倦情绪。

部分教师师德缺失,教学水平不高。有些教师喜欢成绩好的学生,排斥成绩差的学生,致使大部分成绩不怎么好的学生产生了厌学情绪。还有的教师水平不高,教学效果与学生的期望值相去甚远,使孩子对学习失去兴趣。

教育·小·贴士

面对孩子的厌学,父母要用发展的眼光看待孩子。鼓励他们进步,帮助他们端正学习态度,改进学习方法,调动孩子的学习主动性,使孩子尽快从厌学情绪中挣脱出来。同时,父母要严格要求自己,为孩子起表率作用,要尽量营造积极进取的家庭氛围,使孩子专心致志地投入学习中去。对待学习差的孩子,要切忌急躁,要看到孩子的优点,鼓励孩子一步一个脚印地前进。

二、偏科孩子的幕后隐情

> 目前为止,中小学生的偏科现象普遍存在,而且日趋严重,让老师感到担忧,让父母感到头疼,就连孩子自己也感到深深的无奈。

学习偏科,作为中学生学习过程中普遍存在的现象,一直以来都令家长们感到头痛不已。

那么,什么是偏科呢?不论成绩多好的学生,也不能保证门门功课拿第一,这种现象并不能称为偏科。真正的偏科,是指某几门科目掌握得很好,在全班甚至全校都是名列前茅的,但某几门科目却处于中下游水平或者更低。造成这种各科成绩不平衡现象有众多原因,其中包括社会、学校、家庭、观念及心理等各种因素。让我们来看一组调查数据。

据不完全统计，浙江省宁波市北仑区某重点中学高一共有近600名学生。对12个班中的某两个班级学生的各门成绩进行抽样调查，同时参考任课教师的意见和学生本人的看法。调查结果显示，在100名学生中有将近30%的学生存在着偏科或严重偏科现象，而偏理科现象又尤其突出。

偏科现象在孩子们中间普遍存在，孩子的偏科也会引起家长的焦虑。那么，究竟是什么原因造成孩子的偏科呢？

心态问题

学生自身的心态也造成偏科现象的产生。有的学生对自己较为薄弱的科目，并不安排较多的精力和时间复习、巩固，仅凭自己的喜好安排。久之，他不喜欢的科目成绩越不好，他就越不愿学，从而形成恶性循环。

在学习态度上，有的同学用在不感兴趣科目上的时间并不多，不好好听讲，作业能糊弄就糊弄。而用在感兴趣的科目上的工夫却很多，从而造成了不同科目成绩的差异。还有的同学由于某个科目总是学不好，就对这个科目产生恐惧和排斥心理，成绩也就会逐渐下降。一旦学生出现了偏科，且得不到正确的帮助和引导，就容易形成偏科和讨厌该科的恶性循环。

有一名高三的学生，他的薄弱科目是数学，平时也最讨厌数学课。在课后的复习中，他总是把数学放在最后，这时已经没有多少精力了，常常一复习数学便困倦了。就这样，他的数学课越落越多，成绩下滑得厉害。他现在充满了困惑，怎么办呢？放弃数学吧，不行，这是主课，没有这门课的分数考不上大学；继续坚持吧，他又怕拿不到多少分数。

就如同这位高中生一样，很多偏科孩子遇到的问题并不是出在自身的能力上，而是出在他们对待"瘸腿"学科的心态上。因为他们恐惧这一学科，所以他们越来越不愿意学。可以说孩子所面临的真正挑战不是"瘸腿"学科本身，而是他们自己。孩子对"瘸腿"学科的恐惧和逃避，使得孩子不自觉地将这一学科的复习放到最后。因此，可以说是恐惧造成了孩子的偏科。

此外,学生偏科往往也是由于兴趣差异造成的。兴趣是学习的动力,学生一般都比较重视感兴趣的科目,轻视或不学讨厌的科目。如果学生对某门课兴趣较浓,那么就会产生学习的动力,能主动积极地去学习这门课;如果对某门课兴趣较弱或没有兴趣,自然不愿在这门课上下多少工夫。很多老师说思想品德课、劳动课不好上,原因就是学生对这两门课没有多少兴趣,又不是考试科目,学生自然懒得去学习,有的索性放弃了这两门课。

教师及学校方面的问题

引起青少年学生偏科的原因中,教师和学校也是重要的一方面。由于有些教师上课死板、单调,引不起学生的兴趣;有些教师喜欢成绩好的学生而讨厌成绩差的学生;学校在任课教师的配置上不合理等。这些都可造成学生的偏科。

学生尤其是小学生偏科,一般受教师影响较大。学生偏爱某个科目往往是因为喜欢该科任教教师所致。如果偏爱某一科目,花大力气去学,那么该科学习成绩就会好,成绩好了,又强化了对该科的喜爱,这就形成了良性循环。

反之亦然,如果学生不喜欢某个老师,也就常常不会喜欢这个老师所教的科目,也不会花时间去学习,那么这个科目的学习成绩肯定会下降,从而丧失了学好这一科目的信心,形成恶性循环。

比如,某个学生喜欢语文,不喜欢数学。原因是数学老师动辄批评他,他对数学越来越没兴趣了;而语文老师则不然,每当他有一点进步时,老师就给他以鼓励和表扬,于是他越学越有劲。这样,数学便成了该生的"弱科",而语文则成了该生的"强科"。

杨伯最近很为孙子的学习偏科问题头痛。据杨伯说,孙子正在念初中一年级,学习成绩在班上向来都是中上,但近来却有一门主课成绩下滑得厉害。

问孙子原因，孙子只是说对那门课不感兴趣。初一是很关键的一年，如果打不好基础，那么以后就不好补了，会影响考重点高中。

后来，杨伯到心理诊所咨询。心理专家经过与其孙子交谈后得知，导致孩子对那门课不感兴趣的主要原因是在老师身上。据孩子说，上那门课的老师每天40分钟的课里，至少10分钟都在骂人，还有10分钟是在宣泄自己的不满。孩子看似是对那门课没有兴趣，实际却是对那位老师的行为不满。

孩子出现偏科的原因很大一部分责任得归结于老师和学校。调查显示，学生偏科主要是与不喜欢任课老师有关。一方面，有些任课老师喜欢成绩好的学生而讨厌成绩不好的学生，致使某些学生对任课教师不信任、不喜欢，会直接导致偏科现象的形成。比如有的教师上课提问时，总是喜欢提问几个成绩好的学生，而忽视了一些成绩不太好、上课又不爱表现自己的学生。另外，教师如果与学生沟通过少，也会使学生对教师有意见，久而久之，就会对这门科目形成偏见，从而出现偏科现象。

另一方面是由于教师的教学方法比较陈旧、单调，上课照本宣科，陈词滥调，激发不起学生的学习兴趣。还有的教师对学生进行体罚、变相体罚，或者和学生发生过正面冲突，也会影响教师在学生心目中的形象，甚至招致学生厌恶，于是产生了偏科现象。

从学校方面来说，现在的学校尤其是中学具有明显的"四多"现象：学生多、老师多、书多、科目多。在学校生活里，同学是新的，老师是新的，往往会使学生觉得新鲜，再加上老师经常轮换，就很容易分散学生的注意力。另外，孩子偏科有时也与班主任有关，学生一般都会比较重视班主任所教的科目，而班主任也可以较方便地占用较多的时间来讲自己所教科目，这也造成了学生偏科现象的产生。

对此，心理专家表示，未成年人的许多心理问题，表面上在孩子身上，其实往往是在家长、老师身上。比如孩子的偏科问题，家长一方面应该加强与孩子的沟通，让孩子把内心的不满说出来，并引导孩子正确面对；另一方面也可以与学校进行沟通，建议学校合理配置任课教师。

父母问题

孩子的偏科与父母的干预也有很大的关系。很多父母出于对孩子未来的就业问题考虑，而不顾孩子的实际能力和兴趣爱好，强行要求孩子去学一些对未来就业和发展有利的学科，结果造成了孩子对另一学科的厌恶情绪。

很多时候，家庭也成了促使孩子偏科的一部分因素。有些父母总是不顾孩子的爱好与专长，而以自己的意志为转移，要求孩子学一些不爱学的学科。尤其受到近几年来社会上颇为流行的"学好数理化，走遍全天下"的影响，很多父母对子女理科的重视程度往往大于对文科的重视程度。更有甚者，因为文理两科成绩势均力敌，不相上下，主动要求学文科的孩子，硬是在父母的压力与"循循善诱"之下弃文投理。

在我们身边就有这么一个例子。儿子在学校的学习成绩还不错，文科排名为十几名，理科排名为三十几名，在文理分科时孩子理所当然地填报了自己的长项——文科班。然而，在志愿填报最后敲定的那一天，他的妈妈却在儿子不知道的情况下，把儿子的报考志愿改为了理科。于是，儿子只能硬着头皮在理科班里挣扎、奋斗，两年后考大学时，儿子只考了个三本。

在我们的现实生活中，有很多家长，由于吃了"文理分科"这颗"定心丸"，过早地强调孩子某些学科的成绩。他们并未意识到偏科将对孩子造成的严重后果，反倒认为孩子的偏科无碍大事，没有必要文理两科的成绩都要好，只要能迎合社会与人才市场的需要就万事大吉了。

而且，有些家长通过媒体或一些小报消息得知，在未来几年里，学某一专业将会有利于毕业大学生找工作，或者是未来社会需要某种类型的人才。于是，他们就会千方百计地让孩子报考相关的专业，或者强迫孩子去学习某一学科。这样一来，不但抹杀了孩子的学习兴趣，使孩子不能学想学的学科，被逼迫去学不想学的学科，结果哪一科都没有学好。最终造成了"两极分化"越来越普遍，越来越严重，也就出现了文科生的逻辑思维能力一团糟、理科生的人文知识几乎为零的情况，也就是我们所说的"偏科"。

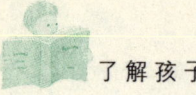

同时，家庭特殊的文化氛围和家长的某些兴趣爱好以及家长的职业差异也会诱发孩子的偏科。比如有些家长是音乐或美术老师，家庭艺术氛围浓厚，则孩子往往偏爱唱歌或画画；有些家长爱好体育，喜欢运动，则孩子就特别喜欢上体育课；有些家长是搞文学的，他们的孩子也会偏爱学语文。

智力差异及社会问题

如果孩子把所有时间和精力都投入到一两门自己感兴趣的功课上，而将其他学科丢在一边，就会妨碍孩子建立合理的知识结构，不利于学习的进步，及以后工作中的健康成长。

偏科的危害是有目共睹的。偏科容易在知识上产生缺陷，在学科方面出现"瘸腿"现象，直接影响升学考试的总分成绩。偏科也会影响其他学科的学习。因为各学科是相互联系的，缺一就会不协调。但是，在现实生活中，孩子偏科的现象是普遍存在的，所有学科能够一碗水端平的很少见。所以，我们在实事求是看待偏科的基础上，要积极找出孩子出现偏科的原因，进一步采取相应的措施，帮助孩子纠正偏科。那么，还有哪些原因造成孩子的偏科呢？

学生的智力差异。根据美国发展心理学家加德纳的多元智力理论，人的智力是多元的，每个人至少存在着的七种智力，而每个人的各种智力发展情况是不一样的。有的人语言智力发展快，表现在学习上偏爱语文学科；有的人数理智力发展好，学习上偏爱数学；有的人节奏智力比较强，在学习上就会偏重音乐学习等。可见学生偏重什么学科学习，与不同智力发展有一定关系。

社会原因。社会上的重理轻文现象，直接导致学生及家长对理科的重视及对文科的淡漠。社会有句流传广泛的俗语：学好数理化，行遍全天下。其影响显而易见，于是，出现了一些理科天才而文科平平或极差的人。

高考招生和就业方向的诱导。高考文理招生比例，从学生进入高中的那一刻起就产生了潜移默化的影响，以至于在学习的过程中自然而然地产生了一种倾向；同时，社会上大学生就业方向的选择，招聘单位的用人取向，也是中学生产生偏科的一方面原因。

学习方法失误。很多孩子偏科的最直接原因就是没有得当的学习方法。比如有些孩子在做题的时候，对于不擅长的科目，常常是一上去就选那些太难的习题做。而由于自己这个科目上基础差，做难题只会浪费时间，摧毁自信心，对"瘸腿"科成绩的提高没有多大帮助，所以偏科只能持续下去。

单亲家庭因素。根据科学家的研究，单亲家庭长大的孩子，如果没有爸爸，数理化的成绩通常不太好；如果孩子没有妈妈，这个孩子通常在艺术方面造诣比较差。所以一个家庭失去一个父亲或者母亲，孩子容易形成偏科，不是理科不太好，就是文科不太好。

教育·小·贴士

孩子偏科，家长应正确对待。首先，家长要从大的方面引导，让孩子认识到社会需要的是复合型人才，综合素质才是衡量学生的最佳尺度等，不能让孩子产生对偏科的认同心理。其次，面对偏科的孩子，家长必须针对孩子的自身情况，帮助孩子找出原因。同时，父母还要鼓励孩子在弱势科目上的点滴进步，如课堂发言、读书笔记等，引导孩子主动去接触弱势学科，加强对弱势学科的日常学习；也可以从相关学科中找出突破点，进而带动弱势学科的提高。

三、水深火热的考试焦虑

> 随着中高考的临近,复习节奏的加快,面对着繁重的学习任务及人生前途、理想的重大抉择,许多考生心理负担过重。一些考生因不适应不可避免地会出现各种心理障碍,其中考试焦虑即为最普遍的一种。

我们经常看到,有些平时学习成绩优秀的同学,在中考或高考中由于过分紧张以致发挥失常导致考试失败的案例。有关调查表明,高三学生考试前18.58%表现出不同程度的焦虑,25.38%的学生高考期间出现严重的心理障碍,而女学生在考前坐立不安的占一半以上。如此看来,考试焦虑已经成为学生学习与生活中最为常见的心理障碍之一,也是考生、家长和教师最为头疼的问题。

通常,考试焦虑可以分为低度焦虑、中度焦虑和高度焦虑。不同层次的焦虑对学生学习的影响不同。焦虑的程度与考试效果之间关系是"倒转的V形"曲线。中等焦虑为适度焦虑,有助于保持和提高大脑正常的兴奋和感受刺激性。它尽管能给学生心理带来一定的紧张和压力,但能促使学生处于积极思维状态。因此,可以说适当的焦虑对学习和考试具有促进作用,它能调动各方面力量处于一种"临战"状态,使学生做好准备。而没有焦虑或焦虑过度反倒会影响考试的成绩。因为过度焦虑会使考生无法集中注意力,使考生不能发挥出自己的真实水平。如果长期处于过度焦虑之中,就会导致学生情绪不稳定,产生焦躁或抑郁,缺乏信心,影响身体健康。因此,作为父母,对这样的问题不能熟视无睹,重视起来并研究其原因是很必要的。

心理压力过重

"望子成龙,望女成凤"是目前中国父母较普遍的思想。有的家长在中考或高考前过分强调分数的重要,规定孩子拿多少分,给学生造成沉重的心理压力,使学生时刻牵挂着成败得失,影响心境和正常思考。

学生出现考试焦虑的一个重要原因就是所承受的心理压力过重。心理压力主要来自父母的高期望和老师的高期待。父母在学习上不断地施压导致孩子感到肩上的担子沉重,一旦难以达到父母的目标和要求,就容易出现焦虑。教师也一样,往往对学生的成绩充满期待,希望学生能考出好成绩,为学校和老师争光。这种期待无疑会给学生增添压力。

有一位高三的学生在面临高考之际经常感到苦恼。在高一时,他的学习成绩很好,一直名列前茅,在年级也是前20名。到了高三,就糟糕了,常心烦意乱,无法安心复习。高三前半年的时间几乎都浪费了,没有学到多少东西。在第一次模拟考试时,刚坐下来,就头晕目眩。结果他的成绩,在全年级只排在120名,他对自己这种不争气的状态又急又气,特别是想到其他同学能专心致志地复习,学习成绩日益进步时,更恨自己,恨自己没有办法集中精神,恨自己辜负父母、老师的殷切希望。

现在的父母对孩子的期望水平普遍过高。有位重点中学的学生说:"我害怕看到父母期待的目光,我怕考不出好成绩,令父母失望"。还有些父母因为对孩子充满高期望,所以更加提高了对孩子的要求,结果导致孩子因达不到父母的要求而对学习和考试产生厌烦和焦虑。

另外,过重的学习压力也可以造成孩子的考试焦虑。很多学校为了片面追求升学率和优良率,逼得老师不得不通过大量的练习,加大做题的分量来提高学生的成绩。因此,中小学生的课业负担并没有真正得到减轻。因为课程增多、内容加深、作业量大、考试频繁,小测验、单元考、期中考、单科比赛、期末考等不断,给整天为学习所困的中小学生增添了不少的心理压力。

同学之间的竞争也是一个不可忽视的因素。这种竞争在优等生中表现得更为激烈，而且越是学习好的学生，就越害怕有人超过自己。大家你追我赶，暗中较劲，有的学生甚至每天加班加点学习到深夜，长期的紧张和疲劳都可以导致考试焦虑的产生。

心理的失败定势

有些考生因为一次或几次的考试成绩不理想之后，就常常担心这次也考不好。这种负面的心理暗示，大大影响了其智力发挥，使其不能有效地进行复习，令心里更加不踏实，这样很容易产生恶性循环。

孩子产生考试焦虑还可能由于心理的失败定势。当学生曾经历一次或几次的考试失败而产生恐慌，对应试过程失去把握，或者对个人能力的估计过低而对考试难度的估计却很高时，便会形成较强的考试焦虑。这往往是考生对自己自信不够的表现，他们甚至有些自卑，只因为一两次的失败，就在心理产生了一种失败暗示，认为自己确实考不好，以后也不会考好。

有一位高中女生，在初中时学习成绩一直很好，被视为父母的骄傲，老师的自豪。但进入高中后，由于人外有人，强中更有强中手，她发现自己在班里的成绩仅仅处于中等偏上的水平。于是她开始拼命学习，希望自己能把成绩提上去。可同时她的内心又产生一种恐慌，害怕自己的水平有限，达不到初中时的水平。一年后，这位同学惧怕考试了，甚至一面对考试，她就会产生轻生的念头。

研究表明，初次考试失败后的恐惧心理，很容易导致考试的畏难心理及自我认识的偏差。因此，当孩子有过考试失败的体验后，就很容易出现"一朝被蛇咬，十年怕井绳"的情况。每遇到考试心里就会产生"千万不能紧张"或"这次我肯定又考不好了"的念头，这种负面的心理暗示也会增加焦虑的情绪，从而走向自我否定的极端。

而这种学生往往是在小学或初中时，学习成绩非常突出的学生，一直为

父母、老师和同学称赞。他们为了保持自己的荣耀，常常会过高地要求自己。但他们不知道，在升入初中或高中后，身边会高手如云。一旦出现一两次考试成绩不理想，就会感到烦恼和害怕，害怕下次考不好，害怕被人看不起，于是焦虑产生了。

一个学生如果把考试看做是决定自己前途、命运的唯一出路，并且对自己应付考试的能力估价过低，其考试焦虑水平必然过高。如果一个学生将考试只看做检验自己学习情况的途径，并对自己的能力有一个客观的评价，其焦虑水平便不会很高。

心理素质不良

考试焦虑是一种情绪反应。当学生意识到即将面临或正经历的考试对自己具有某种潜在的威胁时，就会产生紧张的内心体验。这是学生安全需要不能得到满足时的应激反应，也是学生学习的心理障碍。

有些学生的心理素质非常差，存在如胆小、懦弱、敏感、害羞、期望值过高、自尊心过强、内向等性格缺陷。因而当他们考试遭受挫折后，便陷入了苦恼，为自己的失败感到羞愧、失落、自卑、自责。这些都会使其在考试的时候过分紧张与焦虑，一走进考场，就会手忙脚乱，不知所措，结果会的也做不出来了。

一位高三女生，平时学习成绩不错，作业和小考成绩常常是优秀，经常得到老师的表扬。但每到期中考试或期末考试，情况就变得非常糟糕。特别是进入高三以后，几次重大的考试她都没有发挥好。平时有同学向她请教问题时，她思路敏捷，作答从容，而一到大考，她的沉着冷静、快速敏捷便没有了踪影，本来很简单的问题，可就是怎么也解不出来，甚至还会出现马虎、看错题等情况。为此，她陷入了极度的苦恼之中，感到很羞愧，很自卑，她害怕老师不再信任她的能力，害怕同学会嘲笑她一到实战场合就不行。

研究表明，大多数人在参与竞争的过程中学习和克服困难的毅力会明显增强，也就是所谓的越挫越勇。然而，过于频繁的激烈竞争，会使一些心理素质差的学生越挫越对自己缺乏信心，从而产生怯场、紧张的心理状态，对这些学生来说，竞争不仅失去了激励作用，反而有损学生的身心健康。

另外，一些胆小怕事、没有主见、有敏感或多疑性格的学生，平时养成了做事瞻前顾后、左思右想的习惯，所以很难以平常心来对待考试。因此，对考试比一般同学要紧张得多。尤其是那些有焦虑情绪而平时学习较好的学生，平时就不断给自己制造紧张气氛，在中考或高考时则表现得更紧张、更焦虑。

还有一些心理承受能力非常差的学生也很容易产生考试焦虑。这种学生有着极强的自尊心和虚荣心，对自己寄予了很高的期望，却又承受不起失败和挫折带来的打击和伤害，一旦遭遇失败，就很可能一蹶不振，所以他们绝对不能容忍自己失败。这样在面对考试时就会时刻提醒自己要考好，结果是越在意就越紧张，从而引发焦虑。

社会现状的影响及知识掌握不牢固

考试是在竞争状态与一定压力条件下进行的教育与心理活动，所以大多数学生在应试的时候都会产生焦虑。适度的考试焦虑，对唤起大脑皮质的兴奋，集中注意力，活跃思维是有积极作用的，但过度的考试焦虑则会导致学生认知能力下降，干扰正确地分析和判断，影响学习成绩，并对健康造成严重的威胁。

考试是检验学习结果的方式，要独自面对，有的人还要承受失败。而这对于一些心理尚未成熟的孩子来说，的确是一种挑战。所以，从某种意义上说，孩子面对的考试焦虑也是面对成长的焦虑。虽然大多数人有自己的办法把考试焦虑控制在合理范围内，但还会有少数人由于种种原因出现了过度的焦虑。那么，导致考试焦虑的因素除上述几点外，还有哪些呢？

社会现状的影响。由于社会上的一些用人单位存在重文凭、轻能力的现象，再加上目前我国的政策、体制还不够完善，学生缺乏自由选择职业的机会，因而才有那么多的学生拥挤在升高中、上大学的独木桥上，这也给参加重要考试的学生带来了严重的焦虑情绪。

复习准备不够充分。考前老师常常会指导学生复习已学过的知识，为考试做准备。但是有的学生平时不好好学习，复习时又三心二意，偷工减料，抱着侥幸心理，企图靠猜题、押题蒙混过关。待到考试临近，才发现自己还有那么多知识没有复习到，心中没数、忧从中生。考试中一旦遇到没有复习过的题，更是惊恐万分。

对知识掌握不扎实。在平常的学习中缺乏计划，没有找到有效的学习方法，也就预示着对所学知识的掌握不会很好。而且这样的学生一般难以对学习树立起信心，心里有一种预期的紧张，对未知的考试结果过分担心、期望和关注。在这种心理的状态下，自我调控能力下降，自信心不足，总处在一种紧张状态中，考试时必然会导致焦虑产生。

考前气氛紧张。初三、高三的学习氛围好像一场战役在即，许多学校"倒计时"的做法又给人感觉是"步步逼近"。能否考上重点高中，上什么样的大学，分数是唯一的标准，在此有一搏的心理。另外，周围同学的努力、进步乃至分数也是一个参照系，唯恐自己落后，这样必导致心理紧张。正如一位考生所说："人生能有几回搏，今日不搏何时搏！"考生的紧张气氛由此可见。

教育·小·贴士

父母要引导孩子认识人生中要经历许多大大小小的考试。这些考试只不过是对平时所学知识的检验，一两次的失败并不是衡量自己学习质量的唯一标准，而应正确对待，抱有"胜败乃兵家常事"的平常心，并善于从失败中总结经验教训，不断完善发展自己。父母要多给孩子关心和鼓励，正确对待孩子的成绩，不要把考试看得过重，要让孩子明白努力比分数更重要。同时，培养孩子承受挫折的能力，体验成功，让孩子带着乐观、愉快、轻松的心境去学习。

 了解孩子

四、谁，制造了这些"后进生"

> 后进生成绩差往往是因为基础差，缺乏信心造成的。平时在学校经常受到老师的训斥挖苦，还不时地受到同学的嘲讽，使他们对自己失去信心，在学习上、交往上表现出孤僻的性格，这些都是造成他们学习迟迟不进的重要原因。

在中国自古以来已成定式的教育理念中，无论是家长、老师，还是孩子，都太习惯于用优等生和后进生、好学生和坏学生来评价同学和自己。但是究竟什么样的学生算是后进生呢？学习不好、调皮捣乱或不够聪明就是后进生了吗？其实这是需要具体情况具体分析的。

一般来说，后进生就是那些学习成绩比较差的学生。他们具备一个学生应具备的基本条件，他们的本质特征是既落后又能进步。他们不至于违法犯罪，但小问题不断，违反校纪校规乃是家常便饭，且有屡教不改之特点。他们自制力差，大多对事物有正确的评价、判断，但不能以此来要求自己。他们虽自卑但自尊，常因自己的所作所为和他人的评价而产生自卑感，但又很难容忍别人看不起自己，表现出较强的自尊心。这是一种很矛盾的心理。

任何事情都有因。要想得到有效的果，就应该找到因。因此，后进生也并非天生就是后进的，他们沦落为后进生也是有一定的原因的。那么，是谁制造了这些后进生呢？

不健康家教环境的不良影响

后进生的成绩差，很重要的一个原因是家长对他们的期望值过高。他们尽力了，可成绩还是不如意，总是换来批评，从而产生厌学心理。

在我们的现实生活中，很多父母都希望自己的孩子能够成龙、成凤，于是把所有的心思全都用在了孩子的学习成绩上。一旦孩子考得不理想，父母就会怒火中烧，对孩子责骂加数落，若觉得还不过瘾就拳脚相加，结果把一个原本聪明、有前途的孩子打得自卑、懦弱，恐惧学习，恐惧考试。

有一个男孩，他的父亲是一位乡村医生，母亲是淳朴的农民，全家把希望都寄托在孩子的身上。男孩头脑非常聪明，只要稍一努力，成绩在班里就数一数二。但是他有一个特点就是很贪玩，所以每次考试成绩都不是很理想。于是父亲就会把他吊在房梁上，用皮带狠狠地抽打他。起初受过皮肉之苦后，男孩开始努力学习，可是没过多久，他又开始贪玩，结果难免又一顿毒打。后来孩子变得胆小、孤僻、自卑，一说学习，他就会手足无措，六神无主。越是这样越学不好，越学不好就越是挨打。结果孩子干脆破罐子破摔，说什么也不学了。

很多父母"望子成龙""望女成凤"心切，但往往缺乏科学的教育方法。对后进生成绩不满，却不进行悉心教育，而一味地对孩子棍棒相加、简单粗暴或对孩子恶言恶语，把孩子说得一文不值。孩子在"棍棒"下自尊心受到严重打击，在嘲讽中觉得自己一无是处，从此对学习失去信心。由于自信心的丧失，他们更把学习看成比登天还要难的事情，于是连尝试都不敢了。

由于家长对孩子粗暴的家教方式，使孩子在恐惧中疏远了对家长的感情，觉得自己失去了家庭的温暖，逐渐产生了自卑心理，觉得自己总是低人一等。于是自然而然地把自己封闭起来，在学习上不敢请教老师，生活中不敢向家长敞开心扉。这样，学习成绩必然无法提高。

有些孩子的父母由于性格不和等原因，经常不顾孩子的感受而吵架、拌嘴，对孩子的关心和照顾非常少。孩子体会不到父母的关爱、家庭的温暖，无法忍受家中无休止的争吵，从而变得性格孤僻、感情脆弱、心理自卑，对学习也失去了兴趣。

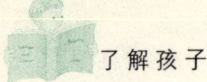

因受歧视而产生对抗情绪

后进生也是有自尊心的。他们也很爱面子，他们也不愿意接受父母的指责，老师的批评，同学的挖苦。于是，他们常常会表现出一种对抗情绪：要他往东，他偏往西，要他打狗，他偏撵鸡。

自尊心人皆有之，后进生也不例外。但是由于在他们的生活经历中，受到的指责多于赞扬，不是批评、训斥和同学的讽刺、挖苦、嘲笑，就是家长的责备、打骂。因此，他们往往有较严重的自卑感，觉得比别人差一等、低一头，信心不足，自暴自弃，甘居下游，个别的甚至破罐子破摔，与老师、集体对立，采取粗暴无礼的反抗态度，一摸就跳、一触即闹。

有一个男孩，学习不好出了名，又很赖皮，老师都拿他没办法。他留着一头长发，衣服总是脏兮兮的。每次课上都会影响老师的正常教学秩序。他上课喝水、说话、借东西，课下常因小事与同学发生口角，甚至打架，作业经常不交，课堂笔记也是抄同桌的。后来校长亲自找他谈话，在谈话中他这样说："虽然我是后进生，但是我也有人格尊严。同学的歧视，老师的冷落，甚至辱骂，父母的体罚等都让我感到人格受到了侮辱，所以我才表现出一种反抗情绪。"

后进生通常是集体荣誉的破坏者。同学都讨厌、害怕他们，不愿意和他们亲近，即使他们有过积极改正错误的表现，但也常常难以得到老师和同学的重视、信任和鼓励，因而他们在心理上产生了对抗情绪。

另一方面，他们又很要面子，害怕和反对老师或家长在众目睽睽之下的批评，特别对他们"翻旧账""揭老底"的做法十分反感。因为后进生并不满意自己所处的后进地位，内心深处还是埋藏着要求进步的种子的。但是由于后进生大多学习成绩比较差、表现又不好，所以经常成为老师批评、家长打骂、同学嘲笑的对象。

为了表示不满与反抗，他们在外表上往往表现出傲慢骄横的样子，而其内心却又常常轻视自己，把自己看得一无是处，觉得自己处处不如人，对自己缺乏信心。久而久之，形成了强烈的"表里不一"的心理特点。表面上对别人的批评和讽刺满不在乎,内心的深层次里还是希望自己能够取得进步的,表面上对人对事漠不关心、不太合群,内心却渴望友情、理解、尊重、支持和信任。

生性懒惰,不爱学习

生活条件好了,却造就了一批懒惰的孩子。他们贪图安逸,追求享受,甚至连问题也懒得去思考。可以说现在的孩子学习不好不是智力差,而是面对学习的惰性太强。

有些后进学生,并不是先天智力差,而是由于学习中的惰性造成的。其原因不外乎孩子贪玩,缺乏上进心。学习稀稀拉拉,动作迟缓,喜欢拖延,边学边玩,作业完不成,成绩总落后。

一个从小就生活在富裕家庭里的孩子,整天过着衣食无忧的生活,什么事情都由父母来代劳,甚至学习的时候还要父母把他的书本拿出来摆放好。由此,他便养成了懒惰的习惯。什么事都懒得动手,甚至也懒得学习了。课上从来不记笔记,老师提问他也懒得思考,结果一做题就卡壳。父母对此很担心,就经常督促他学习。可是要他看书,他不是喊困,就是喊累,要么边学边玩,要么学一会儿就去吃点零食。做题时,一道很简单的题目,他也不愿意独立思考,不是找妈妈来帮助分析,就是借来同学的作业抄袭答案,以应付了事。于是,他的成绩一直徘徊在班级的最后面。

有些学生的依赖性非常强,独立思考的能力比较差,课堂上疏于记录,学习过程中又懒于思考,只满足于一知半解。这样,在遇到难题时就无从下手。得不到解决的问题经过日积月累,越来越多,面对这么多的问题,他们更显得信心不足,束手无策。于是只好走捷径——放弃或逃避思考问题、解决问题的机会。这样,懒惰的心理便开始滋长。

一些家庭经济收入较好的孩子,整天衣来伸手,饭来张口,什么事都有大人一手操办好了,久而久之形成了他们懒惰的习惯。在学习上也是如此,由于他们具有更多的升学就业机会，生活上压力也不大；加上自费生的出现，更助长了部分学生和家长有钱就可以上学，学好学坏无所谓的思想。结果导致很多家庭富有的孩子因为无人管束，而形成贪玩、懒散的行为习惯，他们根本不会把学习看得非常重要。

另外，还有一些学生受新时期的"读书无用论"影响，"成绩好、差问题不大，能赚钱就能发家"。这些不良舆论严重误导了他们的思想，使他们更是疏于读书，整天懒懒散散，如同"小和尚撞钟"。

意志薄弱，自暴自弃

后进生常常令老师头痛，令父母无奈。可是老师和父母却不知道后进生就如同缺乏肥水的禾苗，沾着污垢的玉石，既有阴暗的消极面，又有潜在的闪光点。他们同优秀生、中等生一样渴望进步，也能成才。

无论在哪一所学校中，都或多或少地存在着一些所谓的后进生，他们对老师和家长而言是一个难题。甚至有的后进生还被认为是朽木不可雕也，于是被置于被人忽略的角落里。其实，学习上的后进生并不是无药可救，只要探究到他们后进的真正原因，就可以对症下药，让后进生变成优等生。后进生成绩差的原因是复杂多样的，除上述几方面原因外，还有以下几点。

意志薄弱，难于坚持。后进生通常自制能力差，在学习上缺乏持之以恒的坚强意志。有相当一部分学生并非缺乏学习动力，也具有学好功课的愿望。但"常立志，而不立长志"，想起来就痛下决心，认真学习，三分钟热度过后，就又放弃努力，对自己行为的控制能力差。由于缺乏恒心，意志薄弱，在学习上表现为得过且过，久而久之就放弃了努力。

自暴自弃，消极对待。有些孩子的学习成绩在短时间内还不错，但经历一次或几次失败后，经过努力成绩仍然没有得到提升。这时候，孩子就会对接二连三的失败感到束手无策，甚至开始怀疑自己的能力。在屡屡失败后，他们便开始自暴自弃，消极地对待学习，甚至想放弃学习。

害怕上课,畏惧老师。有些学生很不安分,在课堂上总喜欢说话,搞小动作以引起老师和同学的注意。然而他们的举动又常常被老师认为是扰乱课堂纪律,对其进行责骂和惩罚。这让孩子感到担心、恐惧,从此害怕上课,畏惧老师,对老师失去了兴趣和信心,自然对学习也失去了兴趣和信心。

老师对后进生过重施压。由于个体发展差异,学生在学习成绩上的差异也是自然的。有的老师为了追求高优秀率、合格率,就对后进生施加压力,仍得不到效果时就采取强硬手段。这样,使后进生进一步丧失了自尊心和自信心,从而更加厌恶学习。

缺乏学习动机和学习目的。后进生往往没有明确的学习动机和学习目的,学习还没有成为他们的内在需要。多数是为了应付考试、应付家长、应付老师而学习,对自己没有什么高的要求。由于缺乏强烈的求知欲和好奇心,他们对学习没有什么兴趣。

教育·小·贴士

作为父母,对后进生一定要消除偏见。不要动不动就挖苦、讽刺、打骂孩子,而是要充分信任自己的孩子。要善于捕捉孩子身上的闪光点,给予肯定,并对孩子取得的一点点进步及时给予表扬和鼓励,使他们心理上得到满足。父母要鼓励孩子扬长避短,以充分发挥自己的才能,以此照亮孩子的那些偏"暗"的方面,同时还会让孩子找回自信和自尊,以确保身心得到健康的发展。

五、复读生福兮,祸兮?

高考战场的"硝烟"已经散尽,考生中有"拼杀"的胜利者,跨入了大学的校门。也必然有一批战场"失利者",要面临再次的人生选择。他们中有一大部分要再次回到学校,成为为数众多的高考复读生,参加下一年的高考。

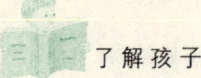

十几年的寒窗苦读,随着高考的结束而暂时告一段落。不知有多少落榜的学生面临人生第一次挫折,心灰意冷,后悔不迭,情绪状态也跌入谷底。如果老师和家长不注意转化孩子的不良情绪,那么,进入下一轮备考的状态肯定不佳,下一年的高考可能会再次跌入人生低谷。

2007年10月10日世界精神卫生日刚过不久,新闻曾报道一起复读生服毒的不幸事件。这再次给老师和家长们敲响警钟:复读生的心理健康不容忽视!

近几年来,高考复读的人数猛增猛涨,他们有的参加了高考补习班,有的直接插班就读。他们都曾为高考的失败而深感痛苦,但是他们为自己还有机会参加复读而感到庆幸,于是倍加珍惜。他们摩拳擦掌,"磨刀霍霍",希望通过再次的努力实现自己的理想。然而,没有想到的是他们却陷入了另一种水深火热之中。他们因为是复读生而得不到学校与社会的关注,有很多学校根本不把他们当作在籍学生对待,致使很多复读生不能像其他学生那样享受优质的教育资源。

对复读生来说,这究竟是福还是祸呢?应该说有福,也有祸,但祸大于福吧。由于受到外界及复读生自身因素的影响,他们承受了太大的心理压力,出现了不同程度的心理问题,进而陷入无法自拔的心理困境。那么,复读生的"祸"是缘何而起呢?

因一次失败就灰心丧气

很多孩子在进入复读后,尤其是经过几次考试,进行横向比较后,压力渐现,各种问题也渐渐暴露。学习上的、思想上的、习惯上的,接踵而至。面对成功与失败、过去和将来,他们常常在困境中不能自拔,要么悲天悯人,要么一蹶不振。

复读生很容易因一次升学考试的失败而灰心丧气。自认为"我不如别人""我很没用"等。同时,在复读过程中每当有同学比自己成绩好或一连

几次考试不理想时,就更加认为自己不如别人,甚至认为自己一无是处。他们还会把考试失败的影响扩展到生活中去,一旦遭遇到挫折就对自己的能力产生怀疑,或产生很强的自我防御心理不敢去正视问题。

曾有一名复读生这样写道:我是一名复读生,从一所普通高中来到这所重点高中复读,这是需要代价和勇气的。这所按成绩排座位的学校,从前到后,从中间到两边,从第1名到第103名,如此推下去,我就被抛在远离黑板的大后方。所幸这是一个复读班,103名学生都是复读生,谁也不比谁高多少,但依旧能感受到有种鄙夷的眼光在盯着我看。同桌总会恨恨地说:瞧他那样,尾巴翘到天上去了,不就是原来也读重点高中的嘛,不一样是复读生?同桌说的是排在第1名的那位同学,听说他去年考得并不差,可人家不想去,人家今年的目标是北大。感叹,相比之下自己真的是太没用了,只能够把眼睛还有心思放在书本上……

在高考中"落水"的复读生,由于经历了高考失败的打击,他们考前的自信和与同学平起平坐的平等感已经荡然无存。面对高考失败的现实,他们对自己的能力产生怀疑;看到那么多比自己强的同学,他们深感高不可攀,于是产生自卑感。在家中,他们感觉无法面对父母;在周围亲邻中,总感觉低人一等;在同学朋友中间,又觉得技不如人。

除了高考失败的打击之外,起点低、基础差是一些低分考生自卑的另一个原因。从某种程度上说,有一些低分考生和其他同学并不是站在同一个起跑线上的,这部分复读生学习底子薄、基础差,自卑在所难免。在这方面,高分复读生要好一些,因为他们虽然没有进入理想的大学,但手里有一个比较好的高考成绩,感觉底气十足。

另外,还有些复读生把身边的每一个同学尤其是成绩优秀的同学都视为自己将来高考潜在的对手,还有一些心存偏见的老师把复读生与应届生区别对待,使他们缺乏安全感。可以说,正是这些负面心理困境的综合作用使得复读生心绪不宁,难以做到心静如水地专心复读,健康科学地面对高考。

承受较大的心理压力

几乎每年都有一些复读生，本身素质不错，平时学习成绩也很好，但由于心理压力过大，而影响了能力发挥，未能走进理想的院校。

复读生之所以陷入心理困境，还由于受到来自学校、社会、家庭与自身的压力。在复读班报名现场，经常听到众多家长问得最多的是：一年能提高多少分？能不能保证明年上重点线？家长的心态，无形中就给复读生增加了压力：明年要比今年强，一定要上重点线。在这样的心态下学习，一些复读生对成绩患得患失，对学习高度焦虑也就不足为怪了。

有一位重点高中的复读生，在参加复习班两个月之后竟然离家出走了，只在桌子上留给了父母一封信。她在信中是这样写的：爸爸妈妈，我走了，请原谅我辜负了你们的期望。尽管我一直在努力，可这次模拟成绩仍令你们很失望。于是，我再次遭受你们的责骂，那一刻，我想到了死。其实，我很珍惜这一次在重点高中复读的机会，这是父亲求爷爷告奶奶四处托人送礼，最后用7000块钱买来的，这我也许一辈子也忘不了。即使有时候我会忘记，父母也会声色俱厉地重申：你必须得给我好好考，要对得起这7000块钱！我知道，这7000块钱对于我们这样一个年纯收入超不过万元的家庭来说，意味着什么。可是，我的压力太大了，父母的期望，老师的白眼，同学的偏见，让我感到压抑……

大多数父母都希望自己的孩子能够通过复读这次补救机会考上理想的大学，于是他们对孩子寄予了非常高的期望。然而一两个月不见孩子成绩有长进就坐不住了，开始喋喋不休，数落孩子平时不用功，有的甚至对孩子责罚加恐吓，以给孩子增加筹码，"你就得明年给我考上某某大学！" "你就应该给我考500分！""明年再考不好可小心点！"结果使家庭气氛紧张、压抑，孩子整天处于恐惧、焦虑状态中，又增添了很多心理压力。

很多复读生在准备复读前都会提出这样的疑问：如果明年考得不如今年怎么办？复读一年太累了，压力太大了，我能受得了吗？其实这些都是

高考失利造成的心理后遗症。复读生从不看自己的有利因素，相反把所有的不利因素都扛在自己的肩上，甚至无限地夸大这些不利因素，并信以为真，造成恶性循环。拿自己假设的不利理由来给自己施加压力，学习当然不会太轻松。

此外，学校管理者和任课教师对复读生的不公平态度；同学们对复读生的偏见；人们对于高考存在着一些不合理的认识或信念，似乎考取大学是衡量学生学业成功与否的关键标尺等，这些不合理的社会文化观念的影响，使复读生更加感到自己是一个失败者。

淡漠的人际关系

很多复读生陷入无法自拔的心理困境还与其人际关系淡漠，缺乏归属感与安全感有关。由于他们的特殊身份和经历，使得他们具有很强的戒备心理，导致很难融入一个新的集体中，自然影响到身心健康。

在复读生中，有很大一部分同学很难与新的集体融为一体，他们同学关系冷淡，师生关系疏远，甚至有些复读生还会出现自闭的心理。此外，他们还缺乏安全感，身边的老师和同学都让他们心存戒备，还有一些成绩优秀的同学也被当成是自己将来高考潜在的对手。

李彦第一年高考时成绩不太好，没有考入理想的大学。于是父母想方设法把他送到邻市的一所重点高中复读，离家有几百里地。李彦所在的班里全部都是复读生，大家都来自不同的学校。一次，李彦的母亲特地来看儿子，她发现儿子每天上课、吃饭、睡觉都是一个人独来独往，似乎与同学相处得不是很好。于是，母亲询问儿子是何原因。儿子回答说，不光是我和大家关系冷淡，同学们之间都是这样，对彼此的木然都已经习惯了。另外，可能是大家都存有戒备心理吧，不只是淡漠同学，和老师也不怎么沟通。

复读班的整体气氛与普通班相比有很大不同。由于复读班的学生是为了共同的目的而临时编集到一起的一个集体，他们大多来自不同的地区、不同的学校、不同的班级。所以，复读班的同学们普遍缺乏集体观念，尤其在入学后的前三个月，他们的人际关系非常冷淡，同学之间缺乏交往，很难形成一个融洽的班集体，几乎是"你干你的，我学我的"。

而且，在和老师的关系上，很多同学对老师缺乏信任，不主动与老师沟通。出现这种情况的原因要从两方面分析。一是部分复读班的学生轻视老师、对个别老师有抵触情绪，老师的建议根本听不进去。出现这样的情况也属正常，毕竟复读班不同于普通高三，这里的同学来自不同的学校，不知道各自的水平与背景，老师也是新面孔。在这样一个全新的环境中，同学们缺乏安全感，对谁都不信任，表现就会比较淡漠、自闭。另一个原因是有一些心存偏见的学校管理者和任课老师把复读生与应届毕业生区别对待。他们常常把最优质的教育资源分配给应届毕业生，而没有给复读生以公正的待遇。这也会让复读生感到缺乏归属感和安全感，从而疏远老师。

复读生陷入心理困境的其他原因

对复读生来说，复读，是一个坚持的诺言，平凡的课程需要用一年的时间重新学习。对复读生来说，复读也是一段痛苦的挣扎历程，其中包含着酸、咸、苦、辣，唯独没有甜。

复读生高考能否取胜的一个关键在于复读生的心态是否良好，因为从一定程度上来讲，心态决定复读生的复读效果。所以，作为复读生的父母一定要找出孩子陷入心理困境的各种原因，以便从各方面帮助他们驱散心理迷雾，确保其复读取得更好的效果，进而考入理想的大学。那么还有哪些原因造成复读生的心理困境呢？

未正确估计自己的学习实力。有一些复读生认为，只要我复读，我就一定要考好，一旦没有取得预期的效果，就会产生焦躁情绪。这种患得患失的心理恰恰不利于自己实力的发挥和成绩的提高，从而他们就会怀疑自己当初

的复读决定。加之想起昔日同学都已步入大学，使其心境压抑、焦虑、注意力分散，这势必对以坚持为主的平日学习产生重大影响。

内疚与自责心理。高考失败不仅仅宣告了孩子大学梦的破灭，还意味着家人特别是父母多年来期望的落空和努力的白费。面对父母憔悴的面容、失望的神色和因为自己读书而日趋贫困的家庭，有的复读生感到非常内疚。深感对不起父母，并因此而陷入深深的自责之中。

错误地理解了下一年的高考政策。每年都会有关于第二年高考的各种小道消息和传言。诸如：复读生明年录取要高30分了，明年高考人数增多了，国家又有什么新政策了等。针对这些小道消息很多复读生不加分辨地信以为真，从而又多了几分担忧，影响学习。

承受能力比较差。有很多复读生一开始表现得信心十足，可是几个月后发现成绩不见起色，或是觉得复读生活比想象中更艰苦，就会出现烦躁、焦虑情绪，而且马上就要迎来第二次高考，于是开始烦闷、紧张起来。

对事物的认识比较片面。有些复读生常常对自己高考的失败经历、现在面临的艰难处境及将来可能出现的一些难以预料的情况等消极情况的认知，表现出以偏概全、绝对化、孤立化的特点，并因此而产生一些不合理的信念。

教育·小贴士

孩子在复读期间，父母要认识到孩子的苦闷，要努力使家庭中充满温馨、关怀的气氛，使孩子得到心理安慰。尽量对孩子多一分微笑，少一分叹息，孩子自己就多一分自强不息，少一分自暴自弃。另外，学习环境对孩子的心态有很大影响。特别是复读生，由于高考的失利，心里不太安宁，甚至有些烦躁。因此，父母更要注意为孩子创造一个比较安静的学习环境，让其安心学习。

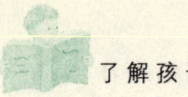

六、优等生也会不优秀

> 每个人的心理都有或多或少的弱点。这些弱点就是太阳黑子、白玉瑕疵，会成为个人前进道路上的绊脚石，时时干扰个人的思维和判断，甚至影响个人的处世态度和人际关系。就好比"优等生"，虽然多方面表现优秀，但同样存在着一些心理困惑。

在人们的心目中，学习成绩出类拔萃的学生往往品学兼优，更被认为是能上重点大学的"苗子"。因此，很多人就错误地认为，优等生在身心和人格上都应该比其他学生更加健康和健全。所以，一旦他们一反常态，人们就会震惊不已。其实，优等生也是人，他们也有思想和心理感受，甚至和其他人一样会产生心理疾患。

我们是否还记得，在1991年的万圣节那天，美国依阿华大学一位刚刚获得博士学位的中国留学生，由于不堪忍受人际关系的紧张和竞争的压力，竟开枪打死五人，重伤致残一人；最后他又把枪口对准了自己，在精神几近崩溃之际，结束了自己的生命。据说他是一个每次考试必第一，很为中国人争光的海外学子。

我们是否还记得，某名牌大学的一位品学兼优的三好学生、优秀学生干部，因为在一次晚会上唱歌跑调，引起同学的大笑，竟觉得无地自容而自杀。

一桩桩骇人听闻的事件，一个个触目惊心的结局，不得不使我们广大教育者对优等生重新认识与定位。近年来，差生的心理特点、转化方式一直引起众多人们的关注。相比之下优等生则天资聪颖，学习又很出色。由于晕轮效应，他们的其他方面也往往被认为是优秀的，从而在发展其优势的同时，无意中为其消极心理的形成和发展提供了温床。殊不知到爆发时为时已晚、几近不可收拾。那么，究竟什么原因致使优等生也走入心理困境呢？

虚荣心理

> 优等生具有很强的虚荣心理,他们大多受到老师、家长的过分信任和偏爱,得到其他同学的尊崇和艳羡。由于心理尚未成熟,往往不能正确估价自己,看不到自己的缺点。

优等生通常具有虚荣心理。一方面这可能是他们努力学习,以获得好成绩的积极动力,而更多的则是他们不良心理的反映,致使他们走进心理困境。他们在学习与生活中只爱听表扬,而不能接受别人善意的劝阻和帮助,更不允许别人指出自己的缺点。一旦被老师或同学指出自己的不足或错误,就会表现得极度敏感,不是虚心改正,而是固执己见、主观臆断。甚至一些优等生在受到严厉的批评后,立刻变得态度蛮横,反唇相讥。他们特别喜欢钻牛角尖,不接受别人正确的教育,有时还会顶撞家长和老师。

有个优等生虚荣心特别强,整天一副桀骜不驯的样子,听不得任何人的忠告和批评,有时还敢和老师理论。有一次,他想证明自己每门功课都是出类拔萃的,于是就在学校的期中考试中作弊,结果被老师发现并在全校公报。他认为丢了面子,不但不冷静地反思自己,反而错误地认为大家都在用鄙视的眼光看他,对那位举报他的监考老师也耿耿于怀。结果,成绩迅速下滑,升学考试时,连最"拿手"的英语也只考出中等水平,最后连普通高校也进不去。可以说是辜负了父母和老师对他的期望。他深感自己没脸见人,于是在家痛苦了几天后跳楼自杀。

虚荣心理是一个人过于追求表面的荣耀、光彩,以赢得他人尊重的一种心理,是一种被扭曲的自尊心。优等生大多在学校和班级中学习拔尖,并担任着各种职务,经常组织各种活动。因此,深得老师的信任和偏爱,以致他们在集体中处于非常优越的地位,也具有非常高的威信。

由于他们的心理还不成熟,他们往往不能正确评价自己,从而导致他们自尊、自信过了头,看不到自身的缺点。这样对自己的认识和评价也必然是片面的,特别是别人对自己的评价超过自己的实际时,就会形成虚荣心理。他们习惯了夸奖而无法忍受批评，一旦有人指出他们的短处，就会对批评自己的人负气顶牛，不接受教育，这种现象显然是虚荣心在作祟。它既表现在学科学习上，又存在于人际交往中。

此外，由于虚荣心理，优等生通常对自身寄予的期望更高，总希望自己什么都比别人强。结果导致他们对自身能力估计过高，给自己定出的目标不切实际，从而加重心理上承受的压力，陷入焦虑状态，久而久之，必然会影响他们正常的学习。

自负心理

有自负心理的人缺乏自知之明，对自己的学识与能力评价过高，看不到自己的短处，而一味夸大自己的长处。自负的人常常缺乏修养，不够尊重人，而以清高、盛气凌人来标榜自身的优越。

大多数优等生往往都是"家里受宠，学校被捧"的学生。在以往的学习过程中，他们一马平川，春风得意，很少遭遇坎坷和挫折。因而，他们常常目空一切。这种自高自大的心理使他们总是过高估计自己的能力，因而往往会为偶尔的几次考试失败而沮丧，从而开始由自我欣赏、自我陶醉转化为自我怀疑、自我怨恨。当怨恨在心中越积越多时，他们就很难悦纳自我，于是就陷入不良的心理困境中而无法自拔，从而不利于他们的身心健康发展。

小韬曾以文科第一名的成绩考入某著名大学。于是，他成了家乡全县的"知名"人物。同学的羡慕、乡亲的夸奖以及其他一些人的吹捧，让他感觉飘飘然，更是以为自己是最优秀的。从此，他变得特别高傲。上大学后，他天天上网打游戏，没有上过多少课。为此老师找他谈话，可他不听，认为自己头脑聪明，对付学习是轻而易举之事。后来考研时，他的成绩没有上线，这对于一向高傲的他无疑是一次沉重的打击。拿到成绩单后，他像霜打的茄子一样，无言地伫立了良久。第二天，人们在宿舍楼前发现了他的尸体，在他

的衣袋里装着那份浸满鲜血的成绩单和一封信。信上写着：没有了骄傲，我活着还有什么意义！

很多成绩好的同学很自负，别人向他们请教问题，他们都爱理不理，拒人于千里之外。有学生这样说，"如果和成绩好的同学做朋友，要看他们的脸色和心情办事，因为他们身边有很多人恭维，早就习惯了。""当他们不顺心时，我们就成了替罪羊，可得受苦了。"由此可见，优等生由于强烈的自负心理，他们的人际关系并不怎么样。

优等生从小到大学习成绩都比较优秀，在父母和老师眼里，一致公认为是聪明的"好学生"。这些学生一般思维敏捷，聪明伶俐，理解能力强，别的同学需要一小时背下来的东西，他们半小时就可以顺利背下来，平时的上课内容也是一点就透。所以他们在学习上很轻松就能完成任务，久而久之，就渐渐自命不凡起来。

另外，因为成绩好，常被委以班干部，有时即使有什么小错误，老师和家长往往会因为其成绩好而网开一面。长此以往，就形成了自傲、自大的心理，自以为是，目中无人，看不起其他同学，听不进别人善意的劝告，即使对老师也会表现出傲慢无礼。而一旦他们的缺点暴露无遗，或遭受失败与挫折时，就会非常脆弱，甚至因为无法接受现实而陷入心理困境，走向生命的极端。

忌妒敌视心理

忌妒常常源于与他人的比较，一旦认为自己在某方面不如他人，便会生出打击、诋毁他人的想法，这样的优等生常常不能把全部精力投注于自己的学习上，而是去关注别人的一举一动。那个被他忌妒的人就是一颗长在他心头的刺，刺得他意乱神迷、不能掌控自己的人生方向。

优等生习惯于自己的优势地位，一旦看到别人比自己强，就会不服气，心生不满，甚至仇视对方，这是非常消极和危险的心理。妒忌使优等生心理不平衡，有些人不是下定决心刻苦努力去赶上或超过别人，而是怨恨对方，千方百计贬低和诋毁对方。优等生一旦形成这种心理，就会使自己陷于一种敌对、仇恨的心态中，既不利于自身发展，又破坏了同学之间的友谊。

有一位优等生，因为成绩好而很受老师和同学的关注。但是他有着很强的忌妒心理。只要其他同学在某方面比他强，他就不高兴；只要老师在班里表扬其他同学，他的心里就发酸。他特别不喜欢与他来自同一所初中的一个同学。因为他们在初中时无论在哪方面都势均力敌，不相上下，到了高中后，那个同学不但成绩好，还当选了班干部，他就更加怒火中烧。于是逐渐地，他的注意力也不放在学习上了，而是时刻关注着那位同学的举动，企图从中抓住把柄。他开始到处给那位同学散布谣言，因此大家开始讨厌他。为了争口气，证明自己比他强，在竞选班干部时，他竟然在下面做手脚，拉选票。结果同学们识破他的阴谋，公布票数时只有他自己给自己投了一票，弄得他狼狈不堪。就这样，他的心态越来越坏，成绩也开始下滑。

在心理学上，妒忌心理是指恐惧他人优于自己和记恨他人优于自己的混合心理。优等生通常得到表扬和赞誉比较多，自尊心非常强，但当看到别人的成绩比自己优秀时，就更容易产生忌妒心理。

优等生通常对自己设定非常高的目标和角色。他们总是绞尽脑汁地维持其"唯我独尊"的局面，很难容忍其他竞争对手"第一"，因而在优等生群体中，忌妒心理的表现也尤为突出。他们对竞争对手的长处、优势和荣誉感到极度不满。虽然适度的忌妒可以激发人拼搏进取，但是有的人却会走向极端，因忌妒而厌恶他人、憎恨他人、仇视他人。

妒忌心理还会表现为"吃不到葡萄说葡萄酸"的文饰现象，正如孟德斯鸠所说，"当一个人缺乏某种才能的时候，以藐视这种才能作为补偿。"于是，他们往往会对竞争对手采取不道德的攻击行为，如无中生有、恶意诋毁，甚至还会伤害他人。

挫败心理

优等生通常在学习上投入的精力比较多,他们凭借自己的天资、聪明,在学习中常常是一帆风顺,在赞扬声中成长。所以他们的心理承受能力很差,一旦遭受挫折,就会灰心丧气,一蹶不振。

现在的孩子绝大多数都是养尊处优,在家庭中集万千宠爱于一身,是家长们的掌上明珠和心肝宝贝。由于过度的溺爱、过度的照顾,剥夺了孩子经受磨炼的机会,这一切都给优等生的健康成长和全面发展带来很大的负面影响,导致优等生某些生理、心理机能的退化。诸如耐挫能力差,意志薄弱,情绪易波动,易走极端等。

有一位女孩,活泼、开朗,学习很努力。做主持人,她自然、大方,能说会道,即兴发挥能力很强。英语课表演,她敢说敢演,口语流畅。在家,姥姥疼,父母爱。在学校,她是优等生,老师的表扬不断。进入初三后,作业难度大增,作业量也明显增加,有些平时不努力的同学开始懂事了,学习成绩上升很快。她明显感到了压力,一贯的好成绩受到了挑战,父母的要求严了,她开始紧张、焦虑。后来因为一次考试没有考好,受到了父母的责备和老师的批评。这时,她的心沉了下来,情绪开始低落。回到家里,不吃饭,不喝水,不睡觉,弄得父母不知所措,生怕她做出什么傻事来。

许多老师都认为优等生学习好、能力强,所以对他们的关注只限于学习上,而对于他们的内心世界却关心甚少。实际上优等生的心理并不像大家所想象的那样平静,他们也有心理困惑和苦恼,尤其是学校、家庭、社会对他们具有极高的期望值,对他们造成了更大的压力。同时,由于优等生观察问题细致,思考问题深入,他们的心理问题会更加复杂,更难以解决。

从自身经历来说,这些优等生不少都有直升的光荣史,很少遇到失败,因而他们习惯沉浸于赞扬中。一旦出现挫折,他们便不住地怀疑自己,片面地分析问题,消极地接受教训,觉得万事皆休,自暴自弃,失去进取的信心。因此，在挫折面前他们往往会比其他学生更加脆弱，心理困扰对于他们的影响可能更大。

此外，很多父母对优等生表扬、奖励一切从优，尽量满足他们的要求。而一旦遇到困难或遭受挫折，极易带来失望、压抑、沮丧、苦闷等慌张心理和情绪反应，即所谓的挫折感或挫折心理。人们常说，温室中培育的花朵是经不住风吹雨打的。这也是少数优等生产心理困扰的一个重要原因。

教育·小贴士

身为优等生的父母，要培养孩子良好的心理品质，教育孩子正确对待困难，树立克服困难的勇气和信心，使孩子形成稳定的情绪、坚强的意志、乐观开朗的性格，从而战胜学习生活中的各种挫折。同时，还要磨炼孩子的意志，使其正确对待挫折。父母可以给孩子设定一定的困难与障碍，以训练孩子的心理承受能力和耐挫能力。

第五章

成长总要付出,付出就是代价
——关注孩子的成长

回眸人生,我们在成长中都体会很多,辛酸、苦辣、快乐、感动,诸味皆有。成长的过程是奋斗的过程,付出的过程,是逐步走向成功的过程。成长是需要代价的,必然会付出很多,但是也将收获更多的成功。因此,孩子的成长需要父母关注、了解,了解孩子在成长中容易出现的困惑和问题,从而有针对性地引导孩子健康地成长。

一、眼睁睁地看着孩子疏远

> 当前,在父母与孩子之间,尤其是父母与独生子女之间,最棘手的是代沟问题。所谓代沟,即两代人不同的世界观、人生观在一些问题上不同看法的反映,它会影响两代人之间正常的感情沟通。

伴随青春期的到来,孩子的心理发生了重大变化,出现了"成人感"和强烈的社会独立意识,对许多问题有了自己独立的看法。如果家长硬要孩子服从自己,家庭"强权政治"的高压,很容易让孩子产生强烈的逆反心理。这就出现了我们常常说的代沟。

代沟是指两代人之间因思维方式、价值观念、道德标准、行为方式等方面的差异而带来的思想观念和行为习惯上的差异。进入青春期的青少年由于依赖性减弱,独立意识增强,从而使父母和子女两代人在对待事物的认识上产生一定的差距。由于观念的不同和意见分歧,在心理上出现一条鸿沟,致使孩子觉得父母对他们不关心,不了解,有事宁可找同学说,而不愿向父母倾诉;甚至以不满、顶撞、逆反、违法等行为试图摆脱大人与社会的监护,按自己的想法做事,坚持自己的理想和是非判断标准。

面对孩子一次又一次的顶撞与对抗,父母苦口婆心的说教起不到丝毫作用,只能眼睁睁地看着孩子与自己疏远。父母伤心啊,儿大不由爹,女大不由娘,这是教育上的失败啊!可事实上,他们并不清楚与孩子的关系为何会变成这样子。那么,我们就来探讨下面这些原因吧。

心理断乳期的影响

进入青春发育期的孩子总要经历心理断乳期。在这个时期，同龄人之间的关系和友谊的分量暂时超过了父母，使得父母与孩子的关系变得疏远与陌生。

孩子进入青春期后，随着自我意识和独立意识逐渐增强，他们急切希望摆脱父母的关注与束缚。但是由于他们没有一定的独立基础，使得他们不得不把依赖对象转向有着共同需求的同龄人，这样孩子与父母之间出现了距离，关系变得越来越疏远。

上初一的伟伟越来越与父母无法交流。有一天，他刚刚在理发店理了一个新潮的发型，自认为很不错。可刚回到家，父母却认为很难看，妈妈甚至说："什么发型，难看死了！"伟伟认为是父母没有眼光，就从鼻孔里冷冷地"哼"一声，意思是：你懂什么！到了第二天，同学也说他的发型不好看，伟伟觉得那可不得了，于是晚上又去理发店改变发型。没过几天，就是伟伟的生日了，为此父母跑了很多商场，脚都磨出泡了，精心挑选了一套大方的衣服作为礼物，可是伟伟却不领情；更让父母伤透心的是在儿子甜言蜜语向他们争取到生日聚会的赞助以后，名单中却没有父母。

你是否也有上述类似的经历，是否你也曾埋怨孩子"没良心""不懂事"，是否你也在这样的经历中不停地痛苦和困惑？不用担心，这是孩子步入心理断乳期的缘故。

从人的心理发展来说，青春期与婴儿断奶期非常相似，是心理断乳期，同学间的友谊就成了这一时期的"代乳品"。在童年时代，父母可以说是孩子最重要的心理支撑，不懂的事情问父母，不会做的事情找父母；是非的判断顺从父母，得失的取舍请教父母等，一切都那么自然。而到了青春期，由于独立感和成熟感的出现，使孩子不愿意再像从前那样依赖于父母，甚至还迫切地希望摆脱父母的控制。

然而，青春期的孩子并没有真正成熟，不可能实现完全的独立。这就形

 了解孩子

成了既不愿意依靠父母，又无法真正独立的现象。于是，他们把目标锁定在同龄人上，同龄人在他们的生活中占据着重要地位。因为同龄人之间有着共同的话题，所以他们共同经受"成长的烦恼"，一同品味"成长的欢欣"。所以，他们把朋友看得很重要，为了彼此的利益，甚至顶撞家长。他们常说："我们同学就是这样说的""人家都是这样穿衣服的"等，在很多父母看来没有道理甚至荒唐的言行后面，其实存在着一个不变的道理，那就是同龄人的行为准则就是孩子的行为准则。

另类打扮不被赞成

无论哪个年代，都有那个时代的时尚，都有人引领潮流，都有人担心自己落伍，希望自己与众不同。孩子喜欢追赶时代潮流，而父母却习惯用自己的生活方式和思维方式去要求子女。这样，双方很容易产生矛盾。

青春期的孩子喜欢穿着打扮另类，奉时尚为必须追求的目标。其实这是人生成长的一种不变的规律。但是从革命、保守年代走过来的大人却看不惯，常常认为孩子的另类打扮洋不洋、土不土，无论上看下看、左看右看，就是不符合常规。于是妄加批判，横加阻挠，结果让孩子感到很厌烦，觉得与父母简直没有共同语言。

妈妈去逛街，看到一件非常漂亮大方的连衣裙，价格还不菲，但想到穿在女儿身上一定非常漂亮，于是就狠心买了下来。没想到，回家后，女儿说什么都不肯穿，说衣服太小儿科，非要妈妈拿去送人。没过多久，母女俩人去逛街，女儿看中了一条牛仔裤。那牛仔裤腰上一条用烂布条做的腰带，大腿处有意地磨了几个洞，裤脚还有意地剪成了须状。看着这样的裤子，妈妈十分生气，质问女儿道："难道这样的衣服就好看吗？"女儿却很不屑地回答："这叫个性，懂吗？你的眼光太过老土，时下早已过时了！"妈妈气得手痒痒的……

青春期的孩子穿着另类是为了表明他们和成人的不同,证明他们的独立,

专门选择那些不被大人看好的衣服。另外,他们竭力想让自己与众不同。青春期的孩子具有非常强烈的自我意识,强调自我,表达自己标新立异的个性,而另类穿着正好给他们提供了一个展示自我的机会。

还有的孩子可能受他人的影响,比如同学、朋友的前卫打扮或受"时尚流行"的影响等,处处表现出自己是个"时尚分子",自己在引导"时尚""潮流"。这是一种虚荣心的体现,他们希望通过穿着打扮上的特殊来引起别人的注意,得到别人的好评。

然而,这一切并未得到父母的理解与支持,反而被父母认为是不伦不类,有悖几代人的传统家风。全家上下,从祖辈到父辈,就没找出一个穿衣服不着调的人,怎能让父母睁一只眼闭一只眼或视而不见呢?况且孩子的主要任务是学习,而把大部分精力放在穿什么上,势必会影响他的学业,于是对孩子的做法很不赞成。可是出于自我意识,出于大家都这样穿衣服,孩子不愿意听从父母之命,并认为父母的思想早已落伍,他们已经跟不上时代的步伐。这样,两代人之间的矛盾产生了。

父母的唠叨

不少孩子会觉得父母很唠叨,整天管这管那;亦有父母认为孩子不听管教,整天弄些让人看不惯的东西。在这场无止境的家庭角力中,"代沟"产生了。

心理专家指出,如果父母太唠叨,会使孩子产生强烈的反叛心理,影响到孩子的人格发展,甚至会使亲子之间产生裂痕。孩子在成长过程中,会要求更多的自主权,父母面对未成熟的孩子,又不懂如何满足孩子的要求,唯有强迫孩子顺从。这样,父母愈唠叨,孩子愈希望得到自主,父母便愈唠叨,久而久之孩子与大人之间的隔阂便形成了。

曾见诸报端的"徐力杀母案",令全国人民震撼。为什么一个年仅17岁的孩子会亲手杀死自己的母亲?徐力的母亲一直对儿子寄予了非常高的期望,希望儿子永远都是万人之上的。因而不断地给儿子施加压力,每次考试母亲都要求儿子考全班第一。徐力不想令母亲失望,就拼命学习。母亲工作压力非常大,对儿子的要求也更加严格,经常唠叨儿子的学习,甚至连儿子最喜欢的足球也给封杀了。可是母亲从不关心儿子的感受与烦恼,还没等徐力说出自己的苦闷,母亲已经开始她没完没了的唠叨了。长此以往,母子之间产生了代沟,徐力越来越感到对母亲的厌烦。终于有一天,母亲又开始了她的唠叨,徐力找到了一把榔头,毫不犹豫地向母亲的头部砸去……

多么触目惊心的悲剧,可是在悲剧背后,我们看到了徐力杀害母亲的导火线就是母亲的唠叨。母亲的唠叨给孩子增添了无形的心理压力,而当这种压力长期积聚在心里而无法得到释放时,总有一天会找个突破口爆发出来,那就会令孩子失去理智和情感,后果将不堪设想。

作为父母要知道,尽管孩子需要父母的体贴与照顾,但是他们都不喜欢父母过多的唠叨与管束。据调查统计,98%的父母被孩子指责为唠叨。而父母自己也承认,只要见到孩子,自己就会不由自主地要多说几句,多强调几次。

心理专家认为,唠叨就是永远一个标准,一种腔调,在孩子身上翻来覆去地重复那几句话。常听孩子说父母的话都能背出来了,耳朵都快听出茧子来了。但是父母并不认为自己是在唠叨,而是觉得这是在教育孩子、关心孩子。其实不然,关爱应该是让孩子感到温暖和理解,并对孩子有实际意义上的帮助,而大事小事都要管,最终又没有讲到点子上的唠叨,只能让孩子反感并急于逃避。这样,亲子关系的裂痕就像一道伤口一样,越拉越大,越拉也越痛。

个人隐私被侵犯

中国的家长通常很武断,自己总感觉和孩子亲密无间,并以爱为借口,认为可以为孩子安排一切、监护一切。心理学研究却表明,不管成人还是孩子,每个人都是独立的个体,都希望有自己的秘密和个人空间,这也就是所谓的"隐私"。这是人类的心理需求。因此,我们成人要懂得尊重孩子。

很多父母习惯了对孩子过于保护和包办一切的教育方式。于是当他们发现孩子对自己有所保留后，就千方百计地去翻看孩子的书信和日记，然后把其中一些内容当做孩子"错误行为"的证据，拿去指责孩子，伤了孩子的自尊心。这样做进一步关闭了亲子之间沟通的渠道，失去了孩子的信任。父母关心孩子的心情可以理解，但过度保护、过度干涉，不允许孩子保护自己隐私的做法是不正确的。

曾有这样一则事例。一位读初中的女孩在日记中写下自己的性幻想，其实这是青春期发育的正常现象，并不是什么不健康的心理。但是事事留心的母亲在打扫房间时发现女儿的抽屉突然间上锁之后，就心存疑虑，认为女儿一定有什么秘密隐瞒父母。于是找来父亲帮忙把锁撬开，看看里面藏有什么东西。当他们发现里面放有一本日记并偷看完以后，不仅不认为偷看孩子日记是不对的，反而对孩子大加责骂，还把这件事告诉了老师。此后女孩感到没脸见人，最后跳河自杀。

有些孩子透露，他们为了防备自己父母偷看日记，就准备了两个日记本，一本是写给父母看的，上面写的都是些努力学习之类的假话；另一本则是自己真正的心里话，当然也有对异性同学思念爱慕的话。

由此可知，当孩子的隐私被父母侵犯时，如果父母不善于采取正确的方法补救，其结果必定是孩子对父母反感、不信任，严重的还会导致孩子走向极端。那么，后悔莫及的将会是父母。

不管父母认识到与否，也不管父母承认与否，孩子的确是在慢慢长大，他开始拥有了自己的情感空间，拥有一些不愿意也不能和父母分享的隐私，这是十分正常的事情。我们应该承认孩子拥有自己独立的世界，尊重孩子不愿公开的个人隐私。

父母和孩子之间，是需要"有间"的。很多父母要求孩子不要随便乱翻大人的东西，因为大人要有自己的空间。其实孩子也有自己的小天地，也需要有自己的私人空间，他们不希望别人随意闯进自己的房间，哪怕是最亲最近的父母。父母和孩子只有亲密有间，家庭才能既成为一个亲密生活的共同体，又成为一个个性自由发展的和谐家庭。

 了解孩子

两代人的不同与差异

社会变迁的快速,使社会的传承出现了心理上的断裂。分处在代沟两侧的人的思想方式、生活方式、价值观等都出现了变化。社会类别化又带来一些形成对峙的心理效应,这就增加了形成偏见和歧视的可能性。

两代人成长的社会环境不同,适应环境变化的能力也不同。父母年轻时所崇尚的东西,或许正是今天年轻人所摈弃的东西,父母的世界观和人生观也会和孩子的看法、想法相去甚远。因此,双方产生矛盾是不可避免的。那么,还有哪些因素造成了父母与孩子之间的分歧呢?

两代人不同的心理特征。年轻人都有理想和抱负,憧憬美好的未来,思维内容广泛,反应灵活,接受新鲜事物快,适应新环境能力强,爱独立思考,富有开创精神,敢于打破陈规陋习。但他们很容易偏激,处理问题不够沉着冷静。老一辈人经历的事情多,老成持重,性格成熟,在人际交往中有很多经验和教训。他们看问题更深刻、透彻一些,但有时由于受传统观念、封建意识的束缚,容易保守,思想固执,因循守旧等。还有一部分老人家庭权威思想较重,有的还比较偏执、独断,要求子女无条件地绝对服从,孩子会因此而不满。

两代人适应环境变化的能力不同。社会观念、社会环境、工作性质、生活方式、人际关系等的变化,对上一代人冲击较大,他们还不能很快适应这个时代的发展,而正处在这个时代的青少年,能很快适应这个时代,能够迅速而准确地接受新鲜事物,进而纳入到自己的价值体系中。于是两代人之间便因此出现摩擦。

青春期遇上更年期。我国的晚婚晚育政策,使得子女的青春期多与母亲的更年期重合在一起。处于更年期的母亲们容易情绪波动、精神紧张,再加上繁杂的工作和家庭重负,使得他们成为两个心理负担颇重的"易燃易爆"体。在一起相处,自然容易碰撞、爆炸,形成矛盾冲突。

消费观念不同。如今的孩子手里都有很多零用钱,而在支配零用钱时却

经常受到父母的干涉和限制。父母所持的观点是：没有实用价值的东西最好不要买，而有用的花多少钱买都可以。

业余爱好受到限制。"业余爱好"是男生与父母较易产生摩擦的选项，很多孩子与父母在这方面存在矛盾。虽然大多数父母同意孩子有业余爱好，但在其内容上却存在着较大分歧。很多男生喜欢踢足球、打篮球，而父母却不太支持他们。原因是虽然体育锻炼有助身体健康，但父母的观点仍是学习为重，"没有用的最好少玩！"

> **教育·小·贴士**
>
> 父母与孩子，由于各自处于不同的人生阶段，兴趣爱好存在较大的差异。所以，父母应该适时与孩子进行良好的沟通，沟通是减少差距和误解的最好方法，它能在两代人中间架起一座桥梁，让家长与孩子走得更近。同时，父母还要与时俱进，去了解、研究年轻人的兴趣爱好，接触一些新的东西。这样，两代人之间的共同语言才会多一些，亲情关系也会更加融洽。

二、自慰是成长的开始

> 当孩子进入青春期后，由于生理的发育和成熟，必然会导致自慰行为的发生，这是正常现象，大可不必大惊小怪。但是也要知道，自慰是成长的开始，适度的自慰不影响身心健康，但如果过度就可能对身心不利了。

自慰是用手抚弄自己的生殖器官满足性欲的行为，也包括不限于生殖器官的自我性刺激。通过自慰可以释放内心积聚的性冲动的能量，以缓解性冲动造成的精神紧张。

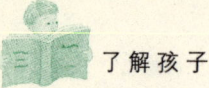

自慰在青少年中极为普遍。一位日本学者调查表明，男青少年自慰的起始年龄集中于14～17岁，最早为9岁。17岁的男性和19岁的女性大多有过自慰史，到20岁时几乎100%的男性有过，而女性要少一些。而美国的一项调查显示，15岁的男孩80%有自慰史。国内的一份调查资料指出，中学生有自慰行为的约占35%，但这个数据有可能被低估了。

调查显示，男性自慰的频率个体差异很大，有人从未有过，有人一生中只有过一两次，有人长时期每周平均有20次甚至更多。据调查，青春期初期的最高频率是每周平均23次，在20岁时最高为15次。在所有女子中，一生中至少有过一次自慰行为的约占62%，至少有一次达到性高潮的约占58%。从年龄来看，女子到7岁时自慰行为的发生率占4%，到12岁时（青春期初始的平均年龄）占12%，到13岁时占15%，到20岁时占20%。

由此可见，自慰是人类的一种正常行为。但许多父母在得知孩子自慰后常常惊慌失措，他们认为手淫会影响孩子的身体健康，会引起性功能障碍、不育等疾病，会自甘堕落。其实，现代医学早已证实，偶尔自慰对机体不会造成任何损害，对个人和社会也不会构成威胁，只有频繁、过度的自慰，或自慰伴有恐惧感和负罪感时，才会对身心产生不良影响。

那么，孩子为什么会有自慰行为呢？

青春期性生理发育成熟

随着青少年的身体发育，第二性征由出现到完善，性生理机能不断完备，自然而然就出现了性的意识和性的冲动，而且青少年的性行为已非常接近成年人的性行为。所以，自慰的出现主要是青少年性生理成熟的结果。

处于青春期的少男少女，由于性生理的发育成熟，他们对异性的爱慕和渴望会很强烈，但又不能与所爱慕的异性发生性行为以满足自己的欲望。于是就会通过自我抚弄或刺激性器官而产生性兴奋或性高潮，这种刺激可以通

过手或是某种物体,来诱导发生。因此,可以说自慰在青春期男、女均可发生,而以男性更为多见。

刘磊在上初中二年级时,一天他去同学家里玩,在同学父母房间的书架上翻找自己喜欢的书。他十分好奇地拿起一本人体摄影书刊,里面都是女性裸体照片,刘磊看到后,感觉身上热血沸腾,回到家里后就经常会想起那些画面。于是每当他独自一人在房间里的时候,都会情不自禁地想到记忆中那些女性裸体照片,而且还伴有一种冲动和欲望。他开始了自慰,这使他感到尴尬和愧疚。每次自慰过后,刘磊都会自责不已,而且在心理暗自发誓以后决不能再这样,可是那种冲动依旧难以控制地频频来到。

上了初三,学习非常紧张,可刘磊的自慰更加频繁了。成绩因此一落千丈,老师找他谈话,父母与他谈心,可是刘磊就是不敢把真正的原因告诉父母和老师。他十分苦恼,也因此而感到自卑,走路不敢抬头,和同学也不敢说话,他感觉身边的同学都比他强,而他自己是一个肮脏、可耻的人。

当男子进入青春期后,体内的性激素分泌增加,内外生殖器官发育不断完善,生精能力逐渐旺盛,性冲动和性要求也随之萌发。然而,此时的男子往往与结婚年龄相距尚远,而性冲动和性欲望作为一种生理本能,是无法回避的,也是很难长期压抑的,有时手淫则成为最好的解决方式。通过它可以释放性冲动,缓解性紧张,使心理和生理得到满足,从某种意义上来说,还可避免因性冲动而出现的性犯罪。

而且,男青年到了青春发育期,由于睾丸不断分泌雄性激素,便出现一系列的男性特征。肌肉发达、阴毛变粗变黑,同时,也产生了对性的兴奋感。有些人就会情不自禁地玩弄起外生殖器来,在好奇中悄悄地开始了自慰,以满足自身的性要求。还有一些青少年在偶然碰触性器官而获得快感后,就会把自慰作为一种发泄过剩性能量的方式。因此,青少年自慰是一种较为普遍的现象。

另外,青少年还可能由遗精而导致自慰。常言道"精满自溢",男性到了青春期,睾丸发育成熟,雄性激素分泌旺盛,在睾丸里成熟的精子与前列腺液、精囊液等混合成精液后,可自然排出体外,这叫遗精。男子每月有一二次遗精都是正常的现象。大部分人是在梦中遗精,但也有人在清醒状态下遗

精。第一次遗精时，会有一种性快感、新奇感，以后就用手不断地搓阴茎，导致自慰。

性观念和性行为的开放

在性观念和性行为比较开放的今天，青少年会不可避免地受其影响而进行自慰行为，只要保持适度，对青少年的身心健康并不会构成什么危害。

有的人一看到"自慰"这个词就会感觉不好，有罪恶感。这也难怪，在一本20年前的关于生理健康方面的书中，就有一段专门介绍了"接吻的危害"，一个时代有一个时代的性宽容尺度。当今是一个性观念和性行为开放的时代，青少年受此影响，必然会把自慰也看成是自然的事情，而不值得大惊小怪。

小明的爸爸是个大学教授，思想观念比较开放，他不主张对性讳莫如深，而应适当地对青少年进行性教育，所以在小明的家中就有很多关于青少年自慰问题的书籍。小明经常翻阅，还经常带到学校与同学们一块分享，对自慰问题有比较全面且正确的了解。当他有时候因学习压力过大而烦躁、焦虑时，适当地进行自慰反而能缓解这种状况，晚上也能顺利入睡，但他一周绝不超过2次，因为他知道过度的自慰对身心健康是有害的。

随着医学和心理科学的进步，人们对性观念和性行为已经有了更为文明、科学和开放的认识。其中一个较为明显的改变是青春期男孩自慰行为已经被人们视为正常现象而不再大惊小怪。女孩子的自慰则仍讳莫如深，甚至在教科书和有关专业书籍中也从未提及。然而为此问题咨询的女孩却并不少。相对传统女性，在现代社会成长的女孩子们性观念常常是很前卫的，但是她们却从未能得到合理的指教而产生性困惑。女孩与男孩一样有着正常性需求，所以在讨论青少年自慰问题时也应关注女孩。

其实，自慰是个很微妙的问题，有人认为它是很不好的，有人认为这是自然行为，可以放任不管。按照海蒂性学报告所说，所有的人都有过自慰行为。所以既然是一种自然存在的行为，就不应该讳莫如深，视其为洪

水猛兽。家长应该积极引导，以避免孩子过度自慰而陷入自责、悔恨的不良心理泥潭中。

我国医学专家吴阶平教授对于如何对待自慰的一段话很有启示意义"不以好奇心去开始，不以发生而烦恼，已成习惯要有克服的决心，克服以后就不再担心，这样便不会有任何不良后果。"

因好奇心而导致的自慰

有些时候，孩子的自慰并不是生理的需要或是出于某种目的，而是在某种情况下由于好奇，抚弄生殖器官而获得快感，从而导致了自慰行为。

有些孩子的自慰，并非真的出于性冲动。因为他们年龄尚小，还没有进入青春发育期，性器官也没有发育成熟。而他们的自慰行为主要源于好奇心的驱使，也就是说他们对自己的身体充满好奇，尤其是对自己的生殖器官充满好奇。于是孩子就会出现抚弄自己生殖器官的自慰行为。

远远是个上小学三年级的小男孩。最近一段时间，班主任老师发现他有不正常的举动：上课时眼神游离，并时而将手伸到桌子底下，随后脸色潮红，额上出汗，呼吸急促。这种反常的现象引起了老师的关注，几天后，断定远远可能在"自慰"。随即，老师给远远的家长打了电话，妈妈很震惊，没想到这么小的孩子就学会了自慰。于是妈妈也开始注意起远远的表现来。一天，远远吃过饭，就回到自己的房间里看书，门是虚掩着的，妈妈悄悄走过去往里看，果然没过多久，远远就把手伸进裤子里，开始玩弄。妈妈看到远远的"下流动作"，气得脸通红，怒喝道："你在做什么？把手拿开，以后再让我看到你摸下面，就把你的手剁掉！"远远吓得哇哇大哭，还哽咽着问："我为什么不能摸下面？"

有很多的孩子出于天性，对身边的一切都充满好奇和探索的欲望，包括他们自己。于是孩子喜欢探索自己的身体，在大多数情况下，他们偶尔抚摸自己的生殖器，只是因为生殖器是他们身体的一部分，不伴有任何的性目的，仅仅是单纯好奇的抚弄行为。

而有些时候，孩子可能会在无意的抚摸中，或在大人有意玩弄孩子的生殖器官时得到快感，所以他们有可能会由无意识的行为演变成有意的抚弄。但是其性质仍然有别于成人理解中的性举动，是一种"无知的错误"。这时就需要大人给予积极的引导，而不是粗暴的干预。

另外，有的孩子出现这种行为，还可能是受到一些现实生活中不良事件的影响。如在影视、广告中看到的一些不健康的镜头，或报纸杂志、街头风景等对孩子造成的一些不良视觉刺激，也可能挑逗起孩子潜在的性好奇，从而使孩子加以模仿或做出一些不符合其年龄的举动。

孩子自慰的其他原因

孩子自慰的原因不是单一的，很复杂，是综合作用的结果。家长发现孩子有自慰行为时，一定要全面分析，以更好地引导，使其养成文明、自尊、自爱的习惯。

在青少年中，自慰的存在是相当普遍的。自慰行为是在性冲动时自我发泄性欲的举动。自慰是人从出生后就存在的行为。在儿童时期常是不自觉的玩弄动作。许多成年人在回忆自己青春期的表现时，也不否认有自慰行为并达到性高潮。所以孩子有自慰行为时不必指责孩子，而应合理分析，正确引导。

引发青少年自慰行为的因素还有如下几个。

不注意生理卫生。有的青少年比较懒惰，不注意自身的清洁卫生，导致阴部不清洁，或者有尿垢堆积。时间久了，这些脏东西不断刺激局部神经，引起痒感，这时用手搓揉，可能会从中体验到某种快感，从而导致自慰行为。

晨勃现象也能导致自慰。青少年在经过一夜的休息后，精力得到了恢复，醒来时阴茎一般会勃起。早晨憋尿，膀胱充盈，刺激神经，阴茎也会勃起，有些青少年便会自觉或者不自觉地用手玩弄，有时在一定条件会产生快感，也可引起自慰的发生。

社会的不良影响。随着信息技术的飞速发展,很多淫秽色情信息到处传播。很多青少年就是在无意中接触到这些不良信息后,一发而不可收,逐渐发展成有意观看淫书、画、录像,寻求感官刺激,使性神经冲动,从而诱发自慰行为。

青少年的性幻想。有些青少年会把曾经在电影、电视、杂志、文学书籍中看到过的情爱镜头和片断,经过重新组合,虚构出自己与爱慕的异性在一起的情形。这种性幻想在入睡前及睡醒后卧床的那一段时间,以及闲暇时较多出现,部分人可导致性兴奋。女孩性器官充血,男孩射精,有的还伴随有自慰出现。

教育·小·贴士

父母可以与孩子直接交谈有关自慰的问题,或者给他们推荐一些有关的书籍、文章阅读。通过交谈或阅读,孩子可以从中懂得:自慰是正常的现象,一个少年对自己的躯体变化感到惊奇,并企图对自己的身体构造和能力进行"研究",这不是越轨行为,不必为此感到羞愧和产生犯罪感。同时,父母还应循循善诱,使孩子知晓偶尔的自慰无关紧要,如沉湎于自慰则不可取,否则将影响身体正常的生长发育,作为学生应把精力集中在学习上。这样,使孩子掌握有关自慰的知识,能够正确地认识和对待自慰,从而顺利地渡过青春期。

三、早恋是一颗痛苦的种子

爱,是个厚重而圣洁的话题。而对于早恋,我们无论如何也不想让孩子去尝试。每一年、每一月、每一天,我们不安地观察着、揣测着,唯恐孩子不小心摘到那枚又酸又甜却又青涩的果子。

现如今，中学生谈恋爱再也不是个别现象，早恋也不再是大惊小怪的事情。校园里出双入对，大街上搭肩搂腰的学生恋人已司空见惯了。可以说，中学生"早恋"已经成为一种社会现象。

据报道，北京市等大型城市中学生恋爱率高达60%以上。就在前不久对北京学生的一份民意调查显示，80人的班级有近40%的学生已谈过或正在进行恋爱，30%的同学处观望态度，只有30%的同学认为早恋对自己百害无益，不打算在中学阶段谈恋爱。

尽管早恋能带给极少部分学生上进的动力，但有更多的事实证明，早恋会带给学生许多弊端。专家发现，一个有感情烦恼的青少年，注意力会不集中，学习成绩及跟家人的关系也会变差。具体危害表现为：在学习上注意力涣散，上课走神，精神恍惚；思想上冲淡对理想的追求，胸无大志；情感上好冲动、易转移，早恋只开花，不结果；意志上自制能力差，易做出越轨的事。困惑方面表现为：担心影响学习，担心家长、老师知道，单相思，不知如何把握双方的关系，少数人不知如何表达自己的情感，不知如何拒绝异性等。

由此可见，早恋既耽误学业，又影响心理健康。那么，中学生对早恋情有独钟的原因何在呢？通常有以下几个方面。

中学生独有的生理和心理特征

有人说，早恋是在不合适的季节过早发芽的种子。十五、六岁的孩子如嫩芽初长，却过早地抽枝散叶，因此而不能正常享受高中生活应有的快乐，掌握人生应该掌握的知识，过早承受生命不能承受之重，以致在人生的舞台上，演出还没有开始，就被迫匆匆谢幕。

进入青春期的青少年伴随着生理的发展开始产生性意识。他们开始对男女同学间的交往变得非常敏感，注视着异性同学有关自己的一言一行。慢慢地，在对异性产生好感的基础上形成一个或几个异性的"理想人选"，并在众

多的男女同学共同交往中，逐渐由对群体异性的好感转向对个别异性的爱慕，开始一对一的行动，即早恋。

花儿一直是一个很乖的孩子，学习成绩也非常好。可是刚到初二下学期，她就与隔壁班一个男生恋爱了。那个男生并不帅，但她喜欢的就是他的酷和漫不经心，最重要的是他很像周杰伦。他投球时的潇洒，喝绿茶时的畅快，走路时微微颔首的与众不同，都被花儿看在眼里记在心上。就这样，花儿每天脑子里想的都是他。久而久之，情绪变化比以前快了，注意力也分散了，更重要的是学习成绩开始下降。

如今的孩子普遍成熟得早。很多孩子在初一，甚至小学就已经进入青春发育期，这比十多年前的孩子要早一两年。这主要是由于社会发展了，人们的生活越来越富裕，丰盛的食物及各种各样的保健品促使孩子的身体发育愈来愈早熟。尤其是女学生在生理上比以前成熟得更早。

进入青春期的孩子会出现第二性征发育。随着性的成熟等生理的急剧变化，他们的心理也开始了相应的变化。"自然意识、性意识"等青春期特有的心理特征逐渐形成，他们对异性充满着神秘感，强烈的好奇心迫使他们总想搞清楚自己与异性的不同之处（主要是指身体构造上的）。

同时，许多刚刚进入青春期的男孩女孩，情感开始萌动，在与异性交往中容易对异性产生好感，产生性的渴望，这种好奇心和好感的与日俱增，很可能会发展成生活上一道美丽却很幼稚的风景线。一位初中女生在自己的日记中这样写道："在我初一的时候，曾感受过恋爱的滋味，甜甜的，暖暖的，却又有几分苦涩，令我至今难以忘却。"

孩子缺乏家庭的关爱

家庭对孩子的早恋也有一定的责任。我们看到，很多早恋的孩子都来自离异家庭、重组家庭或双亲不在身边的家庭，他们得不到父母的关心和家庭的温暖，进而转向到同龄人那里寻求温暖。

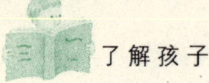 了解孩子

心理学研究发现，早恋的孩子中大多缺乏家庭的关爱。比如来自单亲家庭、重组家庭，或者父母关系不和睦，父母不能给孩子足够的关注等。如果给孩子一个温馨幸福的家庭成长环境，那么，可以在很大程度上避免孩子早恋。

齐晨是一个孤独的孩子，在她很小的时候，父母就整天争吵不休，直到她上了小学，父母终于因为吵得累了而选择离婚，她被判由父亲抚养。父亲是一个不务正业的人，整天就知道带着一群人在家里吸烟、喝酒、赌博，对女儿的学习与生活从来不管不问，有时心情不好，还要对女儿乱发脾气。每当齐晨见到别的孩子有父母疼爱时就会很伤心，因为她在家里找不到任何温暖。就在这时，来自同一个班级的男生给了她需要的关爱和温暖，每天帮她复习功课，上学、放学都要一路护送她，女孩伤心时他还会诚心诚意地给予安慰。就这样齐晨被男孩的体贴与关爱感动，他们因此而步入了爱河。

孩子早恋是有象征意义的。早恋意味着过早地成熟和走进社会，意味着在家庭以外寻找在家庭中满足不了的心理需求。如果孩子有一个温馨的家，有足够关爱自己的爸爸妈妈，那孩子躲在安乐窝里享受还来不及，就不太容易过早到家庭以外去寻求温暖。

早恋的孩子性格上有一个比较普遍的特点，就是感到空虚和无聊。中学的课业很重，如果他们在学习之余，甚至在家庭中也找不到可以倾吐心声的环境，就会逐渐积累大量的压力，而这些压力需要找地方宣泄。于是他们就会用恋爱的方式来排解压力、倾吐心声、排遣无聊。中学生恋爱有很大成分是在找知心朋友，如果爸爸妈妈能够做孩子的知心朋友，孩子就不必要通过恋爱来满足自己的心理需要。

此外，如果做父母的对待孩子的早恋行为不采取正确的方法加以劝阻和引导，而是态度粗暴、方法简单、施予重压，甚至要找学校以及当事人，搞得满城风雨而把事情复杂化，这样只会适得其反，把孩子推向早恋。

不良社会文化的影响

社会影响对学生的早恋起着决定性的作用。描写青少年学生早恋的书刊、影视节目等纷纷出台，使学生认为中学生的早恋已成为学校中的主流，结果对学生的早恋起到推波助澜的作用。

如今，随着西方文化的传入，社会上出现了很多不良报纸书刊、低级趣味的黄色影碟、录像等，这对学生的早恋有着直接的影响。当前流行于社会上的那些不健康的东西，数量众多，覆盖广泛，各种传播媒介中，性刺激量大大增加，那些格调低下的文化特别容易污染青少年纯洁的心灵，于是出现了"早恋"这一社会现实。

文森原本是一个安守本分的孩子，都已经上高二了，可思想仍单纯得很。一次偶然的机会，他看到几个男同学躲在教室的角落里抢着看什么书，他便好奇地走过去也想看看。刚开始大家都不让他看，说是少儿不宜，可最后还是让他加入进来。他不看不要紧，一看吓一跳，那是一本黄色书刊，上面都是些淫秽不堪的语言和画面，羞得文森满脸通红。可打那之后，他的头脑中经常浮现出那些让人心跳的话语和画面，内心也开始有了冲动，他甚至为此而偷偷去网吧浏览黄色网页。后来，他不再那么单纯了，也学其他同学追求女孩子，陷入了早恋的泥潭。

物质条件的改善、娱乐场所的增多，在客观上方便了中学生的单独交往。如电话、电脑的普及，网吧、游戏机房、迪厅的诱惑……还有不良社会风气的影响，一些年纪较大的不良社会青年到中学来找"女朋友"，在很大程度上扰乱了学校的平静，从而给中学生早恋创造了条件。

同时，现在的电影、电视剧大多以谈情说爱为主题，如今的中学生是看电视长大的一代，他们的模仿能力很强。于是，动人的"故事情节"成了早恋的"催化剂"。加之地摊上几元钱就可以买到的淫秽碟片、书刊，也误导了很多青少年步入歧途。

此外，性教育的落后也是导致青少年早恋的一个原因。中国人历来谈性色变，视性为洪水猛兽，对中学生更是讳莫如深。目前，我国青少年的生殖保健、性教育非常薄弱。故而中学生对青春期出现的性冲动、性欲求和性意识根本不了解，难免出现心理冲突和情感压力。而他们从老师和父母那里又学不到，自然就会通过网络、电视等渠道自己去探索。这样很容易使他们走入误区，陷于早恋的泥潭而不能自拔。

爱慕虚荣及精神空虚

早恋已经是一种不可忽视的社会普遍现象，并且这种不良现象正在以上升的趋势发展，危害着青少年的身心健康。作为父母，一定要弄清孩子早恋的原因，以便帮助孩子解决。

恋爱、结婚、建立家庭，是人生一般都要经历的，无可非议。但是十四五岁的孩子过早地跨入这个大门，因此影响学业，耽误前程，甚至丧失年轻的生命，这就不能熟视无睹了。青少年学生正处于长身体、求知识的"黄金时期"，经济上不能独立，也缺少建立稳定恋爱关系的条件。因此，青少年学生的早恋基础是极不牢固的。许多事实表明，中学生早恋十之八九都以没有结果而告终，早恋只会影响自己的学习、生活和人际关系，给自己带来苦恼和压力。因此，早恋对孩子来说有害无益。可是仍然有那么多的孩子早恋，那么，究竟还有哪些因素导致孩子的早恋呢？

爱慕虚荣。这种类型以女孩子居多。随着青春期的到来，少男少女在潜意识中有一种希望被认可、被赞美甚至被追求的冲动需要。如果女孩子平时在学校里因成绩好或表现好常受到表扬，或在家里能得到家长的肯定，这种需要就能得到满足，分心的危险也就小些。如若不然，加上外部因素的诱惑，比如，有人向她表示好感，或自认为别人在向自己表示好感，她就会分心，以为"灰姑娘"遇到了"王子"。她说不出那位男生有什么值得自己倾心之处，甚至明知他并不是大家眼里的好学生，可虚荣心使她愿意与他接触。

精神空虚。青春期正是人精力旺盛的时期。但是一部分孩子未能把充沛的精力用在学习上，他们对学习缺乏兴趣，又找不到合适的方式释放这部分过剩的精力。于是，早恋便来到了他们空虚的心灵之中，有的甚至同时与几个人"谈朋友"。

盲目钟情。德国大文豪歌德在他的处女作《少年维特之烦恼》一书中曾发出"哪个少女不怀春，哪个少年不钟情"的咏叹。确实，进入青春期的中学生迈进了多梦的年华，对异性的好奇，对两性问题的兴趣明显增加，都或多或少地有了怀春的萌芽。大多数人的这种感觉如浮光掠影，一闪即逝。不过还有一部分多愁善感的孩子被它困扰。

破罐子破摔。有极少数的孩子由于学习成绩不好，自认为升学无望；平时表现又不好，经常受到老师及家长的批评，于是破罐子破摔，以早恋来打发时光。

从众心理影响。一个班里只要有一两对学生早恋，如果老师没有发现或发现后不加以及时引导，就可能使早恋蔓延。这主要是由于学生的从众心理、攀比心理造成的。

教育·小·贴士

对于孩子的早恋，父母要以理性的态度面对，以平常心处之，不夸大它的严重性，不伤害孩子纯真的感情，当然也不可小视它可能给孩子的成长带来的不利影响。父母应尽力帮助孩子，鼓励他们多参加集体活动，培养他们正确的人际交往能力，使孩子在与异性同学交往的过程中做到互补、互学、互助、互保。这样才能避免孩子误入"早恋"的歧途，也更利于孩子身心的健康发展。

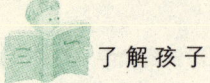 了解孩子

四、"恋师情结"的真实告白

> 情窦初开的害羞少女喜欢上英俊帅气的男老师,青涩多情的阳光少男迷恋起漂亮温柔的女教师……这不只是琼瑶小说中才有的,而是很多走过学生时代的人都曾有过的经历。

学生爱恋老师,很久以来都是大家颇为感兴趣的话题,它也常常会在平静的校园里掀起阵阵风波。尽管像鲁迅的学生许广平与鲁迅恋爱并修成正果的例子听到过很多,但更多青少年学生的"恋师情结"则是饱尝痛苦辛酸而最终不了了之。心理专家指出,从某种意义上说,"恋师情结"也是一种心理障碍,对于心智尚不完全成熟的青少年来说,需要有人为他们指点迷津。

学生爱恋老师大多不会有好结果。这是因为少男少女此时的思想和情感还比较幼稚、不成熟,对老师的家庭背景、性格、婚姻状况等各方面缺乏了解和判别,大多数是因为一时的感情冲动,具有很大的盲目性。

也许少男少女对老师的爱恋十分狂热,但由于缺乏真正而可靠的基础,所以很难维持长久。加上读书时代把所有的精力都放在爱慕一个人上,很容易影响学业。尤其思想单纯的少女,原本很有发展前途,但却因爱恋自己的老师而不为周围的人所接受,感情就容易受到挫折而无心学习,结果荒废了学业。如果遇上老师已有妻子和儿女,那么自己还有可能被众人指责为"第三者",这都会给她平添压力,甚至会使她难于在社会上做人,最终贻误了自己的一生。那么,为什么孩子会喜欢上比自己年长许多的异性教师呢?主要有以下几个原因。

教师的地位与年轻化

"恋师情结"是有着一定的心理归因的。教师在学生心里的地位是比较高的,老师的形象代表着高尚,老师是成功的化身,这对于不谙世事的青少年具有很强的吸引力。

教师这一职业意味着奉献,代表了高尚和成功,所以教师在学生心中的地位是比较高的,对社会阅历尚不丰富的青少年有着强烈的吸引力。一位备受学生青睐的教师,必然在少男少女心中有着独特的魅力。比如说知识渊博,阅历丰富,平易近人,待人诚恳,拥有财富等,这些都会令不谙世事的少男少女羡慕、崇拜。

女孩严非被称为市二中的"校花",她身边经常跟着一群爱慕她的男孩子,但她心里却喜欢自己的语文老师,以至于每到上语文课她就常常魂不守舍。这位老师是某大学中文系毕业的才子,瘦瘦的身材,忧郁的表情,肚子里装满了雨果、巴尔扎克、福楼拜、川端康成、海明威等名家的作品和故事,并写得一手好诗,还经常声情并茂地朗诵给同学们听。喜欢语文的严非和班级里的很多女孩子都被这位学识渊博的男老师给吸引住了,女孩子们为了能与老师接近就经常找他请教问题,甚至为他而争风吃醋。

学生爱上老师这种现象是青少年性意识发展过程中的一种奇特现象,它会对学生的成长产生消极的影响,但这也是正常情感的表现。在校读书的少男少女,除了和同学朝夕相处外,接触最多的莫过于老师了。老师渊博的知识,长者的风范,耐心诚恳的教导,对学生无微不至的关怀,常常使生活在象牙塔里的少男少女十分崇拜。老师在少男少女心目中占有一个特殊的位置,少男少女也就会对他们产生一份特殊的感情。这种特殊的感情在心中潜滋暗长,就有可能成为对老师的爱恋之情。

同时,心理专家指出,当代青少年的性心理转变有一个突出的特点,就是易将爱恋转移到年轻的异性老师身上。如今,随着社会和教育的进步,教师队伍越来越年轻化,老师和学生的年龄差不了几岁,彼此之间更容易沟通,

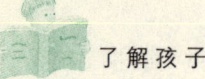 了解孩子 174

更容易产生情感上的共鸣。因此，学生对老师的感情往往会由尊敬、爱戴进而转向爱恋。

另外，还有的老师可能生活经历曲折，孤身一人，这些都容易引发少女的同情心，促使其投入感情。而一些女教师温柔美丽、善解人意，也会对男生产生不小的吸引力。

师生间的亲密关系

在学校里，青少年学生一般都视老师为可以信赖的人，而老师也是在尽心尽力地爱护学生、教育学生。由此两者之间便会建立亲密的关系，这很正常，青少年学生不应该往爱情的方向想。

老师在培育孩子的过程中，必然会与学生建立起亲密的关系，这种亲密关系的本身对教育是有利的。关心、教育学生是教师应尽的义务。这就在一些情窦初开的少男少女心中产生了一种错觉，误以为这是老师对自己的好感，因此喜欢上老师。

高一男生小理的其他科目成绩都很好，唯独英语成绩一直处在班里的下游水平。于是，年轻漂亮的女英语老师便每天单独开小灶给他补课，这使得小理的英语成绩提高很快。与英语老师单独接触的时间长了，小理不知不觉地从内心喜欢上了自己的老师。他喜欢老师微笑时脸蛋上的酒窝，喜欢她披散的长发散发出的阵阵清香。以至于刚有起色的英语成绩又下滑了。后来有一天，他突然听到英语老师要与未婚夫结婚的消息，小理顿时感觉如雷轰顶，心里更加迷惘和抑郁。

在"恋师情结"中困惑的青少年需要及时给予指点，而教师的楷模作用、教育方式和对青少年心理的理解是预防、解决他们心理困惑的重要因素。心理专家指出，青春期的困惑还有很多，然而"恋师情结"却是重要的、较常出现的困惑。如果家长、教师以及青少年自身平时都留意学点基本的心理常识，进行正确的青春期教育和引导，包括接受性心理和性道德教育，将可能

大大减少青春期的困惑，减少"恋师情结"的产生。

如果青少年学生爱上了自己的老师，那么千万不要任由这种感情发展下去，更不能去表露，要认清师生恋的后果及危害，用理性的力量去克服这种不正常的心理倾向。把更多的时间投入到学习中来，多和同龄人交往，通过刻苦学习和扩大交际来转移和升华自己的情感。

爱慕一位老师，爱慕一位长辈，爱慕一个出色的人，这本身并不是一种错。因为任何形式的爱都是人们对美好情感的一种表达方式，尤其是处于青春期的青少年男女的感情，都是至真至纯的，不掺杂任何功利色彩和目的。如果你的孩子也对一位老师产生了爱慕之情，那么要告诉他，要珍惜这种情感，不要用非分的欲望和不当的行为去玷污它，不要任由自己的感情发展、泛滥，应该让它永葆纯真。

青少年自身心理原因

"恋师情结"是青少年的性生理成熟与心理发展的特殊性、自我意识水平和客观环境交互作用的产物，是处于青春期的少数青少年可能产生的一种正常的阶段性心理现象。

"恋师情结"一般发生在青春期的部分中学生身上，其产生原因在于：一方面，进入青春期后，中学生开始对异性产生注意和兴趣，并产生朦胧的性爱心理体验，这种心理的成熟和接近异性的渴望，是产生"恋师情结"的内在原因；另一方面，中学生心理发展的特殊性与自我意识特点，是导致"恋师情结"产生的心理基础。由于身心发展以及在家庭和学校中角色、地位的变化，中学生进入渴望离开双亲的保护以求独立的"心理断乳期"。

张阿姨自从与丈夫离婚后，便再也没有结婚，而是独自带大了女儿婷婷。为此，婷婷也有过怨言，抱怨自己从小没有享受到父爱。婷婷今年17岁，是某中学高二年级学生。最近，张阿姨发现女儿喜欢上了她的语文老师，称只喜欢上语文老师的课，其他功课都不想学。女儿还告诉张阿姨，她知道语文老师已经结婚，明知道他们两个是不可能的，但是总摆脱不了对语文老师的想念，上课时脑子里也总是塞满了一些"乱七八糟"的想法。对此，张阿姨忧心如焚，一筹莫展，她说："照这样下去，我女儿考重点大学岂不是没有希望了吗？"

处于青春期的中学生开始发现自我、认识自我，但又为自身的种种缺陷而苦恼不已。他们试图找到社会和人生的真谛，但又在错综复杂的现实面前充满了茫然和困惑，心理处于矛盾复杂的境地。由于老师与学生朝夕相处，和学生有较亲切和深厚的情感。如果这时在青少年面前出现一位既有才华和魅力，又尊重和理解他们，并且热爱学生，能引导学生正确步入人生的出色老师，那么正处于青春萌动期的某些中学生，就有可能对某位异性老师产生一种朦胧的，夹杂着信任和崇拜、依恋和爱慕的微妙情感，进而诱发"恋师情结"。"恋师情结"是青少年性意识发展过程中可能出现的正常现象，并不是心理问题。

在现实中，具有"恋师情结"者大多具有闭锁心理。他们或者生长在单亲家庭，缺少父爱或母爱；或者性格内向，极少向父母、老师或同学诉说内心的困惑和感受。由于传统伦理观念和社会舆论对于这类恋情通常采取不接纳甚至排斥的态度，这种无形的压力就使得许多中学生只好将情感深埋心底，或是通过日记默默倾诉，表现出严重的闭锁心理。多数具有这种情感的学生常常会发展为单恋。这种心理状况常会使他们焦虑不安，从而影响正常的学习生活及心理健康。

心理专家认为，"恋师情结"存在某些性别差异，一般以处于青春萌动期的少女居多。这可能是与青春期的女孩对情感的要求比较深刻和细腻，有敏感的情绪体验性，渴望被人理解和保护的心理特点有关。而且，"恋师情结"的发生以性格内向的中学生居多，尤其是一些社会适应不良、缺乏家庭温暖与关爱、性格孤僻的青少年。

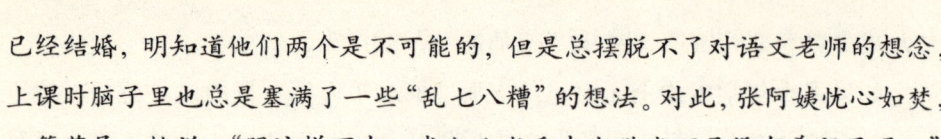

对孩子的"恋师"现象，父母既不能助长其心理的不正常倾斜，更不能以粗暴、轻率的态度严重刺伤孩子的自尊心。首先应该与老师沟通，把

孩子的真实情况讲出来,让老师来化解孩子的错爱情结。必要时还可以明确而坚定地了断孩子的情丝,比如给孩子转学,离开原来的校园环境。一段时间见不到"心爱"的老师,孩子可能就会平静下来,使原来火热的感情得以舒缓。

五、"禁果"就那么好吃吗

> "禁果"对于青少年来说,就像一个带刺的仙人球。匆匆忙忙采摘,不仅不会给你带来甘甜,反而会给你带来满手的伤刺。许多处于青春期的青少年在冲动而不理智的状态中,"勇敢"地偷吃了"禁果",结果却给自己和他人都带来无尽的痛苦和烦恼。

北京市政协的一份调查发现,有48.8%的中学生对婚前性行为持认可态度,其中有9.9%的学生甚至认为一见钟情就可以发生性行为。

由于青少年性观念的逐渐开放,婚前性行为已呈现低龄化趋势。专家认为,这与性成熟年龄提前,结婚年龄推迟,社会观念开放有关。目前,我国青少年的性成熟年龄比20世纪六七十年代提前了2到3岁,而结婚年龄却延后了2到3岁。

随着青少年性生理和性心理的发育,性的需求开始增强,但性认识、性道德和性约束能力还不成熟,这就决定了青少年发生婚前性行为具有突发性、非理智性和反复性三个特点。青少年往往是在无心理准备的情况下突然发生性行为的;虽然有很少一部分是被胁迫,但大多是在双方自觉自愿的情况下发生性行为的,但这并不意味着是理智的。由于生理和观念的影响,一旦冲破这道防线,青少年们便不会再顾虑太多,从而发生多次性行为。

在性行为中,由于生殖健康教育相对滞后,青少年普遍缺乏正确全面的生殖健康知识。性健康知识的缺乏又直接导致了未婚先孕、未婚流产、性病流行等问题的出现。那么，是何原因导致青少年偷尝"禁果"呢？

性发育的提前

随着现代家庭物质生活水平的提高，青少年的生理发育都提前了很多。过早地进入了生理躁动期，在生理需求的刺激下，很多青少年都控制不住而与异性发生了性关系。

统计资料显示，多数青春期性行为发生在16岁前后，16岁已成为许多人青春期性冲动和发生性行为的年龄坎。这比前几代人的发育期提前了很多。一般人从13岁开始发育，到16岁生理发育已趋成熟，但近年来的研究表明，现在青少年的发育年龄又提前了1至2岁。

某初中一名15岁的男生，一次，无意中得到了一张黄色光碟。看了以后，开始对班上的女同学想入非非，随即谈起了恋爱，并偷带女同学回家一起看黄色光碟，结果两个人偷吃了禁果，导致学习成绩一落千丈。男生还打电话到医院，说女生最近不想吃东西，就想吃酸的，还常常呕吐，问医生是什么病。

15岁的男生便有了性冲动，这比以前是大大提前了。那么，为什么我国青少年青春期性困惑和性行为提前至这个年龄段呢？

一方面，生理发育的成熟与他们的物质生活有关。与前几代人相比，现在青少年的生活比较优越，饮食结构也趋于合理，生理发育比起前代人要快一些。一个非常明显的例子是，现在婴儿的智力与前代人的同时期相比，在体征上也要发达得多。20世纪六七十年代及此前出生的人好几天后才能睁开眼睛，现在的婴儿一出生就能睁眼睛。

另一方面，生理的发育与他们的心理活动和认知有关。随着社会的发展，人们在性观念方面越来越开放，也越来越科学、人性化。这些都直接影响着青少年的心理发育。前代人不能接触的知识与问题，他们接触并意识到了。同时，社会上的不良性行为也会深深地影响着他们。这些心理活动和认知活动

会在不知不觉中影响他们的生理发育。前代人在这个时期，也许只有生理的冲动，但没有宣泄的社会环境与认知活动。现在的青少年则不一样，他们可能在很小的时候就已经在大谈性方面的知识与笑话了。这些活动本身就内在地影响着他们的生理发育。在目前中国"性革命"浪潮的冲击下，他们的性冲动就产生了，同时也发生了性行为。

性教育的缺失

目前，我国的性教育还很缺乏。少数地区的性教育只是一些生理知识与避孕知识，没有性道德、性文化、性观念的教育，这是真正让人困惑的深层原因，是让青少年无法判断一些行为的道德背景。

其实，16岁这个年龄阶段产生性困惑、发生性行为在古人看来是非常正常的。古人常常说"年方二八"，就是16岁。前几代人经过了很长时期的性禁锢期，他们的身体发育也与他们的心理认知被封锁起来了。现在，这些禁区被打开了，但很少有人告诉青少年该怎么办？这就有了性困惑和不良性行为。

某市一晚报报道：3月份，青少年热线引来少女求助高峰。她们对性的无知，对后果的漠视令人震惊。每年寒暑假过后，有些在假期里偷尝禁果的少女们就会求助于热线。据青春健康求助中心统计，中心自2005年4月份成立以来，接听了求助电话上千个，登记在册做过一次免费人流手术的达300多名。这些女孩的年龄大多在17岁至20岁。还有不少女孩不止做过一次人流，这令中心工作人员很头疼。一名热线负责人说，一名年仅21岁的女孩，居然已经做过13次人流。由此看来，青少年性教育缺失问题非常严重。

性的发育是正常的生理现象，性是一种本能。人的性发育就是青春期完成的。在青春期中，青少年身体上各器官和性机能发育已逐渐成熟，有独立参与社会活动的要求。但由于社会阅历浅，思维分析能力、判断能力都比较差，并且还缺乏两性社会道德规范方面的知识和意识，不少人因性问题而困

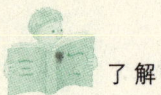

惑、焦虑和烦恼，甚至误入歧途，做出令自己后悔莫及的傻事或错事。这就非常需要社会、学校和家长及时对青少年进行性教育。

由于我国长期受封建观念的束缚，不少人认为，对青少年进行性教育会助长他们的性尝试，为了保持青少年的纯洁，有些家长杜绝他们对性知识的任何接触。还有些家长仍然认为，孩子长大后自然会知道男女之间的事，即无师自通，但这种想法其实是欠妥的。在信息化发达的时代，孩子很早就开始接触到性信息了，即使家长不进行性教育，社会也已经对他们在进行"教育"了，而这种"教育"的影响往往是不良的。

学校方面，尽管有的学校也进行性教育，但往往都是遮遮掩掩，对青少年了解性知识于事无补。由于这种封闭，使得青少年不了解自己身体的第一性征与副性征的发展变化，以及科学的应对方法。越是得不到科学的解释，就越是觉得神秘。在这种特殊心理的驱使下，一些微不足道的小事就会引起男女学生早恋的心理，进而偷尝"禁果"。

社会观念的开放

随着社会观念的开放，社会舆论的宽松，使得不少青少年对性行为变得不在乎，对性行为更缺乏责任感。但是青少年过早的性行为将对今后的恋爱、婚姻及家庭观念产生强烈的冲击，家长和社会应当高度重视。

伴随着社会的开放，性自由、性开放观念逐渐传播，传统的性道德观念受到冲击。一部分青少年的思想观念变得非常前卫、开放，而性行为也被很多未成年人误认为是他们的基本权利，便对自身的行为不加约束，反而认为是一种时尚，产生了"不与异性发生性关系会被别人认为落伍"的错误观念。

蒙蒙在很小的时候，便被叔叔带着去看了一次黄色录像。虽然那时年龄还小，但也给她留下了深刻的印象。上初中后，她家买了电脑，蒙蒙便经常登录一些色情网站，查看不良色情信息。此时的蒙蒙正处于青春躁动时期，不可避免地产生了性冲动，先是自慰，后来又把她的男同桌领回了家，并与之

发生了性关系。由于没有采取任何保护措施，一个月后，蒙蒙出现了严重的妊娠反应，恶心、呕吐，她便到医院检查，知道是怀孕后，她便从家里偷钱做了堕胎手术。

由于现在的社会诱因太多，媒体、书刊，尤其是网络中充满着两性镜头，使青少年男女产生了强烈的性意识和性冲动。于是部分青少年便盲目模仿成人的情感表达甚至自觉自愿的性行为不断增多。而这些性行为常常处于无计划、无保护的状态中，所以怀孕率就高。有些少女被"无痛人流"广告的误导，怀孕了又不敢告诉老师和家长，只好偷偷到医院做人流。

虽然家长和学校在对待性教育上很谨慎，但社会为了"解放"思想，对青少年婚前性行为却很宽容，这直接导致了性行为人群年龄的下降以及性行为的泛滥。由此也引发了一系列的社会问题，比如未成年人怀孕、堕胎、生育，以及与此有关联的盗窃、抢劫、弃婴等。

因为青少年性行为已经司空见惯，人们不再像以前那样惊呼、愤慨，而只是不以为然地说现在的年轻人怎么就这么随便呢？其实，正是社会对青少年性行为的宽容和默许，才使青少年越来越胆大，越来越开放，从而对性行为变得肆无忌惮起来。而放纵性行为的直接后果，就是身体受到损害，心理也受到伤害。

性猎奇心理

青少年时期是性发育期，很多少男少女对性充满了好奇和疑惑。一旦与异性朋友发生接吻、抚摸等这些边缘性性行为，就会直接促进性行为的发生。

青春期常伴随性生理的发育，青少年在心理上会产生性的需要和冲动，这是正常和自然的。由于性知识的缺乏，自古以来人们对性的禁锢，使青少年对其产生了神秘感和好奇心。在猎奇心理和尝试心理的推动下，在适当的时机发生了不该发生的事情。

年仅13岁的小雪是某初中二年级的学生,因"病"请假,休学在家。小雪原本是一个身体健康的女孩,之所以休学在家,缘于她一次无知而好奇的冲动。一次,小雪住在另外一个城市的奶奶生病住院,爸爸妈妈都去看望奶奶,要过几天才能回来。这下子,宽敞的房子成了小雪一个人的天下。一个周六的下午,小雪带着"男朋友"——一个大她两岁的男孩子回家来玩。男孩子晚上没有离去,一对少男少女初越雷池,偷尝了"禁果"。一个多月后,小雪开始感到恶心,身体乏力,以前正常的月经也不来了。细心的妈妈感到不对劲,便领着女儿来到医院检查。检查结果让妈妈大为震惊,女儿已经有了身孕……

随着性生理的成熟,少男少女的性意识开始萌发和觉醒。惊喜、紧张、惊慌失措,各种反应都有,他们出于好奇心理而对性知识产生浓厚的兴趣。家长和社会的封闭激起他们的逆反心理,课本里不讲,自然有大量低级趣味的、甚至手抄本之类的东西找上门来,投其所好。一旦他们认为自己的性知识掌握得差不多时,并遇到适当的时机,他们就想用实践去检验一下自己所学到的知识。

而且,目前青少年在性态度方面的"开放"程度令成人感到惊讶。他们不再"谈性色变",他们敢于亲自尝试以满足对性的好奇。现如今,性已渐渐撕去了神秘的面纱,很多青少年由于性朦胧意识和好奇心理的驱使,使他们再不是"谈性色变"或羞于启齿。有些青少年对性生理等知识已不满足于书刊上所介绍的和通过影视屏幕等所目睹的,不少人由于一时好奇而发生性关系,及至怀孕时才后悔莫及。

另外,伴随着性生理的发展,性心理也开始步入成熟阶段。青春期的少男少女们开始关注异性的举止神态,希望得到异性的青睐。一旦与异性朋友在一起,并感受到接吻、抚摸等边缘性性行为的刺激时,就会使他们的内心躁动不安,性冲动也处在难以抑制的状态。于是,受性本能、性心理的驱使,加之青少年对性的无知和性好奇心理,他们过早地进行性体验和性尝试。

孩子偷尝"禁果"的其他原因

对于少男少女来讲，冲破感情的闸门，不做多方面的考虑，只注重一时的感觉，将会给自己和对方带来非常大的伤害，甚至可能是伴随终生的阴影。

有些青少年在中学就与异性发生关系。这既不是真正的爱情使然，又与未来的婚姻不相干，多半是在迷茫无知中听任本能驱使的盲目行为。婚前性行为对青少年，尤其是女孩的生理、心理都会产生不良影响。因为这时候生殖器官都还没有发育成熟，容易带来许多严重的健康问题。由于性教育的滞后，青少年很少会采取有效的避孕措施，极有可能怀孕，最后要去医院堕胎，从而在心灵上留下挥之不去的硬伤。那么，还有哪些原因容易引发青少年的婚前性行为呢？

热恋心理。两人由初恋进入热恋，感情如胶似漆，有"一日不见，如隔三秋"之感。恋爱达到白热化程度，一旦海誓山盟，性行为也随之而来。这类少女做"人流"虽有羞涩之感，但并不感到空虚和沮丧，甚至还认为这是自己对男友的一种无私的奉献。

不良的个性。发生性行为的青少年大都在个性方面存在一定的缺陷，比如享乐主义、虚荣、自我控制力差、道德意识低、容易受外界影响、情绪不稳定、情绪性强等。

反抗权威的意识。近几年来，随着权威时代的结束，反抗权威、争取自由的概念被广大青少年误解，简单地认为"只要我喜欢，没有什么不可以"，逐渐演变为放纵自己、追求安逸的习性。

团体的影响。青少年的问题常常以群集的方式出现，如吸烟、喝酒、用药及不安全的性行为，常常同时出现在同一群青少年身上。在团体之间盛行且被大家推崇的事物，往往会吸引青少年，从而形成跃跃欲试的心理。

逆反心理。有些女孩的恋情常常受到家庭、亲友、老师的阻挠，不准她与心上人交往，于是，她们便产生逆反心理，进而与男朋友发生性行为。

委曲求全。很多女孩常常是在迫不得已的情况下与男友发生性行为的。当男友提出性要求时，从她们内心来讲并不想这样做，但是又担心不答应会令对方不开心或提出分手，于是就委曲求全，与其发生性行为。

教育·小·贴士

父母是孩子的第一任老师，孩子在各个阶段的发育成长，父母是最清楚的，所以说"知子莫若父"。从小父母就应考虑对孩子进行有关性知识方面的教育。在对孩子进行有关性知识方面的教育时，应注意把握全面发展、适宜、适时、适度的原则。另外，对青春期的少男少女，父母绝不能简单、粗暴地干涉他们的社会交往，要进行正面教育和正确引导，帮助她们树立正确的异性观，教导她们不要沉溺于对异性的盲目追求而荒废学习的大好时光，贻误宝贵的青春。

第六章

意志决定成功，成功始于坚强
——认知孩子的意志

一位哲人说过："伟大人物的最明显标志就是坚强的意志，不管环境如何变幻，他都毫不畏惧，并最终克服种种困难，达到期望的目的。"可见，成功是需要坚强的意志的。意志薄弱的人永远不会成功，只有具备坚强意志的人才会离成功更近一步。因此，我们应该了解孩子的意志缺陷，帮助孩子分析出现问题的原因，有意磨炼孩子的意志，才能使孩子更加勇敢、坚强地面对未来和挑战。

一、在"自杀"的天空下

> 死亡是人类迟早都要面对的,为什么要那么着急呢?孩子毕竟是孩子,终究是脆弱的,如果家长不对其进行正确引导与帮助,悲剧迟早都要发生!

如今的社会,人们的生活水平有了明显的提高,可是孩子们的心理健康水平却没有提高。调查显示,在我国每年自杀人数达40~60万,其中青少年(15~24岁)占1/4之多。更为可怕的是,自杀已成为未成年人的第一死因。尤其是近几年,据统计,有6%~13%的青少年在这一时期至少尝试过一次自杀。

自杀很少发生在13岁以前的儿童身上。因为随着年龄增长,在青少年得到更多的自我认可之后,他们才会走向独立,才有可能想及自杀。女孩尝试自杀的是男孩的两倍,但是男孩自杀成功的却是女孩的四倍,他们往往采取上吊、跳楼、吃药等自杀方法。但随着带有暴力的网络游戏的冲击,以及独生子女的"问题教养",导致家长剥夺孩子更多的自主空间,这种对家长压制的不满导致孩子在现实中以极端的形式表现出来。

青少年的自杀正逐步成为当今社会突出的问题,严重威胁着家庭、学校和社会;另外,自杀行为是因为心身疾病加社会原因造成的。因此,作为孩子的父母,深入研究青少年自杀的原因及一般规律,有助于"对症下药",降低自杀率。

个人心理因素

青少年心理素质差，缺乏责任感，以自我为中心的通病是使他们产生轻生念头并最终走向自杀的原因。自杀行为，实际上是一种自私的不计后果的行为，是对现实的逃避。

自杀的人一般性格都比较内向，具有自卑、依赖性强、情绪不稳、固执、敏感多疑、心理闭锁等性格特征。这种偏执型人格，常会导致当事人对事物产生歪曲的认识以及消极悲观的情绪。而另外一种是自尊心过强，自我意识过强，过分计较个人名声，又不能正确评价自己，有时对自己要求过高，例如一次考试失败，或做错了一件事，就感到没脸见人，抬不起头来，落入严重自责的困境不能自拔，最后选择了自杀。

沈阳一16岁女中学生因高考成绩不理想，失望之余竟服药自杀。高考后，她像其他学生一样，热切地等待着高考的成绩。7月5日晚，她和父母一起拨通了信息台的电话，输入了考号，电话中传出482的报分，满怀希望的她瞬间失望至极。她知道这个分数与她所报的大学"无缘"了。父母见女儿情绪低落，忙安慰她，让她不要伤心。但父母没想到女儿竟会想不开而走上绝路。

升学不过是人生一个小小的转折点，而飞扬的青春却因为这些悲剧的发生而永远消失！如此看来，高考不仅是一场知识和能力的较量，更是一场心理素质的较量。

从青少年身心发展特点上看，青少年正处于身心发展的急风骤雨、变化剧烈时期，他们自我意识比较强，欲望很高，离群倾向也比较大，耐受性较差，很容易产生自杀的念头。

青少年心理发展尚未成熟，面临考试、升学、就业、交友、恋爱等诸多人生选择，各种心身矛盾和众多的心理欲求，使其经常体验到失望、痛苦、悲伤、悔恨、激愤等负性情绪和严重的挫折感、不满足感，而其心理又不成熟、情绪波动大、缺乏应对挫折的能力和技巧，因而是最易出现心理冲突等问题的"危机期"。自杀企图即是心理危机的突出表现。

从学生个体的人格特质来看，一部分青少年性格内向、孤僻，自我封闭不与人交往，或冲动、过激、偏执。加之其心理承受能力比较差，一个普通刺激就使其难以承受；有的内心有强烈的孤独感、痛苦感，这种体验长期积累达到一定极限时，一个偶然因素即可导致轻生念头产生。

家庭的影响

"望子成龙"的思想在一些家长心中根深蒂固。他们不顾孩子的具体情况给他们制定了过高的标准，以致孩子在家中感受不到亲情和温暖，孩子们觉得生活的颜色是灰暗的。

虽然每个家庭的教育方式不同，但由于很多父母对孩子寄予了过高的期望，付出与收获的巨大反差常导致父母亲心理严重失衡。这时，就会表现出强烈的反应，不是对孩子数落责骂，就是拳脚相加，使孩子深深感到家庭的巨大压力而处于紧张、焦虑、不安之中，最后选择结束自己的人生以逃避现实。

2001年11月20日，新疆石河子122团中学初三（3）班4名花季少女，在开完家长会的当天下午相约喝老鼠药自杀。其中两名因抢救无效死亡，一名女孩至今仍躺在医院急救室里，另一名幸存的女孩事发后休学在家。据悉，11月10日，石河子122团中学公布了期中考试成绩，并排了名次。这4位女生名次排在年级的后面，由于害怕家长责骂，她们便商议一起服老鼠药自杀寻求解脱。

我们都知道，父母在孩子成长道路上所起的作用是非常明显的。一个人格健全的孩子，和其父母的教育是离不开的。从服药少女的举动我们也可以看出，她们的父母可能经常采用打罚责骂的方式来教育孩子。这样，错误的教育方式导致孩子走上了错误的道路。

最要紧的莫过于父母的压力，他们"望子成龙""望女成凤"，想通过子女的学习成就与将来的事业成功来弥补自己过去未能实现的心愿。这是家长

不宜有的期待。因为这可能严重影响子女的心态,导致许多被家人寄于厚望但不能出类拔萃而悲观的孩子走上绝路。

此外,还有一些家庭父母之间冲突较多,甚至充斥着家庭暴力,或者父母对孩子采用消极的拒绝态度,使孩子获得支持很少。可以说丧失家庭支持或家庭支持不足是能够预测他们自杀的一个很重要参量。另外,调查显示,单亲家庭和重组家庭的孩子自杀的概率是非此类家庭孩子的两倍。

不要再让自己的子女来为父母的行为"埋单"了。他们还小,他们所要经历的人生道路还很长,给孩子一方心灵的净土,胜过给他们任何的物质享受,也不要因为父母失和,让他们选择极端,更不要因为父母的失和,让他们成为祖国未来脆弱的花朵。

学校的影响

很多学校和老师迫于升学压力,只重视应试教育,而对学生的心理健康培养明显不足,同时也很难意识到自己的行为伤害了学生的自尊。

学校是青少年最重要的生活环境。由于现行教育存在的种种弊端,使这个环境成为其感到压力最大的环境。"压力"与"焦虑"是一对孪生兄弟,学校学习生活的巨大压力使他们经常感到情绪焦虑、紧张恐惧、身心疲惫,甚至会想到死亡。

某重点中学的一名优等生,因为一次模拟考试,成绩比原来下降了10分。使有过度敏感、焦虑特质的任课老师不满意,当着全班同学的面批评了她,而后又一次次找该名学生谈话、说教,甚至威胁她说如果下次成绩上不来,就罚她把试卷抄写一百遍。结果使该学生心理焦虑,情绪越来越紧张,每次考试都会出现出汗、手抖、肚子疼等考试恐惧症状,终于在又一次考试失误后,该学生跳楼自杀了。

美国布洛姆研究认为:学校的压力源,一是学生与教师的关系;二是同学之间的关系;三是成绩与考试;四是来自于学校的批评与处罚。来自学校的任何一种压力源，使学生不堪重负时，学生就有可能以死来逃避或抗争。

最难以承受的莫过于来自学校或老师的压力，他们的教导方法是鼓励学生间的竞争，忽略各个学生的素质与条件，只为争夺教师个人和学校的名誉，督促学生用功，要有特别优异的表现，无形中给学生增加负担和焦虑。

另外，一些老师对孩子的肆意惩罚和讽刺责骂也会造成孩子的自杀行为。在报纸上就曾报道过一名13岁的小学生，因错写'虑、蟹、酿、储'四个字，被老师罚写三千遍。小女孩在将每个字都写了满满三页之后，终于不堪重罚，于5月7日夜在家中服药自尽。青少年的心理发育尚不成熟，往往很难承受老师对他们施加的各种压力。孩子也有自尊心，老师一句"你真笨，怎么教都不会""这个同学的智商有问题"等，都会给孩子带来沉重的打击。

社会及情感因素

身体发肤，受之父母，不敢毁伤，孝之始也。人不是独立于社会存在的，每个人都有自己的责任，家庭责任，社会责任。人岂能只为自己而活？

作为父母，可能很不容易理解孩子自杀的极端行为。他们总是觉得，孩子们的物质生活水平比自己小时候要强出好几倍，还有什么令孩子不满意的呢？而自杀定律告诉我们：一个人采取自杀行为，通常与他的物质生活水平没有什么关系。那么，孩子的自杀行为还与那些因素有关系呢？

社会因素。有的孩子只因有打架等小毛病，左邻右舍、亲朋好友就认定他是个坏孩子，不再接受和理解他，他便会因此破罐子破摔。另外，青少年正处于人生观、价值观形成时期，这时他们接受到的各种信息都有可能对他们的观念造成影响。比如，现在的很多动画片所表现的对死亡的理解就很脱离实际，使孩子们产生"死亡根本不算什么"等不珍重生命的意识。

早恋问题。面对孩子的早恋，很多家长要么扩大声势，找学校，找老师，甚至找对方的家长，弄得满城风雨，鸡犬不宁；要么围追堵截，强令两个人

分开，甚至把孩子一连几天锁在家里，不准出门。结果严重伤害了孩子的自尊心，使孩子更加抵触，甚至以轻生来对抗家长。

封建迷信思想的蛊惑。调查表明，有很多学生认为"人是可以死而复生的"。这样的看法显然是受到了封建迷信思想的蛊惑，"既然人死并无大碍，过段时间后还可以获得重生，那就没有所谓的'终结'了"。抱着这样的想法，一些学生自然不把生命当回事。

人际关系僵化。可以说，人际关系矛盾是引起青少年轻生的主要外部原因。如果一个人的人际关系比较和谐，与周围的人能融洽相处，那他们就比较容易找到倾诉的对象，内心的种种不快、压抑都会得到缓解，一般情形下是不会自寻短见的。

神经和精神疾患。个别青少年学生的自杀直接源自神经或精神方面的疾患，此类疾病的独特作用如幻觉、谵妄或抑郁情绪长期积郁，自杀念头长期酝酿，无心体验也无法体验到生的美好，在旁人看来只是很小问题的情境下告别生命、走向死亡。

生命本能失去力量。每个人的身上都有一种趋向毁灭和侵略的本能冲动，与这个冲动相对的是生命本能。生命本能的最初目标是自卫与自足，正常人身体中的自毁冲动受生命本能的抑制而减弱，或改变了方向。不过有极个别人产生心理障碍后使生命本能失去这种抑制力量，这时死亡本能就可能借着"自杀"方式表现出来。

教育·小·贴士

作为父母，要与孩子建立亲密、良好的亲子关系，当孩子得到大人的关爱、理解与尊重时，他们就不会因情感空缺而走向极端。父母还要注意培养孩子的耐挫能力，让孩子拥有阳光般的心态和坚强的性格。如果孩子因为受挫而长时间沉湎于焦虑与痛苦中是非常危险的，父母要引导孩子正确看待挫折，让孩子把内心的痛苦、失望说出来。另外，有的孩子甚至不知道死亡对自己和亲人究竟意味着什么，于是很轻易地就会走向极端。因此，父母还要适时对孩子进行生死观教育。

 了解孩子

二、孩子与胆怯结缘

胆怯,是孩子对自己不熟悉的人或环境所表现出的忧虑反应。从心理学的角度来看,是孩子缺乏自信心的表现之一。而现在,我们可以从越来越多的孩子身上找到这种缺乏自信的表现。

在日常生活中,我们经常会碰到一些非常害羞、胆怯的孩子。他们上课不爱举手,即使发言也声音微弱,课外活动中又缺乏积极主动性,很少开口说话,不喜欢和同学交往,内心深处充满着孤独、寂寞的苦闷,有紧张恐惧感,对自己缺乏自信。

当然,并不是说胆怯的孩子就不好。他们也有积极的一面,比如胆怯、内向的孩子观察事物仔细认真;做事有耐心,感情细腻深刻等。但是过于胆怯会影响孩子以后的发展,在一次次的胆怯中丧失了无数表现自我的机会,不利于人际关系和健康人格的和谐发展,更失去了自我进取的动力,恐怕以后很难适应社会的发展。

21世纪的人才除应具有丰富的知识,过硬的本领,强健的体魄,还应具有健康的心理。胆怯怕羞的孩子,因无法发挥自己的才能而造成压抑,势必会影响他们的身心健康。由于胆怯怕羞造成的思想紧张,必然会降低孩子的发散思维能力,束缚他们想象力的展开,限制其智力活动的积极性。那么,到底是什么导致越来越多的孩子产生胆怯心理呢?

家庭教育不当

过分保护型与粗暴型的家庭教育方式都可造成孩子怯懦的性格。前者,父母代替了孩子的思想和行为,孩子缺乏经验,生活办事能力差,遇事便紧

张、恐惧。后者，父母剥夺了孩子思维和行动的机会，孩子时常担心遭批评和斥责，遇事便消极、胆怯。

错误的家庭教育方式很容易导致孩子产生胆怯心理。一些家庭经济条件差、父母工作不稳定，于是把希望都寄托在孩子身上，一旦对孩子的表现不满意，父母就会严加管教。孩子有错，要么呵斥，要么拳脚相加，这些都会给孩子带来负面影响，使孩子产生胆怯心理。有的父母过分溺爱，一切包办，使孩子缺少锻炼，也会产生胆怯心理。

小雨是一个非常胆怯的孩子，从小他就生活在被宠爱的家庭里。因为是独生子，父母和祖辈把希望都寄托在他的身上，对孩子可以说是有求必应，而且本该孩子自己做的事情，父母也包办代替，生怕孩子受了委屈。有时候孩子在外面受了欺负，全家人心疼，就把孩子关在家里玩，久而久之，孩子变得胆小怕事，生活缺乏经验，办事能力差，或者不敢轻易去尝试。

随着人民生活水平的日益提高，很多独生子女家庭的父母把所有的希望都放在孩子身上。因此，父母"望子成龙""望女成凤"比以往任何时候都显得迫切。正是因为这种迫切的心情，而忽视了对孩子的教育方法。教育方法不当，是引起孩子胆怯心理的重要因素。

过分的溺爱。现在的孩子绝大多数都是独生子女，不少祖辈更是对他有求必应，孩子说一个人害怕，他们就陪在身边。有的父母害怕孩子被别人欺负，就不让孩子出去和别的小朋友一起玩，遇到孩子与同伴间出现问题就急于代理解决。

过度严厉。有的父母受自身性格的影响，不懂得尊重和正确对待孩子的合理要求，对孩子小则大声呵斥，大则大打出手，过于严厉、粗暴。有的甚至孩子一哭闹，就拖到房里进行"封闭式"教育。也有的父母经常恐吓自己的孩子，孩子一犯错误，就说要惩罚孩子。孩子长期处于这种缺乏关爱、赞扬和肯定的环境中，就会心情忧郁形成胆怯心理。

期望过高。有的父母希望孩子完成自己未了的心愿，不考虑孩子的实际情况，一味地对孩子"高标准，严要求"，千方百计地给孩子灌输多方面，甚

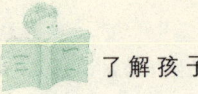

至高难度的知识。尽管自己的孩子已经很能干,很听话,还总爱拿孩子的弱点跟其他孩子的优点比。听到的永远是"你看你,某某什么又比你强。"孩子就会觉得自己永远比不上人家,不想跟他人去交往,封闭自己,导致胆怯心理。

教育者的消极评价

有些家长或教师对孩子随意下结论,说孩子笨、没出息等。而恰恰有一部分孩子敏感于别人对自己的评价,于是他们就会在别人的低评价中得出自我低评价,结果害怕在众人面前表现自己,导致胆怯心理的产生。

很多孩子还无能力自我评价,对自己或别人的评价往往只是成人评价的简单再现。而且,对成人的评价,不加考虑地轻信。所以,当孩子做了某些事被教师或家长否定或批评时,他们就会以为自己不行。久而久之,孩子就越来越胆小,不敢发表意见或独立做事。这样,就会使孩子形成胆怯心理。

甜甜平时少言寡语,玩伴很少,总爱一个人摆弄物品,做事磨蹭,总提不起劲来。于是爸爸妈妈总是批评她,说她是个闷葫芦,以后肯定没出息。结果甜甜变得更加不爱说话,遇事总是畏缩不前。在课堂上,当老师提问时,她发言的声音总是小得很难听清楚,有时还会出现站起来后一言不发或欲言又止的怪异行为。即使是平时,老师和同学与她说话,她的声音也一样小如蚊声,显得非常紧张。

孩子的自我评价尚处于发展时期,具有很强的模仿性,他们对人的评价往往受成人评价的影响。成人在面前多表扬几次谁,那个人马上成为他眼中最能干的学生。然而许多父母和教师往往不注意自己的评价对孩子的影响,经常随意批评、否定、指责他们。当孩子出现问题时,表现出对孩子极不尊重,用严厉的态度训斥他们,随意下结论,哪些是好孩子,哪些是坏孩子。孩子长期处于这样的环境中,就会怀疑自己的能力,认为自己很笨,很差,

不敢在他人面前表现自己。这种消极情绪继续一定时间后,孩子就会对周围的东西胆怯。

有的教师从心里讨厌后进生,认为后进生总给自己找麻烦,总给集体抹黑。因此,许多活动不让他们参加,使其失去很多锻炼的机会。有的教师对后进生往往是不管好不好先给他们泼冷水,或批评一顿,造成学生的胆怯;有的教师总是戴着墨镜看后进生,上课不让发言;有的教师还说上课举手发言要仔细思考,会的可举手,不会的不要举手等。学生怕自己说错,不敢举手,从而产生胆怯心理。

另外,孩子进入青春期后,自我意识逐渐加强,敏感于别人对自己的评价,希望自己有一个"光辉形象"留在别人的心目中,他们对自己的一言一行非常重视,唯恐有差错。这种心理状态导致了他们在交往中生怕被人耻笑,因此表现得不自然、心跳、腼腆。久而久之,便羞于与人接触,羞于在公开场合讲话。

过分自卑

有些人总认为自己没有迷人的外表,没有过人的本领,属能力平平之辈,因此在交往中没有信心,患得患失。长期的谨小慎微不仅使他们体验不到成功的喜悦,而且使他们更加不相信自己的能力。这是导致他们胆怯的重要的原因。

自卑是一种性格上的缺陷,来源于心理上的消极的自我暗示。自卑的学生往往对自己的学习成绩和品质等做出偏低的评价。而胆怯的潜在原因就是自卑,这些同学给人的感觉是胆小、孤独、沉默寡言。长期的谨小慎微使他们体验不到成功的喜悦,屡屡受挫使他们变得胆怯畏缩、消极被动。

小元是农村人,长得很瘦弱。由于父亲早逝,他与母亲相依为命,孤儿寡母,生活艰难。别的孩子穿着光鲜华丽,而他却总是穿旧衣服;别的孩子能依偎在父亲身边撒娇,而他却享受不到父爱;别的孩子会打各种游戏,而他什么也不会。再加上，母亲经常教育他为人要本分，不可惹是生非。所以，小元在成长的过程中总是默默无声，逐渐地便养成了自卑的性格。他总觉得低人一等，别人有的他没有，别人会的他不会，便常常躲着人走，不敢与小朋友们一块玩。他也变得越来越胆怯了，虽然成绩很好，但上课时从来不主动举手发言，即使被老师抽到也支支吾吾说不出一句完整的话来。家里来了亲戚，也从不敢出来见，总要等到被母亲从屋里拽出来，才红着脸勉强问一声好，便又赶紧躲回自己小屋去了。

有的孩子，本来并不低于其他人，甚至有比一般人高的能力，但是稍有失败或受到成人及同伴的嘲笑后，便认为自己很无能，自己不如别人。这是自卑的心理状态。

一些孩子屡遭败绩，或成绩考得不好时，他们就会认为自己笨，没用，因此感到自卑。这种类型的孩子，对自身有自卑感，牵涉到学习和学校活动各方面，都是以保守的态度慎重从事，极力回避表现自己。而且在集体里，朋友、同学之间相处不好时，他们也常有不必要的忧虑，总认为是自己的过错，进而在与人交往时表现得更加紧张、胆怯。

另外，很多教师由于受陈旧教育思想的影响，在设计教学活动时不考虑不同发展水平孩子的需要，对全体孩子提出共同的目标和要求，这就使得许多能力较差的孩子经常不能达到老师设定的目标。在同伴眼中他们成了差者，他们经过努力所取得的"成绩"得不到老师和同学的认可，渐渐失去了自信心，因此而感到自卑。从此，不敢在他人面前发表意见，不敢回答老师的提问，形成了胆怯心理。

先天原因及心理阴影

帮助孩子克服胆怯怕羞的心理，有利于培养他们乐观进取和勤奋的人格，有利于智力、能力和身心的全面发展。因此，胆怯怕羞的孩子的心理健康教育应引起我们足够的重视。

在学校里,每个班级总有那么几个学生不爱举手、不爱说话、声音轻微、羞怯沉默。这些胆怯怕羞的学生将自己封锁在焦虑与疏远的围城中,不仅一生中会失去无数美好的机会,而且也不利于他们的人际关系和人格的和谐发展。为了孩子的未来发展,父母有必要帮助孩子摆脱胆怯心理,让孩子勇敢地走向社会,走向世界。那么,究竟还有哪些原因造成了孩子的胆怯呢?

先天原因。在心理上,每个孩子都有自己独特的气质特征,比如黏液质、抑郁质,这是生来就有的。黏液质类型的学生情绪发生得慢而微弱,他们大多不愿在同学中表露自己。他们在学习过程中善于深思,但往往思路狭窄,在未考虑成熟之前不会轻易发言。偏抑郁质的孩子比较胆小,性格孤僻,不爱说话,更不愿与老师、同学探讨问题,这类孩子在课堂上不活跃,有时即使会也不举手,并且容易悲观失望、情绪低落,这些都会使孩子产生胆怯心理。

条件反射。有的孩子,对事物或人的恐惧属于条件反射式的,如"一朝被蛇咬,十年怕井绳"说的就是这种现象,有的孩子可能会因为看到一些恐怖的事物,形成条件反射,在遇到类似的事物或情景时就会联想起当时的恐怖,于是心惊胆战,坐卧不安。

自尊心、虚荣心过强。有的孩子心理平衡与调节能力较差,自尊心、虚荣心过强,怕出问题,怕影响自己在他人心中的形象,因此事事小心,处处谨慎。无形中,使本来就脆弱的神经更加敏感,每到社交场合便会不由自主地生起一缕胆怯之感。

惰性。有些学生一直没有得到老师的重视,上课时,也总是得不到老师的提问,久而久之,积极性便荡然无存,逐渐形成消极、被动的听课习惯。思维上的惰性造成学生胆怯的心理。

社会原因。社会上有些人只重视分数,一开口先问你成绩好不好。对成绩好的就大加赞美,而对成绩差的则瞧不起,这也会造成学生的胆怯心理。

教育小贴士

引起孩子胆怯心理的最根本原因是缺乏自信,所以,要让孩子克服胆怯心理,就必须帮助他们树立自信。首先,父母要相信孩子,支持孩子,放手让孩子独立完成一些事情,使孩子始终保持乐观向上的情绪,并且充满自信。其次,父母对孩子的评价要多给以积极肯定。因为孩子对成人的评价有一种不加考虑的轻信态度,所以,成人对待孩子的评价适当与否,会直接影响孩子的发展。再次,现在的孩子都是独生子女,缺乏与他人交往的主动性和能力。因此,父母应多鼓励孩子和同伴交往,并适当地教给他们正确的交往技能。

三、懒惰不是天生的

> 人的一生因为懒惰少做了多少件该做的事?错过了多少次通过努力就可以做得更好的机会?又因为懒惰浪费了多少时间?减少了多少次可能成功的机会?懒惰,只会使人一事无成。

常常听到一些父母埋怨,自己的孩子太懒,懒得理发、懒得收拾东西、懒得叠被。不错,确实有些懒惰的孩子,他们缺乏独立性,常常无所事事,清闲自在,什么活都不愿意干,什么事都没有兴趣做,整天一副懒洋洋的姿态。

然而,懒惰的人是不会在社会生活中成为一个成功者的,成功只偏爱那些有准备的人,正如肥沃的田里不种稻子就会生满野草一样,好逸恶劳的人心中长满了野草,从而荒芜了人生。不管何等美好的东西,只有付出劳动与汗水,才能体验到付出的辛苦与得来的不易,也才会更加去珍惜,更会从这种"拥有"中享受到幸福与快乐。

心理专家认为,懒惰是一个人在工作上、学习上或生活上不思进取,该

做的事情不想去做，不懂得超越自我的一种态度。而懒惰是时下孩子中普遍存在的不良习惯。在素质教育中，要培养孩子多方面的素质，而惰性心理就如同一座城门，若是不打开它，要提高孩子的素质与能力就无从谈起。

因为，惰性心理能够抑制人的思想和激情，有时会让人感觉一无是处或郁郁不得志，做任何事情都打不起精神，影响身心健康和智力的发展，难以自强自立，不利于良好人格的塑造，严重者可以导致犯罪。可以说懒惰是万恶之源。因此，父母一定要帮助孩子克服懒惰的坏习惯。那么，首先就要了解一下是什么原因致使孩子懒惰。

父母的包办

懒惰的孩子大多出现在溺爱的家庭中。从小受到父母的包办代替，使孩子没有劳动观念，没做惯家务，突然叫他去做，他当然不会做，还会认为这不是他的事，是大人的事，和他无关。

俗话说，"勤劳娘育懒惰儿"，这话不无道理。很多事情往往是互相牵制，互相制约的，父母干得多了孩子自然干得少了，父母太勤快了孩子自然就懒惰了。因为父母没有给孩子提供劳动的机会，孩子到哪儿去锻炼呢？家务劳动本来是每个家庭成员都应尽的义务，但是，孩子头脑中没有这样的观念，对家庭依赖性强也是顺理成章了。

王元已经上高一了，头脑很聪明，学习成绩也不错。可就是有一个缺点，非常懒。因为家里就他一个男孩，从小父母什么事都不让他做。等到他长大了，父母为了让他把精力都放在学习上，将来能考上一所重点高中，不但不让他干活，甚至对他的服务更体贴周到，饭菜都要端到他面前来。久而久之，他越来越懒。虽然考上了重点高中，可是他到了住宿学校，衣服袜子总是不洗，臭烘烘地堆成一堆，等到周末拿回家要妈妈洗。在寝室里吃完东西，垃圾乱扔，却不知道收拾。该他值日时，他也不打扫教室卫生，结果老师和同学对他的评价很不好，父母知道后也深感忧虑。

父母从小不让孩子动手,保护过度,事事包办,生活上的事都替他做好了,孩子就没有了动手的机会。因此,孩子的动手权利是被父母剥夺了。

知识面比较窄的孩子通常探索欲很强,什么都想尝试一下,世界对他来说是充满好奇和诱惑的。但正是在这个喜欢自己动手来探索世界的阶段,父母"无情"地剥夺了他的动手权利。孩子要自己洗衣服,他很笨拙,父母嫌他弄得满地是水,于是便帮他洗了;孩子要学大人的样子做饭,"你太小了,还不能做,弄不好会煤气中毒的。"

大人的温柔拒绝打消了孩子的积极性。尤其是很多家长把孩子的学习看成重中之重,孩子想帮点忙时,一句"这活不用你干,只要你努力学习,把学习搞上去比什么都重要!"就把孩子的积极性打发掉了。

久而久之,孩子习惯了大人为他安排好一切,父母也心甘情愿地为孩子服务。随着孩子一天天长大,当有一天发现孩子不爱劳动、不爱帮忙时,父母才知道:这孩子怎么这么懒惰!但是懒惰已成为习惯!

父母教育的失误

人才,是会思考的而不单是懂得很多知识的人。善于思考,肯于思考才是真正的人才。美国创意思考中心主任李察·博尔说:"孩子缺乏思考力,父母应负七成的责任。"所以,培养孩子的思考力,不让孩子的思维变得懒惰,关键在于父母的细心培养。

有些孩子由于父母教育的失误,探索知识的积极性与好奇心经常受到呵斥和压制,结果造成了孩子享受不到思考带来的乐趣,而养成了懒于思考的习惯。面对一些问题,他们只能猎取别人思考的结果,而自己却因懒于思考而使思维变得越来越迟钝,甚至影响到自己的学业与生活。

曾有一位母亲抱怨道:"唉,我儿子平时太懒惰,就连学习也要靠家长催促,好像是为父母学习似的。好不容易拿出作业本写作业了,却又不愿意自己独立思考问题,一会儿跑过来问我一道题,一会儿又跑过来问我一道题。我

说你自己动脑筋想想,他就说他不会做。其实,题并不难,他就是不动脑筋!听他的班主任老师说,有时在课堂上要求完成的练习题,他从来不自己思考完成。老师要提问,他就赶忙把同桌的答案拿过来抄一遍了事。这样的孩子真是让父母和老师头疼!"

这反映了一位母亲对孩子的不满,或在表达心中的困惑。其实,问题的症结就在于孩子懒于思考。思考对于懒惰的孩子来说,是一件苦差事。因为他没有良好的思考问题的习惯,没有感受过思考的乐趣。

有强烈好奇心的孩子,喜欢问这问那。有的父母不是引导孩子思考,而是呵斥制止:"小孩子不要问这么多,烦不烦呀。"这样,把孩子的好奇心给封死了。而还有一种父母呢,却积极过度,孩子一问,马上就告诉答案。如果自己答不上来了,又急忙去查找资料来告诉孩子,而不是启发孩子思考,给孩子独立的思考空间。这两种家长都在扼杀孩子的思考力和想象力,使孩子的思维"细胞"不再活跃,对周围世界不再敏感。

思考是脑力劳动,既然是劳动,就会有辛苦在其中。如果没有家长就生活中的点点滴滴的事去启发孩子思考,引导孩子学会思考,孩子就不会积极地主动地去思考,不会养成积极思考的好习惯。当孩子提问时,父母最好把问题分解成小问题,一步步地启发孩子思考,而不要急于告诉答案。即使孩子经过思考后的回答不科学、不符合事实,那也要以赞赏的眼光,鼓励的语言去欣赏孩子的思考之果。

孩子缺乏责任感

缺乏责任感的孩子往往拖沓、懒惰,事事依赖父母,不知道自己的事情自己做,也不知道为自己的家庭尽一份责任。

现在家庭中,很多孩子没有责任感,甚至不知道责任是什么,没有"责任"的概念。他们不知道替社会负责、替家庭负责、替父母负责,甚至不知道替自己负责。他们只知道索取,依赖父母,逃避做事,这样的孩子是成不了大器的。

小明已经上初二了，学习成绩还不错，可就是懒。在家什么事也不做，哪怕是自己分内的事情也不做。因此，他的房间整天乱七八糟，要他打扫他好像没听见。平常都是母亲做家务活。有一次，父亲出差，母亲生病在床，要他帮忙拖一下地板都不肯。母亲说："我生病了，你帮忙做一点！"他却回答说："等你病好了再拖地吧。"母亲听后伤心至极，想不到自己的孩子竟变得如此懒惰。

孩子的"懒惰"是长期形成的行为习惯，也是长期形成的心理习惯。生活中有些基本的事情是必须自己要做的，别人替代不了，别人也没有义务替代。孩子之所以拖沓、懒惰，是因为缺乏责任感。而这种责任感的缺乏，也是分情况的，主要表现为如下。

不敢负责。可能是爸爸妈妈要求孩子完成的任务太重，比如，要孩子打扫所有的房间，或要孩子去买十样以上的东西。面对这些突然出现的庞大任务，孩子会觉得害怕、不知所措，没有处理这些事情的经验，又怕做不好被爸爸妈妈责骂的心理下，孩子很可能立刻以"我没有空！""我不会买！"等借口来逃避。

不会负责。如果孩子没有把事情做好，父母也没要求他重做，或只是唠叨几句就自己接手把事情处理完，以至于让孩子没有懂得"要享受权利，也要会尽义务"的道理。久而久之便养成生活用品乱丢、不会物归原处等不良习惯。

不想负责。孩子渴望把事情做好，可是每次无论怎么做，父母都不满意，并且大声责骂孩子这里做得不好、那里做得不行，久而久之孩子会觉得沮丧难过。因为不管自己如何努力想做好事情，都得不到父母的认可与鼓励，时间久了也就失去了"想负责、想做好事情"的动机，日后对于父母交代的任务，干脆采取假装不知道、不理会的态度。

教育·小贴士

父母平时应有意识地帮助孩子认识劳动的意义，知道劳动可以创造一切。并让孩子做一些力所能及的事，比如洗衣服、整理自己的房间、收拾

书包、整理生活用品,帮父母拣菜、倒垃圾、买东西……让孩子在家务事中体会劳动的价值,找到劳动的乐趣。父母要和孩子一起劳动,以提高孩子劳动的兴趣,融洽家庭气氛,还能培养孩子的协作精神。父母要及时表扬孩子在劳动中的出色表现,对他们的劳动成果予以充分的肯定,以保护孩子劳动的积极性。

四、生命中不能承受的压力

> "少年不知愁滋味"——在很多人看来,天真可爱、快乐无忧又富于幻想的孩子,应该不知道什么是忧愁、烦恼和压力。不知从何时起,孩子那欢快兴奋的叫声消失了,灿烂无忧的笑容不见了,取而代之的却是不堪重负的焦虑、疲倦、烦躁和压力。

近年来,大量有关调查数据表明,我国未成年孩子心理压力的普遍加大。孩子整天不愁吃,不愁穿,受到的关怀无微不至,他们怎么会有压力呢?

现代的孩子在得到父母及长辈无穷无尽的爱的同时,却越来越没有了自己的自由。在家里,他们得到昂贵学习用品,同时承担着父母殷切的期望。在学校,他们在面对学习压力、考试压力的同时,又不得不面对另一些问题,如受到老师批评,不能与同学友好相处等。这些都是使孩子产生压力感的原因。

调查中专家们发现,聪明的孩子受到的压力比起一般的孩子往往更大。这是因为:聪明孩子在学校里大都学习成绩优秀,容易受到老师的重视和同学的敬佩,因为如此,"只许成功,不许失败"渐渐便成为他们心中的座右铭。在这种观念的指引下,他们常常为了争第一或保第一而拼命,并因此而弄得心力交瘁。

 了解孩子

孩子们在感到压力时，由于不懂得与大人沟通与交流，因此他们有时无法得到成人的及时帮助。而且由于他们自身的知识以及处世经验的缺乏，处理问题的能力比较差，不能自己解除压力。所以，当压力过大或持续时间过长时，孩子会产生诸如抑郁症、厌食症、睡眠障碍等生理和心理问题，这些将严重损害孩子的身心健康。

做父母的有责任帮助孩子克服压力。心理专家指出，对孩子来说，父母是最重要的影响力量。因此，父母一定要多与孩子沟通，认真分析造成孩子心理压力的原因，以便采取积极措施帮孩子减压。

父母的过高期望

如果单从物质角度来看，现在的孩子的确幸福。可是越来越多的孩子却患上了"童年恐慌"，出现了较强烈、较持久的焦虑心态，甚至有了"末日来临"的感觉。这能说他们幸福吗？父母投在孩子身上的种种期望，让孩子陷入看不到希望的痛苦深渊中，一路挣扎一路成长着……

当代中国年轻人的成功欲望特别强烈，因为他们承载着父母太多的期望。现在的孩子大多是独生子女，父母对他们寄予了太大的期望，过高期望不利于孩子健康成长。这个时代为中国青少年提供了前所未有的机遇，但同时也给他们带来了前所未有的压力。

一对对儿子寄予厚望的父母，为使儿子更好地学习，特意买回一台电脑，并安装了宽带。可当有一天他们发现儿子在电脑上玩游戏时，父亲一怒之下没收了儿子的键盘。随后的日子里，细心的母亲发现儿子的行为有些反常，他每次面对父亲时总是一副敌视模样，而且他的书包里多出了一把水果刀！再后来，孩子的学习成绩逐渐下滑，甚至开始逃学，沾染了一些不良嗜好。父母对他的管教更加严厉，可是，孩子与父母的矛盾却越来越深。后来，厌学的儿子干脆选择了不读书。这样的情况让家长十分不安，随后，他们找到了心理咨询师寻求帮助。面对心理咨询师，年幼的孩子终于说出了自己的心里

话:"哪天他们要再这样对待我的话,我就用水果刀把我爸弄死。"

造成孩子学习压力大和考试焦虑的重要原因之一,是父母的期望过高。身为父母,没有不对孩子抱美好期望的。怀胎十月,他们期望生下来的宝宝健康、漂亮。孩子呱呱坠地,他们又开始期望孩子聪明伶俐,尤其上学后,更是期望孩子有天赋,能有好的成绩。此后他们的期望就更多了,要孩子进重点中学,将来考名牌大学,有一个锦绣前程……总之,孩子一路走来,他们的期望就一路追随。尤其现在大都只有一个孩子,父母除了把浓浓的爱倾注在孩子身上之外,更把满腔的期望集中在孩子身上。因此,孩子需要背负的期望更多了。

过度望子成龙起码有两个危害:其一是极易揠苗助长;其二是必然给子女造成过大的心理压力。

揠苗助长,必定适得其反,甚至毁掉孩子的一生。过大的心理压力和精神负担,可能造成孩子不健康甚至导致心理变态与失常。

由于过度望子成龙,现在中国许多家庭的氛围相当凝重,子女的学习成绩成了关注的中心,成了全家人喜怒哀乐的晴雨表。许多家庭对子女的学习成绩都有名次上的要求,父母整天提心吊胆,子女更是胆战心惊,家庭生活也极为单调、乏味。子女一旦没有达到预定的期望,一些父母就会捶胸顿足、痛心疾首,甚至恼羞成怒。现在的孩子实在可怜,他们同时生活在天堂和地狱里,他们一方面获得了过多的爱,另一方面又受了过多的罪,过早的精神重负和竞争的惨烈同时呈现在他们面前,怎会让他们过得快乐,过得轻松?

不堪学习压力重负

现在的孩子真是可怜。因为是独生子女,背负了父母太高的期望,他们每天承受着沉重的课业负担,在老师的注视下,在同学的竞争中,在书山题海里苦苦挣扎。

压力就是外界的各种刺激对身心引起的不良影响。现在的学生由于课业繁重等原因，压力问题日益突出。轻微的压力可以轻松消除，随时间淡化，或因个人感受不同而逐渐转化为推动力，增加进取心。但过重的压力会引起不安、暴躁等情绪变化，对身体造成不良影响。

韩玥出生在一个双普通工人家庭里，家境贫穷。父母每天省吃俭用，把省下来的钱用在女儿的学习上。女儿学习非常努力，她的成绩在班里一直名列前茅。但中考时，没有调整好心态，再加之考试紧张，结果以3分之差与重点高中擦肩而过。后来父母想尽办法托关系，让韩玥进了重点高中。这样一来家里的生活更艰苦了，进入重点高中的韩玥发誓一定要努力学习，以最好的成绩来报答父母。

然而，在重点高中里的学生大多都是学习精英，韩玥的能力要低于其他同学，要想出类拔萃谈何容易。因此韩玥心里存在着很大的压力，也开始气馁。后来在一次模拟考试中，韩玥的成绩竟排在班里倒数几名，她的心情糟透了，这么久的努力白费了。于是她更加消沉，灰心丧气，整天愁眉不展，焦虑不安，真的不知道该如何面对父母和老师。

"学习压力"已经成为影响中学生心理健康的主要原因之一。课程的设置、教学方法、师生的关系等，都会对学生的情绪产生影响。而与此同时，频繁的考试、个人成绩在年级或班级的排位等，同样会给学生带来压力。孩子从小学起就开始在同学之间激烈的竞争下，为了考上大学，不分白天和黑夜，埋没在无边无际的题海里，学习早已不是快乐。

引起孩子学习负担过重的原因是多方面的。

首先，随着社会的发展，社会对人才的要求越来越高。高等学校扩招以后，用人单位对优质高等教育的期望加大。所以，家长都急切地希望自己的孩子能上好学校、取得好的学习成绩，为将来成功赢得保障。这种社会背景形成了孩子的外在压力。

其次，我们目前的教育仍存在很多误区。在某种程度上来说，我们的基础教育实际上是选拔教育，就是要用一次又一次的考试、越来越统一规范的考试、不断强化难度的考试把学生分出档次，用大量难题层层淘汰出一批又

一批不能升入高一级学校的孩子。考试第一、分数第一、升学第一、智育第一的现实不可避免地造成青少年沉重的学习压力。

再次,由于升学考试造成的恐慌,学校和家庭的严格要求,同学间的相互竞争,以及对自己前途的忧虑,都会给孩子带来严重的思想压力。从而导致大脑机能失调,使头脑发"木"。

高考压力不是幌子

六月,被人们戏称为"黑色六月",这是因为一年一度的高考大都在六月份进行,它牵动着考生和家长的每一根神经。而科学的实践和研究表明,考试之前(尤其是前3个月)是考生精神最为紧张、压力最大的时期。

高考在为国家选拔人才,提供公平竞争的平台等方面发挥了积极作用,但也带来了一定的负面影响:给考生、家长、教师和学校带来了巨大压力。高考对于每位学生都很重要,但是有个正确的心态更重要。此时学生们都给自己定了目标,要对得起父母多年的养育和自己多年的辛苦。在巨大的心理、生理压力下学生们反而心情烦躁、收不住心、很难集中精神,学习的时间与学习效果明显不成正比。这些都是因为学生心理与生理的压力太大造成的。

许明是师大附中高三的学生,他是人们公认的优秀生,都认为他一定能考上名牌大学;他是父母心中的好孩子,只会读书从不惹事。但是,在距离高考不足一个月时,他却十分反常,时常焦虑不安。此时正是大家冲刺的时候,他却两次从家中和学校"失踪",这让父母和老师的心都揪了起来。许明自己也没法解释自己的行为,高考的日子越近,他就越感到慌乱。许明的行为并不是个案,班主任发现,许多学生都不同程度地表现失常。

高考前,高三学生感到巨大的压力,这是必然的。考前适度的紧张和压力会促进学生全面、认真地复习,从而达到良好的考试效果。但是,也造成一些同学过度地紧张、焦虑和慌乱,以致影响考试水平的正常发挥。

由于高考所具有的鉴别、选拔人才的尺度性控制功能，所以在"优胜劣汰"的铁律控制下，必然会对考生造成巨大的心理压力。家庭、教师和学校对学生过高的期望，把考试成绩作为录取的唯一评价标准，这是学生产生心理压力的重要原因。

　　此外，从学生来讲，首先，多数考生对成功的强烈渴望和对自己现实水平的评价存在着一定的失衡。如果低估自己，就会导致自信心不足，从而产生怀疑自己能力的压力；如果过高估计自己，则高考不能成功，事与愿违，也会产生失望的压力。其次，考生把高考意义看得过重也是压力产生的原因。如不少考生把高考看做是人生道路上决定命运的关口，并把考试成功与对父母的回报等联系在一起，就给自己定下了只准成功不准失败的目标，这无形中为自己增添了沉重的心理负担。

孩子角色压力大

　　青少年所面对的角色压力比较大。由于他们在学校和家庭都缺乏必要的挫折教育和心理素质教育，造成他们的心理素质不高，面对压力缺乏应对能力。

　　青少年时期是人生的重要时期，也是人生的暴风时期或狂飙时期。随着文明的进步，社会的多元化，个人要扮演的角色愈来愈多。而信息的发达使我们要做的事情越来越多，时间精力也被分割得琐碎，因此常常无法兼顾。为此，要扮演好各种角色，就必须承受极大的压力！

　　11月28日零时许，包钢十二中16岁的初三女学生袁某在包头市昆区67号街坊家中服毒自杀。原因是母亲埋怨她考试成绩不好，训斥了她。袁某从小生活在单亲家庭，死前写了遗书，称自己"不知能不能见到明天的朝阳"。

　　昆区，一个14岁的女孩子残忍地掐死了自己的亲奶奶。

　　东河区，一个初中生，因为父母不给他与同学聚会需要的几十块钱，竟然上吊自杀……

第六章 意志决定成功，成功始于坚强

刘某原是某中学的学生。2003年暑假的一天，父母都去上班了，17岁的他便到街上游逛。当他发现自己手头无钱时，便想到了抢劫。他去了自己的学校，对一名没有回家的女生实施抢劫，对方大声呼救，刘某担心事情败露，竟将其残忍杀害。

2005年11月的一天，某中学18岁学生冯某，对家长谎称去上学，而对老师则称自己要去看病，然后窜至张店一练歌房唱歌，后将练歌房小姐周某强行奸污。

青少年在生活中要扮演很多个角色：在父母面前要做个出色的孩子；在老师面前要做个出色的学生；在同学面前要做个好同窗；在朋友面前要做个好知己等。这些角色一同落在孩子稚嫩的肩膀上，致使孩子无法周全一二而产生角色冲突时，压力便产生了。

一般说来，构成压力的事件，多半都是坏的事件。然而，普通的人际关系也会造成一定的心理压力。人际关系的压力主要来自于这样几个方面：相互竞争，希望自己比别人表现优异；控制他人而不要被他人所控制；力图使自己的言行符合他人的标准；取悦别人以便达到某种目的；等等。

青少年所面对的社会压力比较大。由于他们的心理还不成熟，加之在学校和家庭都缺乏必要的挫折教育和心理素质教育，这就造成了他们的心理素质不高，面对压力缺乏应对能力。

这些稚气未脱的中学生，为什么会有内心压抑和冲动，甚至会有突发伤人或自伤行为等不健康的表现呢？不和谐的生活环境会在孩子心灵上留下难以磨灭的伤痕，并造成心理问题。当人际关系要求过强，以苛刻的人际行为做标准时，焦虑和压力会迫使他们产生强迫行为，以缓解焦虑。社会政治生活事件也或多或少地在孩子的心中产生影响：社会存在贫富差距，一些官员腐败问题在孩子心中留下阴影，影响心理健康发展，这是一个潜移默化的过程。

 了解孩子

> **教育·小·贴士**
>
> 父母要有正确的人才观,纠正只有"考上大学才能成才,考不上大学便无出路"的错误观念,树立"三百六十行,行行出状元,行行可创新"成才道路多渠道的观念。父母还要设身处地为孩子着想,照顾孩子的兴趣爱好和实际能力,尊重孩子的意愿而不是盲目地要求孩子按照成人预先设置的程序成长。千万不要对孩子提出过高的要求,注意给孩子减轻精神压力,注意培养孩子健康的心理、完善的品格和基本的动手能力,不要单纯地要求孩子在学业上拔尖。

五、恐慌背后的社交恐惧

> 生活当中,孩子不可避免地要与各种各样的人打交道,社交是展示风采的重要方面。可是有些孩子一到重要场合,或与老师、同学交谈时,就不由自主地胆怯、犹豫、心慌、手颤,久而久之,形成了社交恐惧。

一项有关中学生心理健康状况的调查显示,目前中学生的心理问题较多,其中女生及高中学生心理问题更明显。一位十五六岁的高中生,不敢当着老师、同学的面发言。如果遇到同学轮流上台发言,实在躲不开,她宁愿装病逃学,也不敢面对朝夕相处的同班同学说话。对上台发言,用她的话说:"还不如把我杀了。"为什么会这样?原因可能在于孩子有社交恐惧。

社交恐惧通常起源于青少年时期,男女均可出现。青少年渴望友谊,希望广交朋友,希望与社会融洽,这是很自然的。但有些青少年遇到具体交往时,如找人谈话或别人找其打交道,就出现了不敢见人,遇见陌生人面红耳赤,说话唯唯诺诺,语无伦次,神经处于一种非常紧张的恐惧状态,这就是社交恐惧。社交恐惧往往会泛化,严重时拒绝与任何人发生社交关系,把自

己孤立起来,对日常生活与学习造成极大的妨碍,同时也危害着身心健康的发展。研究发现,社交恐惧是一种非常严重的心理问题,能够损伤人的心理功能。

在我们的生活中,这种社交恐惧现象十分常见,严重的会发展成社交恐惧症。中学时期,一个人生理和心理都要发生急剧的变化,如果在这一阶段遇到心理问题,没有解决好,就可能会影响他们将来的升学、求职、就业、婚姻等一系列社会化进程。那么,是什么原因造成了孩子的社交恐惧呢?

曾经失败的社交经历

社交恐惧的产生有许多是源于昔日直接创伤的经历。很多孩子曾经因为在社交场合有过一次两次的失败经历,并且遭到过众人的嘲笑,从而造成了孩子的恐慌心理,致使在以后的生活中一遇到社交场面就开始紧张、恐惧。

社交恐惧症的产生常是过去经验的泛化,通过联想而引发出来的。俗语说"一朝遭蛇咬,十年怕井绳。"这句话十分形象地说明了人的恐惧心理很多是在具体的遭遇中产生出来的。

今年15岁的明明是一名中学生,在课堂上从来不敢举手发言,即使是老师点到他,哪怕是他会的问题,站起来也是低着头一言不发。在学校里他没有朋友,因为所有的同学都知道他不爱"搭理"别人。久而久之,同学们都叫他"胆小鬼"。经老师的认真询问才知道,原来在明明上小学时,一次演讲比赛中因为紧张,忘了演讲内容,而被台下同学哄笑,造成了现在的社交恐惧。

青少年的社交恐惧,大部分是因为小的时候心理遭受过创伤,造成了日后的潜意识恐惧。如一个男生不小心踩了邻桌女生一脚,刚穿上新鞋的女生很气愤,骂了他一句:"臭德性!"这位男生听了感到很羞耻,见到那个女生就莫名地局促不安,后来发展到一看见穿着相似的鞋的女生就紧张。这种恐惧反应来源于创伤性的心理因素。

患社交恐惧的孩子往往对自己在别人面前的表现非常在意,担心别人对自己做出不好的评价。所以在社交场合,越是担心自己表现不好,就越是感到身心紧张,从而影响自己与他人的正常交往。

精神分析理论认为,一个人在童年时期所经受的精神创伤常可能成为成年后心理失调的根源。由于早年人际交往方面经历过的一些精神创伤事件,在经过类似联想引发出来后,又经过头脑加工,而使原来的恐惧变得更为形象,甚至更为深刻。再如,主动登门拜访同学,同学反应十分冷淡;主动与他人交往,遭到拒绝等,在以往的交往活动中得不到积极的反馈,而尽是一些消极的反馈,从而降低了交往的欲望。这些消极情绪色彩的印象刻记在脑中难以消除,反而常以高度的敏感和暗示发挥其潜在的作用,导致害怕与人交往。长期下去,在这种不良心理的体验下,造成严重的社交恐惧。

不恰当的家庭教育

家庭教育对孩子的影响是长久性的。同样的教育目的,方法用对了就会成就孩子的一生;用错了就会误导孩子一生。

社交恐惧的产生和父母的教育也有很大的关系。有的父母对孩子过度保护,剥夺了孩子与人交往的机会;有的父母只注重孩子的学习,忽视了孩子交际能力的培养;而还有一些父母则是经常对孩子打罚责骂,使孩子形成了胆怯、孤僻的个性。

东子已经上初一了,应该是个勇敢的男子汉了,可他却是大家公认的"胆小鬼"。因为他在学校里规矩得有些过头,不但不惹是生非,甚至和老师、同学讲话都战战兢兢,紧张得要命,严重的时候还会语无伦次。后来在老师与东子的谈话中了解到,东子原来并不这样胆小,只是上小学的时候,有一次他在学校里惹了祸,老师来家访告诉了的父母。老师走后,他挨了父母狠狠的一顿揍。从那以后,老师再来家访,即使是来讲他的进步,他想起上次挨

打的经历，也会有一种恐惧的心理，并且他开始变得十分害怕老师，甚至和同学在一起也会感到紧张和恐惧。

很多父母在教育孩子的过程中，对孩子的看法比较偏激，教育方式也易走极端。他们常常对孩子的错误不是打就是罚，致使孩子内心布满阴影，再遇到相关的人和事时，就会感到紧张和恐惧。

还有一些父母在教育孩子方面存有更不妥当的方式，比如在聚会的时候不允许孩子随便插嘴或发表自己的见解。孩子一旦出点洋相，或不小心打碎什么东西，父母就会认为自己的孩子不争气，给自己丢脸了。于是就会在众人面前或公共场合打骂羞辱自己的孩子，从而造成孩子对社会交往患有一种恐惧的心理，进而害怕见人，害怕在任何公众场合公开露面。

另外，父母的过度保护，也是造成孩子社交恐惧的一个重要原因。由于现在的孩子都是独生子女，导致一些家长对孩子的过分溺爱，整天把孩子关在家里，干预孩子们之间的正常交往，剥夺了孩子和小伙伴游戏和交往的机会，久而久之孩子就对群体生活很不适应，从而不善与人交往，或难于处理人际关系。

再者，一些父母只注意孩子的学习成绩而忽视对孩子社交技能的培养，导致孩子因难于应付社交场面而产生恐惧。

孩子过度自卑

具有自卑心理的人，总是过多地看重对自己不利和消极的一面，而看不到有利、积极的一面，缺乏客观全面地分析事物的能力和信心。有自卑心理的人大都比较敏感，容易接受外界的消极暗示，从而愈发陷入自卑中不能自拔。

现在的孩子大多都有很强的自尊心。他们在家里深受父母和长辈的重视，在外面希望得到别人更高的评价，甚至希望自己在别人面前能够表现得十分完美。但是由于自身的能力有限，往往使他们在人际交往中表现得很一般，或者表现很不好。这样就会使他们产生很强的自卑心理，认为自己不行，进而在以后的社交场合表现出退缩、恐惧的心理。

张谦是初中二年级的学生。由于她身体弱小，经常被班里同学称为"二等残废"，这使张谦感到深深的自卑。于是张谦在班上从来不讲话，总是静静地坐在那里。开始其他同学还主动找她说话，但是因为紧张，她讲话总是声音很小，甚至语无伦次，后来同学们都不理她了。渐渐地，张谦变得更加内向，她觉得同学看她的目光都是不屑的、蔑视的。她觉得自己已经成为同学眼中的一只丑小鸭。所以，每当见到同学时，她总想迅速逃离。后来，见到任何人她都感觉有人在嘲笑她，在背后议论她。结果张谦变得越来越不喜欢上学，不喜欢见人，而是整天躲在自己的房间里。

人的自卑心理来源于心理上消极的自我暗示，即"我不行""我做得没有别人好"。他们常常对自己寄予了很高的期望，但由于自身的某些缺陷或一次两次的失败，便开始把自己看得一无是处。正如哲学家斯宾诺莎所说："由于痛苦而将自己看得太低就是自卑。"这也就是我们平常说的，自己看不起自己，自己不满意自己。

有一些期望较高的孩子，他们特别希望自己能在交往中给别人留下深刻的印象。他们或者特别爱面子，认为所有人都喜欢他才有面子；或者具有很强的完美主义倾向，恨不得在别人面前表现得完美无缺，那么他们便很容易患社交恐惧症。

常有这样的学生，对自己要求很高，要求在各个方面、各种场合都表现得非常出色，但本人却并不十分出色。这种高要求和低能力之间的剧烈冲突引起了他的极度自卑，从而给他的交往处世带来了高的压力和高的焦虑。他内心的高要求又使得本来达到正常交往水平的活动得不到内心的肯定的体验，总是自我否定。越自我否定，就越得不到肯定的体验，便越自卑；越自卑，也就越怕与人交往，最后导致害怕社交、恐惧社交。

孩子恐惧社交的其他原因

患社交恐惧的孩子，面对不熟悉的人讲话、在众人注视下运动或与异性交往时，往往会出现显著的、持续存在的担忧或恐惧，担心自己将面临窘境或耻辱，总感到紧张、焦虑，明知不必却又无法消除。

孩子的社交恐惧、沟通困难不仅与其个人的性格有关，还与其心理有关。人际交往是人与人之间的互动，良好的人际交往能力可以使人积极向上；反之，则不利于孩子的身心全面健康发展。

导致孩子产生社交恐惧的原因还有以下几个方面。

性格内向。从个性特征来看，患有社交恐惧的孩子多见于那些胆小怕事、害羞、依赖性强及高度内向的孩子。这样的孩子小时候经常被大人夸奖为听话。而那些爱说话，不认生的女孩，有时反而会被斥责为没有女孩儿样。内向的孩子在青春期如果不注意调整心理状态，许多人会更加惧怕与人交往，严重的会发展成社交恐惧症。

内心矛盾冲突。青春期的孩子由于性生理的成熟以及性意识的觉醒，开始对异性充满好感，想接近异性。若家庭对这方面管教甚严，就会使孩子认为想接近异性都是可耻的，认为"性是肮脏的"。那么这种强大的性的内驱力与性的压抑倾向之间会形成不可调和的心理冲突，这种冲突可转为对异性的恐惧，甚至泛化到对所有人的恐惧——不敢对着别人的眼神，害怕与人讲话，上课不敢看黑板，不敢与人交往。

间接经验。如看到别人或听到别人在某种交往情境中遭受挫折，陷入窘境，或受到难堪的讥笑、拒绝，自己就会感到痛苦、羞耻、害怕。甚至通过电影、电视、小说、广播、报刊等途径也可以学到这种经验。他们会不自觉地依据间接经验，来预测自己会在特定社交场合遭受令人难堪的对待，于是紧张不安，焦虑恐惧。这种情绪状态的泛化，导致了社交恐惧。

过强的忌妒心理。忌妒心理是指发现别人在某些方面优于自己，认为可能危及自身利益时，而产生怨恨情绪。孩子的忌妒心理一般都是指向身边的

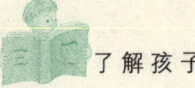

同龄人,而且很难自控。比如有的孩子学习成绩很好,为了保持第一名的地位,他努力刻苦地学习,生怕别人超过自己。有同学向他请教,他也一向置之不理,结果导致他的人际关系恶劣,影响了集体的团结,甚至和大家越走越远。

教育·小·贴士

作为父母,要理性、平等地对待孩子,不能因为一点错误而在众人面前伤了孩子的自尊心。由于孩子平时很少有朝夕相处的玩伴,父母又因工作忙而无暇顾及孩子,造成孩子不善交往,这就需要父母经常与孩子沟通与交流,并教给孩子一些人际交往的技能。此外,父母还可以利用假期带孩子到外地游玩或走访亲戚,接触社会和大自然,回来后孩子能够在同学中讲述自己的所见所闻,在同学间增加了交流的内容,从而更有利于孩子与同学们打成一片。

第七章

网瘾实乃陷阱，陷阱埋葬青春
——解读孩子的网瘾

网络的发展为孩子学习、交流及娱乐提供了方便、快捷的平台。但由于孩子正处在心理和生理的发育高峰期，他们敏感而脆弱，往往用幻想代替现实，而网络的虚拟性正迎合了他们的这种需要，所以大部分孩子随着上网时间和上网次数的增加，越来越沉迷于网络。这对其生理、心理及学业等方面会造成巨大的影响。因此，父母要重视孩子的网瘾问题，了解孩子上网成瘾的心理原因，从而更好地帮助孩子克服网瘾。

一、网络游戏猛于虎

> 当前网络游戏成瘾已成为学生中日益突出的心理卫生问题。网络上流行的有些活动与内容，如网络游戏、网络赌博、黄色网站等，已经在中小学学生的青春期心理发展中造成了严重的精神卫生问题。

现代社会，信息技术发达，它给人们的工作、生活、学习都带来了很大的便利，同时也给社会带来了不容忽视的负面影响。某地一13岁男孩因沉迷网络游戏不能自拔而跳楼自杀；一学生因索要上网费不得而对其父母拳打脚踢；一母亲为唤不醒沉迷网络游戏中的孩子而绝望地投江……由孩子网瘾而引发的悲剧还有很多。

《中国青少年网瘾数据报告（2005）》显示，在青少年网民中有网瘾者达13.2%，有网瘾倾向者占13%。而在网络成瘾者中，12岁至24岁的青少年占80%。某小学在对全校四至六年级1120名学生的调查中表明：学生上网人数达52.9%，其中，93.9%的人在玩游戏，并且随着年级的升高，人数呈明显上升趋势，且男生多于女生。调查显示，在上网学生中有9.8%的人沉溺网络游戏不能自拔，这不仅直接影响睡眠休息，也挤占了课余体育锻炼和参与社会实践的时间，有的甚至挤占正常的学习时间，而且不利于锻炼健康的体魄和提高社会实践的能力，也不利于学习，严重影响身心发展。

既然沉迷于网络游戏的孩子那么多，而网络游戏又严重损坏了孩子的身心健康，那么，身为父母，就有必要认识一下孩子为何会沉迷于网络游戏而不能自拔。

网络游戏强大的诱惑

网络游戏对孩子来说,具有强大的诱惑力。游戏画面的闪烁神奇,内容的惊险刺激,角色的随意变换,使沉迷于游戏中的孩子在一次又一次的胜利过关中寻求新的成功体验。

近年来,对青少年学生吸引力最大的要数网络游戏了。市场上大部分的网吧都设在街面或胡同里,这些网吧几乎都是环境拥挤、简陋不堪。经营者们为了吸引更多的青少年学生来玩,设置了各种有奖游戏。网络游戏画面变幻神奇,内容惊险刺激,投入性、对抗性非常强,使人一旦加入其中,就集中精力进入"角色",耳眼手脑并用,往往可以使情绪得到宣泄,使心理得到平衡,因而对青少年学生有着无法拒绝的诱惑力。

2007年5月19日晚上6点左右,家住河南省郑州市的赵先生下班回家后发现,家里好像来过人,客厅里的影碟机和儿子屋里的玩具都不见了。

"家里是不是被盗了?"赵先生正准备拨打110报警时,年仅14岁的儿子赵迈却神色慌张地阻止爸爸报警。在赵先生的追问下,赵迈终于讲出了实情,"卖给收购站还钱了。"

原来,赵迈每次放学之后都不回家,是直接和同学去网吧打网络游戏,从此渐渐沉迷于网络游戏中。尽管爸爸、妈妈平时给他的零花钱全部"贡献"给网吧,但还是"杯水车薪"。于是,赵迈就到处向同学借钱。仅仅一个月的时间,他竟然欠了同学300多块钱,他的同学多次催他还钱,可他总是一拖再拖。

后来,这些同学要出去游玩,非要赵迈还钱不可。赵迈实在没有钱还他们,想了一天,终于决定趁家人不在的时候,让他的同学来家里搬走几样值钱的东西,去废品收购站卖掉还债。当天下午,赵迈就带着同学回家,将家中的影碟机和自己房间里的几件玩具拿走,到附近的废品收购站卖掉了。

游戏对学生有强化激励作用。网络游戏有简单和复杂两类,简单的游戏只要掌握一般性操作,就可以使紧张、疲劳的大脑得以放松;复杂的游戏则可以锻炼学生解决问题的能力，使反应灵活性增加。高级的游戏中，设计者将游戏结果通过屏幕显示出来，让人得到赞赏，可以促使游戏者为了得高分而过分投入，这种游戏的强化激励作用往往使学生难以从游戏中自拔。在游戏中追求"高分"的成就动机提供了从事这种活动的源源不断的热情。

网络游戏在一定程度上能帮助学习困难者获得某种成功的体验。长期以来，由于学习压力过重，加上家长期望值过高，致使许多学生心理不堪重负。当他们遇到困难、挫折、失败时，又找不到合适的宣泄途径，而玩网络游戏不仅能够宣泄压抑的情绪，还能获得成功的体验。在游戏中暂时的受挫不但不会削弱他们的斗志，反而使他们越战越勇，平时在学校时体验到的"压抑感"在这里荡然无存。

青少年在网络游戏中以各种身份和角色存在，而不必在意自己在现实生活中的角色。在游戏中，自己是主角，不需要对任何人做出让步，不需要和人争执。长期沉迷于游戏中的人极度以自我为中心，他们不会理解、也不会倾听别人的声音，他们在网络游戏中找到了理想的自我。

父母教育的偏差

家庭是孩子的第一个课堂，父母是孩子的第一任老师，如果没有给孩子一个良好的早期教育，他们很容易误入歧途。所以当孩子出现问题时，父母要先从自身找原因，要知道，没有教不好的孩子，只有不会教的父母。

专家指出，孩子沉迷于网络的根本原因，在于父母的教育方法不正确。从众多案例来看，上网成瘾孩子的家庭教育不够健康，亲子沟通不到位，甚至缺失，以及亲子关系错位等。大多数父母对孩子一方面过度宠爱；另一方面又过度期望，只注重孩子的学习成绩，而忽视了人格培养，最终导致孩子在其他方面出现了各种问题。

有一个20岁的男青年，出生在农村，13岁时父亲去世了。16岁那年他上

完初中后就弃学在家。母亲想让他学点手艺,就把他送进了技校。谁知他在技校学会了网络游戏,三天两头向母亲要钱。母亲没有钱,他就从技校逃出来,说什么都不去了。母亲不忍心见儿子闲待在家里,就托人在省城一家饭店给他找了份工作。谁知他拿了工资就跑去网吧上网。

母亲怀疑儿子得了什么病,就拉他到医院看病,可检查结果却一切正常。回到家后儿子就对母亲吼道:"你给我看什么病?你要是给我买个电脑我就什么事都没有了!"没想到母亲真的卖了新房子给儿子买回一台电脑。原以为买了电脑孩子就好了,可谁知,自从买了电脑,儿子整天不讲话。经常一玩游戏就是几天几夜不吃不睡。更让人不可思议的是,他竟因为没有钱交电费而打了母亲。他认为是母亲故意的,不管青红皂白,拿起板凳就朝母亲身上一顿乱打。

如此沉迷于网络的孩子,不能不让人痛心,真是可恨又可气。但在气愤之余,我们应该看到这个软弱、愚昧、无知的母亲却有着不可逃脱的责任。她对孩子缺乏正确的教育,她的溺爱与纵容真正助长了孩子形成网瘾的气焰。而在发现孩子有问题后,又不懂得如何进行科学有效地教育和引导,最终在满足孩子的要求中将孩子推向了深渊。

当然,如此软弱、不懂管教之道,任孩子胡作非为的父母并不多见。现实生活中,更多的父母发现孩子玩网络游戏成瘾后,他们往往看不到自己的错误,只是一味地责怪打骂孩子,认为孩子不学好,不争气,结果矛盾越来越激化,问题越来越严重。

事实告诉我们,最难教育的不是孩子,而是父母。

很多家庭都有过这样的情况,就是孩子过去学习非常优秀,后来迷恋上了网络,整天上网打游戏,结果成绩飞快下滑。父母整天板着个脸,母亲不是训就是唠叨,父亲不是骂就是打,亲子矛盾在逐步激化。久而久之,孩子不愿意跟父母沟通,甚至不愿意回家,而整夜泡在网吧里,父母大街小巷地找,孩子却越跑越远,亲子间的距离也越来越大。

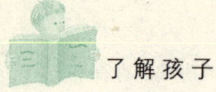 了解孩子

为了摆脱现实中的苦闷与空虚

在这虚拟的世界里，没有来自各方面的担心，没有孤独的困扰，没有学习上的负担，有的只是玩游戏时的喜悦和兴奋。在这里心情可以得到放松，个性可以尽情彰显，人人都彼此平等，孤独感也得以排解，孩子何乐而不为呢！

现在的孩子大多是独生子女，不善于与人交往、合作。而且随着年龄的增长，他们与父母的共同语言也越来越少，再加上学业负担的加重，没有兴趣爱好，有了苦闷无处发泄，就容易产生不良的心理体验。然而，当他们在网络游戏中时，这种苦闷与空虚便会一扫而光，所以青少年学生很容易迷上网络游戏。

彤彤今年刚上初三，家中就要求他必须升入重点高中。但他的学习成绩很一般，考重点高中有困难。彤彤很清楚自己的现状，所以他在压力面前常常不知所措。彤彤又是个内向的孩子，放学后不与其他的孩子玩一会儿便直接回家了，回家后便把自己关在屋子里，除非吃饭。他不出来，也不允许家人进去，父母也不知道他在干什么。一次，彤彤妈妈趁他上厕所的时候进了他的屋子，看到彤彤的电脑上正显示着游戏的界面，毫无疑问，彤彤整天就是在玩游戏！妈妈很生气，在厕所外面对彤彤大喊："你马上给我出来，看我不打断你的腿，气死我了，要你考重点高中，你却整天打游戏，看我怎么收拾你，快出来！"彤彤在里面听到后很是害怕，便从厕所窗户跳了下去。摔下去后，一条腿粉碎性骨折。

对孩子来说，学习在其成长中占了大部分时间，而且也是他的主要任务，所以孩子迷恋网络游戏最为常见的原因是他们在学习上出现了问题。这类孩子的学习成绩一般不是很好，甚至很差，他们很难从学习中得到哪怕一点儿成功和快乐。当然，还有一种情况是孩子的成绩本来不错，但因为别的原因，压力增大，成绩突然出现下滑，孩子一时难以接受和改变这种状态，便会变得茫然、苦闷，从而设法逃避现实，沉迷于虚拟世界以求忘却心理上的紧张和现实的苦闷，从网络游戏里找到在现实中受挫的自信心。

还有就是孩子的生活出现了某些问题。比如有些孩子性格内向，缺少可以交心的朋友，总是独来独往。他们表面上看起来无所谓，一门心思想着好好学习，但在其内心深处却是孤独寂寞、无聊空虚的，甚至还有深深的无助感。这类孩子会因为长期缺乏与同龄人的交流沟通，就会不自觉地进入到虚拟世界以排遣现实的孤独和空虚。

另外，孩子在生活中缺乏兴趣爱好，也会导致沉迷网络游戏。这类孩子因为没有什么兴趣爱好，除了学习还是学习，除了家里就是学校，生活单调乏味、空虚无聊。一旦接触了电视、网络等精彩世界，孩子的内心激情必然会被唤醒。此时，他们对现实的失望，便会马上转化成对虚拟世界的聚精会神与乐此不疲。

学校教育和网络管理不善

网络游戏可不只是一个"玩"字了得。它所负载的社会责任实在沉重：它不仅制造"网络成瘾"的现代传染病，荒废玩家的学业和工作，还传播暴力、色情、邪魔等有害文化，歪曲青少年的主流价值观，甚至葬送参与者的未来。

青少年对网络游戏成瘾，都是从一开始的放松、尝试一下，到最后的沉溺其中，不能自拔，一脱离网络就浑身不自在。这是一个心理的发展变化过程。就像吸食鸦片，很多孩子由于网络游戏带来的暂时愉悦满足的感觉禁不住要经常去尝试和体验，从而一步步地陷入网络游戏的控制之中。这种沉溺于网络游戏的行为发展下去将是典型的青少年网络成瘾问题。那么，还有哪些因素造成孩子网络游戏成瘾呢？

老师的恶意批评。在学校里，孩子学习成绩的好与坏，一般就是老师对待他们态度好坏的"晴雨表"。如此一来，成绩差的孩子常常会遭受挫折和打击，而很难从学习中得到乐趣，这就使他们在学习上逐渐变得消极起来，再加上与成绩好的学生的鲜明对比，他们就难免会陷入到失落、失望、麻木的

 了解孩子

泥潭中，最终会彻底对学习失去信心和兴趣。在这种情况下，如果老师还只是一味地批评指责，那么孩子就会本能地逃避学习，而进入到虚拟世界中来麻醉自己。

孩子与老师、家长的思想、情绪对立。这主要表现在两代人之间的代沟，会使他们看问题、做事情的观点和方式有着很大的差异。家长和老师或者对孩子强行压制、严厉要求，或者对孩子置之不理，特别是不尊重孩子的兴趣爱好，而总是用自己的喜好来取代孩子的愿望，从而更加使孩子产生不满、排斥、怀疑、叛逆的情绪。这些孩子如果不能从外界获得关注、赏识、接纳与安全感，就会变得不求上进、不思进取。那么，他们躲进虚拟世界逃避现实也就不奇怪了。

网络管理不规范，经营者不择手段。有些网吧在实际经营中，只知道收费，而不劝退未成年人，致使很多未成年人整天泡在网吧中。有的网吧虽然贴着"未成年人不得入内"的条幅，但也只是给检查部门看的。有些黑网吧为了赚钱竟提供食宿服务以吸引学生通宵上网，这些都对未成年学生很有诱惑，从而使很多学生陷入到网络游戏中。而学校对于这样的网吧和经营者，只能干瞪眼着急，却毫无办法。

中学生特有的心理、生理因素。中学生一般正处于青春躁动期。他们性格叛逆，勇于追求新事物，但同时他们又思想单纯，自制能力差，对事物的分析感性多于理性。一旦迷上了某些东西、某些事，他们会不计后果，不听劝说地去做。这在客观上也导致了"网迷学生"的形成。

教育·小·贴士

父母要正确引导孩子的兴趣。对网络游戏上瘾的孩子，父母单纯的制止是很难起到预期作用的。父母要变堵为疏，将孩子的兴趣引向健康的方向，这样就可以让孩子不再迷恋网络游戏。另外，很多孩子都是由于孤独、缺少关爱才去玩网络游戏的。因此，父母再忙，也应抽出足够的时间去陪伴和关心孩子，让孩子感受到家的温暖和父母的关爱。这样孩子就不会每天都钻进网吧了。

二、网恋是悬崖上的爱

> 互联网的发展已经使"网恋"成为一种新型的亲密关系形式,这种特殊的恋爱方式,正在成为当代青少年的"缘分天空"。面对互联网的大潮,对时代脉搏跳动特别敏感的青少年们,更是迅速地融入了网络时代。

现在的学校都在强调素质教育,电脑又是大力普及的热点。随着电脑、网络进入寻常人家,现在的中学生也就接触到了网络,而且上网也成了时尚。但中学生在网上吸取丰富精神养分的同时,我们也不能不重视另一个问题,那就是困扰学生、家长和学校的中学生网恋的问题。

以前,在我们眼里,中学生只是对电子游戏感兴趣,整天泡在游戏机室里。当网络游戏盛行时,也带动了中学生上网。发展到现在,中学生对网上聊天、网恋似乎更加感兴趣。

但是,作为一名中学生,首要任务是学习。如果过早地陷入网恋,成天想着怎么去上QQ,怎么去和网上情人聊天而无法自拔,势必会影响学习,最终会荒废了自己的美好前程。

而且,中学生的网恋毕竟不同于现实生活中的爱情,它只是一种虚幻的爱情。有此行为的学生,既怕家长知道,又怕老师批评,还怕同学嘲笑,整天精神紧张,焦虑不安,对自身的身心健康发展很不利。

另外,处于生长发育期的中学生,思想还不够成熟,不能正确处理和异性网友之间的感情。一旦感情受挫,就可能导致精神崩溃,甚至厌世轻生。

网络本身是虚幻的,真真假假,甚至有图谋不轨之人利用人们对网络的迷恋进行犯罪,做父母的应该警惕。那么,都有哪些原因导致了孩子的网恋呢?

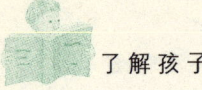
了解孩子 ········· 226

青春期对爱情的渴望

网恋是现代人的童话,有着浪漫气息的少男少女们对于爱情充满了憧憬和渴望,希望通过这样的方式把童话变为现实,让梦想成真。

很多青少年学生,在网上遇见了谈得来的异性朋友后,就如痴如醉地挂在网上,以为多年来苦苦等待的美好爱情终于降临在自己身上了。初中的学生正值青春期,由童年向成年人过渡的时期,女性一般11~15岁,男性一般12~16岁。由于自我意识、成人意识和性意识的觉醒,他们敢于追求和尝试一切新事物,加之网络世界的无拘无束,使他们更能大胆地与异性朋友交流,从而发展成网恋。

15岁的小强参加数学竞赛载誉归来。家长为表示奖励,为其买了台电脑,并且装了宽带。可是一段时间后,小强竟变得神情恍惚,动作迟钝,学习成绩也一落千丈,可以看出小强这一段时间根本没有把心思放在学习上。他到底在干什么呢?父母通过和孩子的谈心得知,他在网上认识了一个14岁的外地女生,两人经常聊天,聊学习、生活、爱情等,一来二去两人便对对方产生了感情。现在对网络的依赖程度,已经到了分秒不离的地步。父母对此十分担忧。

青春期是一个人成长的特殊时期,这个时期孩子的身心发展是非常复杂、充满矛盾的。在生理上,随着第二性征的出现,他们既惊奇又困惑。在心理上的矛盾包含成人感和半成熟状态的矛盾、心理断乳和精神依赖之间的矛盾、心理闭锁与开放性之间的矛盾、成就感和挫折感的矛盾。

随着社会的不断进步和发展,当代中学生的生理、心理和情感认知的发展都有所提前。处于青春期他们富有理想和追求,敢于探索和创新。他们总是试图打破传统思想的束缚,来寻求和尝试新的生活方式。

随着青春期的到来,他们对异性充满了渴望,也敢于大胆地向异性敞开自己的内心世界,表达自己的情感,这是生理和心理发展的必然结果。但由于学业和各方面的压力,使得这种情感在现实中长期被封杀和禁锢而得不到宣泄。网络则正好为他们提供了一个可以无拘无束、自由交流的空间。很多中学生喜欢上网、热衷于网恋，这已经是无可争议的事实。

然而，由于缺乏正确的引导，他们不能正确对待和处理网友之间的友情、感情特别是爱慕之情。时空的距离反而使他们更容易互相吸引，给彼此增添了许多美好想象的成分，同时大家都可以放心地交流感情，而不受任何约束，久而久之，就发展成了网恋。

父母忽视了与孩子的沟通

很多父母或者为了忙自己的事业，或者感情出现危机，或者教育方式不当，或者不了解孩子的内心感受等原因，忽视了与孩子的沟通。孩子为了寻找感情的寄托，诉说心中的苦闷，从而走上了网恋之路。

在现代家庭中，孩子大多数为独生子女，他们没有兄弟姐妹的陪伴，再加上钢筋水泥的阻隔，也很少有知心的伙伴。父母也由于各种原因而忽视了与孩子的沟通，孩子难得与父母谈心，致使他们经常处于孤独与寂寞的境地。为了排遣孤独与寂寞，上网聊天便成了他们释放感情的途径。再加上网上自由宽松的环境，使他们可以尽情地倾诉，如果网友是异性，那么日久便会生情，发展为网恋，甚至网婚。

小圆的父母都是经商的，天南海北地跑，一年365天，一大半时间都在外地，根本无暇顾及小圆，便把他放在爷爷家。小圆从小到现在几乎就是在爷爷家长大的。小时候的小圆还很听话，不与爷爷顶嘴，放学后便回家写作业。可上了初中后，小圆逐渐地变了，脾气暴躁，动不动便与爷爷顶嘴，说爷爷老脑筋、老思想，简直说不到一块儿。而小圆跟父母更是说不上几句话，在一块儿时形同路人。

最近，小圆回家越来越晚了，有时甚至晚上12点才回来。在门外时，小圆还带着甜蜜的笑容，甚至哼着歌，可一进家门便变得冷冰冰的，一副拒人千里之外的神情。后来爷爷从邻居家小孩口中得知，小圆在网上认识了一个比他大6岁

的女大学生，并爱上了对方，现在有时甚至不上课，就趴在网吧里聊天，还互相约定暑假时见面。爷爷无计可施，只有让小圆的父母回来处理了。

随着孩子年龄的增长，他们与家长的共同语言会越来越少，而许多家长为了生计，在激烈竞争中又无暇顾及子女的教育，孩子难得与父母谈心，甚至见面都很难，这样就导致孩子内心的孤独和困惑。他们为了排解这种情感，便迷上了网络。

现代社会，随着离婚率的不断增加，单亲家庭和隔代抚养的孩子越来越多。在这种家庭环境中成长的孩子缺乏完整的父爱和母爱，于是他们便试图从虚拟的网络中寻找感情的慰藉。他们在和异性网友交流时会产生兴奋、愉悦的情绪，而这是他们在家庭中很少能体会得到的，这种愉悦会促使他们更加频繁地与异性网友交流，从而发展到网恋。

另外，还有些父母不重视教育方式，不善于与子女沟通感情、交流思想，动不动就是说教，甚至呵斥。在这种家庭环境中成长起来的孩子，在家里没有发言权，也会有孤独感，于是很可能经常去找和自己谈得来的异性网友倾诉心中的苦闷与委屈。随着交流的深入，就进一步发展成了网恋。

学业压力过大

现在的孩子，一般都肩负着过重的学业压力。当他们无处排解、而又寻求排解时，便极有可能迷上网络，遭遇网恋。

父母大多望子成龙，望女成凤。他们为了让孩子考上好学校，整天督促孩子学习，不让孩子干别的，家务事父母完全承担，孩子的兴趣爱好也被说成是不务正业，明令禁止。在这种情况下，孩子压力巨大、身心疲惫，但又无处排解。所以他们一旦在网络上遇到有同感的朋友，特别是异性朋友，在情感交流的过程中，便产生了网恋的基础。

张扬家五代单传，到他这一辈还是一个，所以家长对他是爱护有加。他的祖上都很有才能，有中过进士的，有做过巡抚的，他爷爷因为是革命功臣

也做过一县之长,他爸爸也是高级工程师。有如此辉煌的家世,一家人自然也对他寄予了很大的希望。平时在家中,他什么都不用干,饭来张口、衣来伸手,就是把他关在屋里让他做题。学校的教材、资料一大堆就够头痛的,他爸爸还找来几本大学的教材让他学,买外省名校的试题让他做,而且每逢奥林匹克竞赛也都给他报名。面临高考的张扬本来在学校就够紧张的,现在只要他一回家,电视马上关掉,只要他一进屋学习,一家人说话、走路都变得小心翼翼,像是在搞地下工作。张扬都烦透了。一天晚上他没有回家,而是钻进了路边的一家小网吧里,在QQ里他遇上了一个和他有同样感受的女生,两人聊了几句后感觉投机,便越聊越热乎,忘了时间,忘了高考,张扬感觉轻松多了。从此,张扬每逢压力袭来时,便会找那位女生聊天,逐渐产生了感情,为了逃脱烦人的学习,两人甚至都商定要私奔了。

在父母和社会的期望下,不可否认,中学生们尤其是高三的学生,每天都面临着日益增大的升学压力。在家父母催促,在学校月月考、周周练,成绩排名等,竞争激烈,压力巨大,使得他们无休止地处于紧张、焦虑、担忧、挫折等不平衡状态中。由于他们和家长普遍存在着心理上的代沟,所以他们宁可找同龄人来聊聊心事,缓解压力。对自己身边的同学、朋友,他们又不好意思开口,对网上陌生的网友就可以敞开心扉了,甚至交心,便有可能导致网恋。

在家庭、学校和社会的压力下,紧张的学业使中学生没有足够的时间和精力与外界交流,去培养自己的兴趣爱好。他们的所有时间几乎都被繁重的课业占满了。在这种情况下,孩子一旦接触到对他们具有强大吸引力的虚拟世界,就会难以自拔。因为他们对现实世界的接触很少,很难分辨虚拟与现实的区别,而且现实中也没有什么能够吸引他们的注意力。于是,当他们在网络中遇到可以倾心交谈的异性朋友时,便会毫不犹豫地投身网恋中。

好奇心理及对异性友情的需求

孩子出现网恋的情况,不是由某个单一的原因造成的,而是综合原因作用的结果。除了以上几种原因外,还有好奇心的驱使,性成熟心理的需要,对异性友情的需求,以及意志比较薄弱等原因。

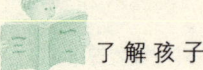 了解孩子

在许多处于懵懂的中学生看来，网恋既虚幻又浪漫，似乎能给枯燥的学习生活增添不少绚丽色彩。有关人士曾作过一份问卷调查，在86份有效回应中，男生占47.4%，女生占53.6%，平均年龄为15.5岁。结果显示，有8%的中学生曾经历或正在经历着网恋。网恋是网民中普遍存在的一个现象，它是互联网上一个热门的话题。表面上这个话题是属于成年人的，但调查数据显示，网恋在中学生中也不少见，如此发展的趋势不能不让我们担忧。那么还有哪些原因导致中学生网恋呢？

好奇心的驱使。青春期孩子的好奇心特别强，他们对新奇事物有一种本能的接近和探究的渴望。网络世界是一个全新的世界，又是一个虚拟的世界。这种通过敲击键盘产生恋情的恋爱形式，有较强的神秘感和吸引力，加上各种媒体对网恋或褒或贬的报道，更激发了对爱情充满憧憬与渴望的青少年的好奇心和探究欲。他们希望通过这种方式能把童话变为现实。在这种好奇心的驱使下，许多青少年掉进了网络虚拟世界编织的美丽谎言的陷阱中。

性成熟的心理需要。中学生正处在身体成长发育的第二个高峰期，他们的身高、体重迅速增加，性器官明显发育并出现第二性征。女子月经初潮和男子第一次遗精的出现，意味着中学生已进入性成熟期。他们的性意识觉醒，开始对异性产生好奇心和神秘感，有了接近异性、了解异性的愿望和需要，甚至对异性产生爱慕。他们开始探索和尝试相恋的奥秘和甜美。但由于学校对中学生恋爱的各种禁令及家长的约束，使他们在恋爱的问题上多了一些渴望，少了一些行动。而网络的虚拟性所提供的隐蔽而安全的环境，无疑为中学生驰骋自己的爱情幻想提供了良好的场所。

对异性友情的需求。处于青春期的孩子大都对异性友情有太多的需求和渴望。因为目前学校在性教育方面还存在缺陷，所以网络世界就成了他们实现与异性交往的重要场所。通过网上交友，他们可以了解异性内心的情感世界，感受到异性的体贴与理解。时间久了，便会发展成网恋。

意志比较薄弱。尽管有些孩子也认识到了网恋对自己的危害，但仍然难以自控。这反映了他们的意志不够坚强，经不起诱惑。究其根本原因，还在

于经受的磨炼不够。这是当代学生共同存在的问题。他们平时在家里娇生惯养，一切都由家长和老师安排好，没有经历过挫折。这样培养出来的学生，很难有克服困难的勇气和意志。

教育·小贴士

父母除了关心孩子的学习与生活外，还要关心孩子的思想，经常与孩子坐下来沟通、交流一下，听听孩子的心里话，以了解孩子的心理感受。还要针对青春期孩子易冲动的特点，帮助孩子学会分辨现实与虚拟，不受网络虚拟爱情的诱惑。对那些已经网恋的孩子，父母就要直接向孩子讲清危害，取得孩子一定程度理解的基础上，强制孩子离开网络一段时间。在这期间，要带领孩子多做一些有益的活动，比如去旅游，或者参加一些公益活动，以帮助孩子克服对网络的依赖心理。

三、网聊的"魅力"让人嗟叹

> 尽管网络聊天陷阱重重，很多父母为了孩子迷恋聊天而忧心如焚，可是孩子们的聊天仍在继续。网络中的孩子们仍在痴迷地、紧锣密鼓地操纵着键盘、鼠标，交流着……

孩子渴望交流，渴望友谊，渴望心与心的靠近。但由于孩子的人生观与世界观尚未完全形成，他们涉世不深，阅历较浅，缺乏自我保护意识，因此也最容易上当受骗。然而现在很多孩子都迷恋网上聊天，在网上他们可以找到理想的朋友，可以自由表达自己的情感，可以大胆说出想说的话。就这样，他们非常喜欢上网聊天。

《新闻晨报》报道，在对上海市11所中学进行调查时发现，有45%的中学生喜欢上网聊天，并有自己固定的网友。孩子们为何如此喜欢上网聊

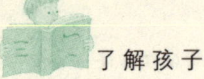

天呢?一位中学生这样说:"我渴望结交朋友,向好朋友倾诉自己的心情,并且了解别人的内心世界。而现实中,老师和父母都不可能成为倾诉对象。因此,除了同学,我几乎没有朋友。"还有一名经常玩QQ的男生说:"在QQ里,谁也不认识我,我可以骂人,可以欢呼,可以发泄,可以说平时不敢说的话。"

正是神奇的网上聊天,让很多孩子乐此不疲,不仅浪费了金钱,还耽误了大量时间,影响了学习。那么,究竟是什么原因,让孩子这样迷恋网络聊天呢?

在网聊中寻求精神慰藉

现在对孩子的培养一般只重视学习,而忽视了其精神需求,造成了孩子们普遍精神匮乏,而他们又需要精神的营养,所以便寻求从网络聊天中得到一些慰藉。

近年来,随着中学的扩招,学生人数增长过快,不便于开展全校性的大型活动。还有一些学校校园文化建设薄弱,只注重学生的学习,而缺乏必要的文体活动场所及文化氛围,导致部分学生精神空虚,于是他们便用网络聊天的形式来填补精神的空白。

小白在一所重点高中读书,由于学校近年来的扩招,导致学校用地紧张,操场也被宿舍楼挤占了不少,常用的锻炼设施也拆除了不少,学校都好几年没有开展过大型活动了。小白在学校的时间几乎全部用来学习,想活动一会儿都没有机会。这时,学校附近开了一家网吧,很多学生都蜂拥而至,打游戏,聊天,忙得不亦乐乎。小白也迷上了聊天,一放学就直奔网吧,为此也影响了她的学习。

在现实中,很多中学生都有渴望真情又怀疑真情的心理,在学校里是满足不了他们的心理需求,而网络交往的隐蔽性和广泛性正好迎合了他们的这种心理。所以,不少中学生甚至将网络社会视为"精神家园",成为其逃避现

实社会的地方。甚至部分学生整天都泡在"网吧"里,寻觅虚拟世界中的种种快乐。

同时,中学生尤其是新生一般在适应上有困难。一旦在学习和生活上出现困难、挫折,他们就很容易产生失落、自卑等心理,进而寝食难安、情绪压抑,最后产生抑郁心理。另外一些性格较内向的同学,因为缺少知心的朋友而常常受到内心孤独的困扰,就会求助于网络聊天,以调适自己的心态、心理,这样时间久了便会依赖上网络聊天。

从依赖网络聊天的动机看,有些中学生是因为在现实生活中遭受了情感或其他方面的挫折,无法满足其对精神的需求,便试图借上网聊天得到宣泄和超脱,以求得精神上的慰藉,缓解压抑的情绪,获得内心的平衡。这类中学生由于在网络的世界里找到了心理满足,便会对网络越来越依赖,从而与现实生活产生隔阂。于是,网络聊天成了他们精神生活的主要支柱。

通过网聊倾诉内心感受

试问,生活中有像网络一样倾听你的话语的人吗?有,但很少。而网络就不同了,你会拥有很多听众,而且是非常可人的听众,他们几乎全都顺应着你的口吻和思路,来充分迎合你的胃口,使你欲罢不能。

很多父母为了事业忙于应付各种事情,难以抽出时间与孩子沟通、交流。另外,社会和家庭给予孩子的自由选择也很有限,除了电视节目,其他的娱乐方式也许都很难与网络竞争。网络也因其在场地、费用、内容、效果等方面优势明显,便成为很多青少年娱乐消费的首选。而父母大多只关心孩子的学习,孩子在现实生活中因为找不到倾诉的对象,找不到发泄情绪的正确渠道,就只有借助网络,向网友倾诉内心的感受以缓解自己的心理压力。

小岩今年刚考上高中。班里的同学都不认识,他又比较内向,不轻易和人说话,所以尽管开学已经3个多月了,但小岩还是没有比较亲密的伙伴。当

 了解孩子

他在生活中遇到麻烦时,常常为没有人诉说而苦恼不已。一次,小岩出去独自在学校附近的一条街上逛。他看见街边有一家网吧,便钻了进去,打开了QQ,和一个网名叫"红尘友"的女性网友聊了起来。他们聊得很投机,小岩把这一段时间的郁闷一股脑儿倾吐了出去,得到了对方的强烈共鸣。从此,小岩一有空闲便到网上等待"红尘友"的出现,以便和她聊天。

网络聊天拉近了人的虚拟距离而可以畅所欲言。虽然网友能了解到自己一些不为人知的事情,但根本威胁不到自己什么,也窥探不到自己的真面貌,不会有与现实生活中的人聊天留下口角的情况出现。

在生活上,现今的孩子中独生子女居多,不少学生缺乏生活锻炼和独立生活的能力。上学尤其是上高中后,很多事情都要学会自己做,因而会遇上许多难以解决的问题,太多的不习惯给他们造成不小的压力。而且他们也不愿意向同学倾诉,便转而向网络寻求心理上的慰藉。尤其一些性格内向的学生,刚升入高一级的学校后,与新同学不熟悉,于是一有空便到网吧找网友聊天。长此以往,就形成了对网络的依赖心理。这些学生宁愿上网与网友诉说内心感受也不愿在家或学校与父母及同学交流,这是青少年学生形成网瘾的原因之一。

另外,在学习方面,不少学生的学习负担较重。老师与家长往往比较关注他们的学习成绩,对他们的心理和情感却了解不多。一些同学不愿意学习,也有些同学刻苦学习,但成绩总是不尽如人意而倍感困惑,面对各种考试,一些同学非常迷惘,他们想找身边的同学诉说,却又怕被人嘲笑,所以有些学生便将网络视为自己倾诉感情的最佳工具。这类情况在女生中比较常见。

孩子自制力差,抵御不住诱惑

网络的诱惑力是巨大的,因为在网络上可以畅所欲言,而且没有唠叨,没有课业负担,再加上孩子的自制力很差,所以他们对上网都很热衷。

网络是一个虚拟的世界,通过网络可以畅所欲言,直抒胸臆,而不像在现实生活中那样总是躲躲闪闪的。另外,由于网上的色情内容很多,人们可以轻易地搜到不同污染程度的色情信息。这对于自制力较差,且正处于性意识确立和发展的关键时期的中学生来说,其负面影响是不容忽视的,使得不少中学生上网就去聊天室找所谓的"红颜知己"。这些不健康信息会诱惑并危害中学生,有的甚至产生早恋或其他的越轨行为。

一个上初二的女孩,她利用周六到学校补课的机会,经常去网吧上网聊天,晚上按正常放学时间回家。父母直到最近才发现,但孩子已陷得太深。父母焦急地问孩子上网都做些什么,女孩平静地说也就闲聊。

父母在一次跟踪中,发现她的QQ上全是一些关于爱情方面的语言。而且她的那些网友,也是初、高中的一些不愿学习的男生。为此,父母找她谈话,给她讲述网上一些不良的网友和社会上的一些网上拐骗的事件,可女儿就是不相信。再说得严厉一些,就离家出走,父母从女儿留下的日记中,看到了许多有关少女对男性的朦胧的好感,但女儿却一直认为,她只把他们当成普通朋友。父母深感忧虑,因为女儿曾经是一个非常优秀的孩子,可现在成绩不停地下滑。他们深悔教育的疏忽,才导致今天的结果。

一般来说,这些中学生的潜意识中都包含着下面两个愿望。

首先是使自己成为理想中的,但在现实中不可能实现的人,从而得到自己在现实中得不到的东西。比如,在现实中沉默木讷的普通学生,在网上则可能是一个幽默风趣、出口成章的才子佳人;在现实中的恋爱中屡屡受挫的人,在网上却可能是个情场高手等。

其次是成为一个能够实现人类丑陋的、本能的而在现实生活中又受社会道德与规范谴责的欲望的人。他们在网上可以显露出本来的面目,嬉笑怒骂,没有约束。但这种自由一回到现实中就会结束,所以这类上网者当然都不情愿下网,不愿回到那种较压抑的现实生活中,结果他们就会逐渐上网成瘾。

了解孩子

孩子迷恋网聊的其他原因

网络聊天之所以让一些人如此迷恋,是因为网络如同一个不需要任何戒备的讲台。你可以毫无保留地说出自己的心里话,而不用担心会被别人嘲笑。试想这样一个可以敞开心扉,却无后顾之忧的地方,谁会不爱它呢?

网络的与时俱进和日新月异使之如同磁铁一样紧紧地吸引着越来越多的网络爱好者。先不说各聊天室进出的人有多少,每天仅在QQ上聊天的人就达六七百万人,节假日则更多。很多得到假期解放的孩子都一窝蜂地涌进网络里。虽然不同兴趣爱好、不同性别的孩子使用网络的意图会不同,但网络聊天是许多人所热衷的。那么,还有哪些原因让孩子如此沉迷于网络聊天呢?

实现独立自主。网络聊天会使人实现完全的独立自主,现实生活中,无法充分实现这个目的。人人都有成为世界瞩目的中心人物的欲望,都渴望自己的言行得到世人的理解和肯定乃至支持,而这种愿望在现实生活中往往是难以实现的。而上网,在虚拟的人生世界里可以随心所欲地演绎自己的人生。

拥有主动权。网络聊天可以不与别人发生真感情、真接触,心的距离想近就近,想远就远,这个主动权掌握在自己的手中。虽然网友之间聊久了,也有些感情、感觉,但若坚持只是网上聊天的话,就可以让自己活在自我的想象空间。想他是什么样子就是什么样子,是好人就是好人,是坏人就是坏人。想象空间太大了,可以无限伸缩,以满足自己爱做梦的心理。

没有限制。网络聊天出现以来,就在年轻人中风靡一时。这是因为它门槛低,除了有电脑与网络外,只要会打字,人人都能在网络聊天室中出出风头。而且比在媒体上发表自己的见解,网络上的气氛更加开放自由,无拘无束,正对现代年轻的人胃口。

让自己喜新厌旧的做法合理化。如果不喜欢某位网友,就可以选择不聊,等哪天想起时再拾起来重新聊,彻底不喜欢就可以删除。反正没有人知道自己的真实姓名和地址,也不会找上门来纠缠不休。

教育小贴士

网络是一个虚拟的世界,一些不法分子、道德败坏分子往往通过网络聊天骗钱骗色,涉世不深的孩子容易上当受骗。因此,父母要让孩子学会自我保护。"网友"不同于一般意义上的朋友,不要轻易将自己的姓名、通信地址等告诉别人。父母还要培养、提高孩子的鉴别力和自制力。让孩子明白网络世界和现实世界一样,也有真善美和假恶丑,网络聊天,具有很大的虚假性,孩子要学会克制自己,不要深入接触,从而把上网的精力放在学习知识、提高能力上。

了解孩子是教育孩子的前提